LabVIEW 기초와 응용 및 게임 제작 프로그래밍부터
Machine Vision 시스템 구축을 통한
자동차 번호판 자동 인식 및 자율 주행 차선 인식 프로그래밍까지

LabVIEW 기초부터
머신 비전(Machine Vision)까지

강 상 욱 지음

한성대학교 출판부

머리말

내가 재직하고 있는 한성대학교 기계시스템공학과 학생들이 어떻게 하면 흥미를 잃지 않고 효율적으로 LabVIEW 전공 과목을 이수하게끔 할 수 있을까 하는 많은 고민을 하였다. 이러한 고민의 결과물로, 본 저자는 교재 전반부에는 기초 프로그래밍 예제를 다루고, 중반부에는 게임 제작 프로그래밍을 통해 심화 프로그래밍 기술을 재미있게 배울 수 있도록 하고, 후반부에는 머신 비전 시스템 구축을 통한 자동차 번호판 자동 인식 및 자율 주행 차선 인식 프로그래밍 예제를 심도 깊게 다루는 본 교재를 출간하게 되었다.

특히, 교재 후반부의 머신 비전에 대한 심도 있는 예제와 연습문제를 활용하면, 제품의 개수, 길이, 부피(무게) 측정 프로그램, 제품 불량 판단 프로그램, 목표물 인식 프로그램 등의 다양한 머신 비전 응용 프로그램을 작성하는 데에 많은 도움이 될 것이다.

아울러, 본 교재의 부록에서는 National Instruments사에서 제공하는 머신 비전 소프트웨어 및 하드웨어 드라이버 설치 방법을 상세히 설명함으로써, 독학하는 학생이나 연구원들도 혼자서 다양한 용도의 머신 비전 시스템을 구축할 수 있도록 하였다.

모든 예제와 연습문제의 해답을 담은 해답 CD를 교재와 함께 제공하여 LabVIEW를 혼자 독학하고자 하는 학생들이나 연구원들도 주위의 도움을 받지 않고도 자기가 원하는 학습 목표를 최대한 이룰 수 있도록 배려하였다. 여러분이 본 교재를 이용해 LabVIEW를 학습하다 보면 저자가 LabVIEW를 공부하면서 느꼈던 희열과 같은 감정을 느낄 수 있을 것으로 예상된다. 어떤 감정인가 하면…

"LabVIEW로 할 수 없는 것은 없다. 단지 내가 어떻게 하는지 모를 뿐이다."

LabVIEW는 프로그래밍 초보자에게도 전문가 수준의 프로그램을 짤 수 있는 기회를 제공해주는 전지전능한 솔루션이라고 해도 과언이 아니라고 저자는 생각한다. 자기가 생각하고 있는 모든 아이디어는 LabVIEW 프로그래밍으로 모두 구현할 수 있다고 생각해도 무방하며, 이를 위해서는 교재를 학습하는 것 이외에 다양한 벤치마킹을 하는 것이 더 중요할 수도 있다. LabVIEW 프로그래밍 과정에서 부족한 부분이나 의문점이 발생했을 시에는 먼저 스스로 생각해 보는 것이 중요하고, 그래도 모를 경우에는 National Instruments사의 홈페이지 www.ni.com과 LabVIEW 사용자 동호회 홈페이지 www.mylv.net에서 제공하는 수만 가지의 예제 프로그램들을 벤치마킹하는 현명함을 갖길 바란다.

마지막으로 사랑하는 아내와 함께 출판의 기쁨을 같이 하고자 한다.

저자 **강 상 욱**

목 차

머리말 / 2

예제 1 LabVIEW 시작하기 13

연습문제 1.1 LabVIEW의 NI 예제 탐색기를 이용하여 예제 프로그램 검색해서 실행해보기 16

예제 2 세 과목 점수의 총점과 평균을 구하는 프로그램을 작성하라. 19

연습문제 2.1 수학, 국어, 영어, 과학 점수를 입력 받아서 총점과 평균을 구하라. 28
연습문제 2.2 예제2.1에서 '실행 하이라이트' 기능 익히기 29
연습문제 2.3 예제2.1에서 '프로브' 기능 익히기 30

예제 3 토글 스위치로 LED를 켜는 프로그램을 작성하라. 31

연습문제 3.1 프런트패널에 수직 토글 스위치 2개와 LED 1개를 그림 3.10과 같이 만들고, 스위치 2개가 동시에 on일 때(둘 다 참인 상태)만 LED가 켜지게 하라. 36
연습문제 3.2 프런트패널에 수직 토글 스위치 2개와 LED 1개를 그림 3.10과 같이 만들고, 스위치 2개 중 하나라도 on일 때 LED가 켜지게 하라 36

예제 4 두 개의 실수 a와 b를 입력 받아서 a〉b일 때 LED가 켜지는 프로그램을 작성하라. 37

연습문제 4.1 두 개의 실수 a와 b를 '수직 포인터 슬라이드'로 입력 받아서 a>b일 때 LED가 켜지게 하라. 39
연습문제 4.2 세 개의 실수 a, b, c를 입력 받아서 a>b>c를 만족하면 LED가 켜지게 하라. 39
연습문제 4.3 세 개의 실수 a, b, c를 입력 받아서 $a^2+b^2=c^2$을 만족하면 LED가 켜지게 하라. 40

예제 5 토글 스위치가 ON이 되면 '동작 중'이라는 문자열이 프런트패널에 나타나고, OFF가 되면 '동작 중단'이라는 문자열이 프런트패널에 나타나는 프로그램을 작성하라. 41

연습문제 5.1 사람의 이름(예: 홍길동)과 나이(예: 21)를 입력받아서 '홍길동의 나이는 21세이다.' 라는 문자열이 출력되게 하라. 47

연습문제 5.2 입력 받은 문자열에서 특정 단어를 다른 단어로 대체 해주는 프로그램을 작성하라. 예를 들어 '나는 미국에 산다' 문자열을 입력 받아서 '미국'이 '한국'으로 대체되게 하라. 51

예제 6 시프트 레지스터(Shift Register) 기능을 이용하여 LED가 깜박이는 프로그램을 작성하라. 53

연습문제 6.1 시프트 레지스터를 이용하여 1부터 10까지 더한 결과를 출력해주는 프로그램을 작성하라. 58

연습문제 6.2 연습문제 6.1을 변경하여, 시프트 레지스터를 이용하여 5부터 25까지 더한 결과를 출력해주는 프로그램을 작성하라. 59

연습문제 6.3 2와 20 사이의 짝수(2와 20 포함)를 모두 더한 결과를 출력해주는 프로그램을 작성하라. 59

연습문제 6.4 연습문제 6.3을 응용하여, 11과 55 사이의 홀수(11과 55 포함)를 모두 더한 결과를 출력해주는 프로그램을 작성하라. 59

예제 7 시프트 레지스터를 이용하여, 버튼을 클릭한 누적 회수를 실시간으로 보여주는 프로그램을 작성하라. 60

연습문제 7.1 예제 7을 응용하여, 버튼을 클릭한 누적 회수를 실시간으로 보여주고 리셋 버튼을 클릭하면 누적 회수가 다시 0으로 리셋되는 프로그램을 작성하라. 63

목 차

연습문제 7.2 연습문제 7.1을 응용하여, 그림 7.6과 같은 프런트패널을 작성하고, 증가 버튼을 클릭하면 클릭회수가 1씩 증가하고, 감소 버튼을 클릭하면 클릭 회수가 1씩 감소하며, 리셋 버튼을 클릭하면 클릭 회수가 0이 되는 프로그램을 작성하라. 64

연습문제 7.3 예제 7을 선택 함수 대신에 케이스 구조를 사용하여 작성하라. 64

연습문제 7.4 연습문제 7.3에 그림 7.7과 같이 '정보' 문자열 인디케이터를 추가하여, 클릭할 때마다 문자열 '클릭됨'이 '정보' 문자열 인디케이터에 잠시 나타났다가 사라지게 하라. 65

연습문제 7.5 연습문제 7.4에 그림 7.8과 같이 LED를 추가하고, 확인 버튼을 클릭하면 LED가 잠시 켜졌다가 꺼지는 기능도 추가하라. 65

예제 8 **난수(0–1) 함수에서 1초마다 출력되는 난수(random number)를 10배 증폭시켜서 차트(chart)에 나타내는 프로그램을 작성하라. 66**

연습문제 8.1 두 개의 난수(0-1) 함수에서 1초마다 출력되는 두 개의 난수를 10배 증폭시켜서 하나의 차트(chart)에 나타나게 하라. 70

연습문제 8.2 세 개의 난수(0-1) 함수에서 1초마다 출력되는 세 개의 난수를 하나의 차트(chart)에 나타나게 하라. 72

연습문제 8.3 좌표점 (3, 2)가 그래프에 나타나게 하라. 73

연습문제 8.4 $0 \leq X < 10$, $0 \leq Y < 10$을 만족하는 임의의 실수 X, Y에 대하여, 좌표점 (X, Y)가 그래프에 1초마다 나타나게 하라. 75

연습문제 8.5 연습문제 8.4와 마찬가지로 $0 \leq X < 10$, $0 \leq Y < 10$을 만족하는 임의의 실수 X, Y에 대하여, 좌표점 (X, Y)가 그래프에 0.1초마다 나타나고, 총 100개가 나타나면 While 루프가 정지되게 하라. 75

연습문제 8.6 연습문제 8.5에서, 0.01초마다 좌표점 (X, Y)가 그래프에 총 1000번 나타나는 동안, $0 \leq X < 5$, $0 \leq Y < 5$인 정사각형 영역 내부에 좌표점이 나타난 회수를 보여주는 프로그램을 작성하라. 76

예제 9 가상의 온도계의 온도 값을 2초 단위로 읽어서, 읽은 온도값과 날짜 및 시간을 실시간으로 텍스트 파일(*.txt) 형식으로 저장해주는 프로그램을 작성하라. 77

연습문제 9.1 예제 9에서 생성한 temp.txt 파일을 읽어서 프런트패널에서 보여주는 프로그램을 작성하라. 82

연습문제 9.2 예제 9 프로그램을 그림 9.11과 같이 While 루프 앞부분에 '텍스트 파일에 쓰기' 함수를 추가하여, 프로그램 실행 결과물인 temp.txt 파일 내용의 제일 상단에 날짜, 시간, 온도 글자가 그림 9.12와 같이 추가되게 하라. 83

연습문제 9.3 예제 9 프런트패널에 그림 9.13과 같이 '저장' 버튼을 추가하고, 이 버튼을 클릭할 때만 날짜, 시간, 온도 정보가 temp.txt 파일에 저장되게 하라. 84

연습문제 9.4 예제 9 프로그램을 변경하여, 온도가 50도 이상인 경우에만 날짜, 시간, 온도 정보가 temp.txt 파일에 저장되게 하라. 85

예제 10 0과 1 사이의 임의 실수(0 포함)를 1초에 한 번씩 네 번 발생시킨 후, 발생한 난수 4개를 배열(array) 형식으로 보여 주는 프로그램을 작성하라. 86

연습문제 10.1 루프 터널에서 인덱스 기능이 활성화된 경우와 비활성화된 경우의 차이점을 알아보기 위해, 그림 10.14와 같이 프로그램을 수정한 후 실행 시켜 보아라. 92

연습문제 10.2 난수(0-1) 함수를 이용하여 1에서 45 사이의 임의 정수를 6개 발생시키는 로또 프로그램을 작성하라. 94

연습문제 10.3 연습문제 10.2 프로그램을 변경하여, 로또 정수 배열의 성분이 오름차순으로 정렬되게 하라. 95

연습문제 10.4 연습문제 10.3을 여러 번 실행해보면, 로또 정수 6개 중 같은 정수가 존재하는 경우가 발생한다. 실제 로또에서 로또 정수 6개는 모두 달라야 하므로, 연습문제 10.3 프로그램을 변경하여 로또 정수 배열의 원소 6개가 모두 다르게 되도록 하라. 96

연습문제 10.5 난수(0-1) 함수를 여섯 번 실행시켰을 때 난수 값이 0.5보다 크면 LED가 켜지게 하고, 이들 여섯 번의 LED on/off 결과가 LED 배열로 나타나게 하라. 98

목 차

예제 11 두 개의 숫자 a와 b를 입력받아서 a 〉 b이면 'LED 1'만 켜지고, a=b이면 'LED 2'만 켜지고, a 〈 b이면 'LED 3'만 켜지는 프로그램을 작성하라. 99

연습문제 11.1 그림 11.13과 같이 두 개의 While 루프가 있는 미완성 프로그램을 수정하여, 좌측 While 루프에 있는 정지 버튼을 누르면 두 개의 While 루프가 동시에 정지되도록 하라. 105

연습문제 11.2 메뉴 링 컨트롤을 이용하여 입력 받은 두 수를 더하거나, 빼거나, 곱한 결과를 출력해주는 프로그램을 작성하라. 108

연습문제 11.3 연습문제 11.2를 로컬 변수를 사용하지 않고 작성하라. 112

연습문제 11.4 메뉴 링 컨트롤 대신에 텍스트 링 컨트롤 이용하여 연습문제 11.2를 작성하라. 113

예제 12 "연예인 김태희와 신민아 중 더 좋아하는 사람은 누구입니까?"라는 질문을 대화 상자를 통해 하고, 둘 중 한 사람을 선택하면, 선택한 사람의 사진이 프런트패널에 나타나게 하라. 114

연습문제 12.1 예제 12에서 프로그램을 실행하면 김태희와 신민아 사진 중 하나만 프런트패널에 나타나 있는데, 프로그램 처음 실행 시 두 사진 모두 다 나타나도록 프로그램을 수정하라. 123

연습문제 12.2 좋아하는 유명인 4명 A, B, C, D에 대한 사용자 정의 컨트롤을 만들고, 이들 4명 중 누구를 좋아하는지 질문해서 최종 승자 사진만 프런트패널에 나타나게 하는 프로그램을 작성하라. 단, 먼저 A와 B 중 한 명을 선택하게하고, 다음으로 C와 D 중 한 명을 선택하게 하고, 마지막으로 앞의 두 질문에서 이긴 두 승자 중 한 명을 선택하게 하라. 125

예제 13 수직 토글 스위치 2개와 LED 1개를 만들고, 이들 스위치의 on/off에 의해 LED의 위치와 크기가 변경되게 하는 프로그램을 작성하라. 126

연습문제 13.1 프로퍼티 노드를 이용하여, 토글 스위치로 LED를 켜거나 끌 수 있는 프로그램을 작성하라. 131

연습문제 13.2 프로퍼티 노드를 이용하여, 토글 스위치를 켜면 차트의 Y축 라벨이 '온도'로 나타나게 하고, 토글 스위치를 끄면 Y축 라벨이 '습도'로 나타나게 하라. 132

예제 14 프런트패널에 있는 버튼 두 개로 사용자 정의 자동차 컨트롤을 좌우로 움직이게 하는 프로그램을 작성하라. 133

연습문제 14.1 키보드 왼쪽 화살표 버튼을 클릭하면 자동차가 왼쪽으로 이동하고, 키보드 오른쪽 화살표 버튼을 클릭하면 자동차가 오른쪽으로 이동하는 프로그램을 작성하라. 143

연습문제 14.2 프런트패널에 있는 버튼 두 개로 사용자 정의 자동차 컨트롤을 상하로 움직이게 하는 프로그램을 작성하라. 148

연습문제 14.3 예제 14에서 프로그램을 처음 시작했을 때, 그림 14.46과 같이 자동차가 좌표 (150, 100)에 위치하도록 하라. 151

연습문제 14.4 버튼 네 개로 사용자 정의 자동차 컨트롤을 상하 좌우로 움직이게 하는 프로그램을 작성하라. 152

예제 15 자동차가 마우스 커서를 따라 움직이게 하는 프로그램을 작성하라. 153

연습문제 15.1 마우스 커서가 상하 좌우로 움직이더라도, 자동차가 상하 방향으로는 움직이지 않고 마우스 커서를 따라 좌우로만 움직이게 하는 프로그램을 작성하라. 162

연습문제 15.2 마우스 커서가 LED 위에 위치하면 LED가 켜지면서 'LED 안에 커서'라는 문장이 나타나고, 커서가 LED 밖에 있으면 LED가 꺼지면서 'LED 밖에 커서'라는 문장이 나타나게 하는 프로그램을 작성하라. 164

연습문제 15.3 마우스 좌측 버튼을 누르면 자동차가 왼쪽으로 이동하고, 우측 버튼을 누르면 자동차가 오른쪽으로 이동하는 프로그램을 작성하라. 168

목 차

예제 16 키보드 p 버튼과 q 버튼을 클릭하면 말 두 마리가 각각 움직이도록 해서, 결승선을 먼저 통과하면 이기는 2인용 말 경주 게임을 만들어라. 171

연습문제 16.1 예제 16에서 프로그램을 실행하면 2초 후에 '출발' LED가 켜지는 방식에 의해 출발 신호를 주도록 하라. 178

연습문제 16.2 연습문제 16.1에서 '출발' LED가 켜지는 출발 신호 보다 p 버튼 또는 q 버튼을 먼저 눌렀을 시(부정 출발 시), 해당 말에 경고 표시를 해주는 기능을 추가하라. 179

연습문제 16.3 연습문제 16.2에서 말 두 마리 중 한 마리가 결승선을 통과해서 승리 LED가 켜지면, 다른 말은 그 자리에서 멈추게 해서 승리한 말 구별을 쉽게 할 수 있도록 하라. 183

예제 17 그림 17.1과 같은 PC용 웹캠(카메라)으로 자동차 번호판을 촬영하면 번호판 번호가 자동으로 인식되는 프로그램을 작성하라. 이를 위해 머신 비전 시스템(소프트웨어와 하드웨어)도 구축하라. 184

연습문제 17.1 예제 17에서 자동차 번호판 인식이 성공했을 경우, '인식성공' LED가 켜지도록 하라. 191

연습문제 17.2 연습문제 17.1에서, 인식 성공 LED가 자동차 번호판을 제대로 인식한 경우에 켜지지만, 카메라 영상 속에 아무 문자나 숫자가 없는 경우에도 켜지게 된다. 이러한 문제점을 개선하는 프로그램을 작성하라. 192

연습문제 17.3 연습문제 17.2를 수정하여, 번호판 인식이 성공하면 자동차 번호와 함께 날짜와 시간 정보가 하드디스크에 저장되게 하라. 단, 동일 차량이 계속 촬영되고 있을 때 같은 번호판 번호가 반복해서 저장되지 않고 단 한번만 저장되게 하라. 194

예제 18 차량 자율 주행을 위해 카메라로 도로의 차선을 촬영하면 차량의 위치 정보와 방향 정보를 알려주는 자동 차선 인식 프로그램을 작성하라. 196

연습문제 18.1 하드디스크에 저장되어 있는 실제 도로 이미지 파일(그림 18.8)을 읽어서 차선을 자동 인식하여 차량의 위치와 방향 정보를 계산해주는 프로그램(그림 18.9)을 예제 18을 수정하여 완성하라. 203

연습문제 18.2 하드디스크에 저장되어 있는 실제 도로 영상(avi 파일)을 읽어서 차선을 자동 인식하여 차량의 위치와 방향 정보를 계산해주는 프로그램(그림 18.13)을 연습문제 18.1을 수정하여 완성하라. 207

부록 A : NI Vision Acquisition Software 설치 방법 / 209

부록 B : NI Vision Development Module 설치 방법 / 218

부록 C : 번호판 샘플 이미지 (교재 CD > 자동차번호판인식 폴더 > 번호판이미지.jpg) / 227

부록 D : 단순 도로 이미지 (교재 CD > 자동차선인식 폴더 > 단순도로이미지.jpg) / 228

LabVIEW

기초부터
머신 비전(Machine Vision)까지

01
예 제

LabVIEW 시작하기

학 | 습 | 내 | 용 |

1. 프런트패널과 블록다이어그램
2. 컨트롤 팔레트와 함수 팔레트
3. 예제 탐색기

(1) 컴퓨터에서 LabVIEW(랩뷰)를 실행하면, 그림 1.1과 같은 초기 화면 창이 나타난다. 그림과 같이 '파일 〉 새 VI'를 실행하면, 그림 1.2와 같은 프런트패널과 블록다이어그램이 나타난다. VI는 Virtual Instrument의 약자로 LabVIEW로 작성된 프로그램을 VI라고 호칭한다.

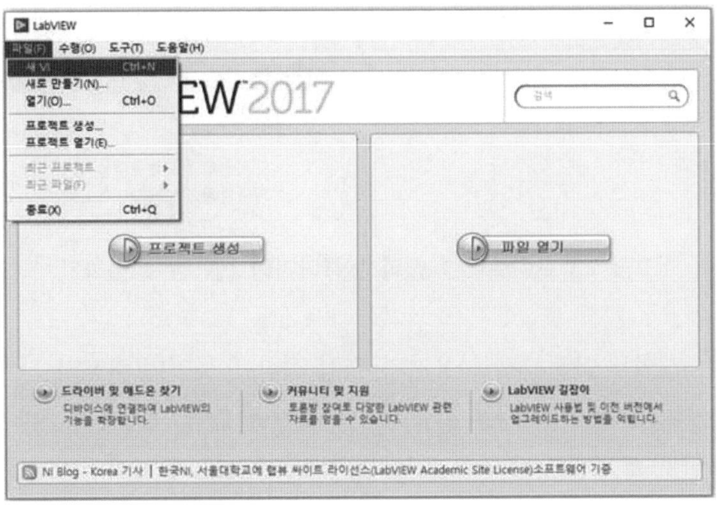

그림 1.1 랩뷰 시작 화면

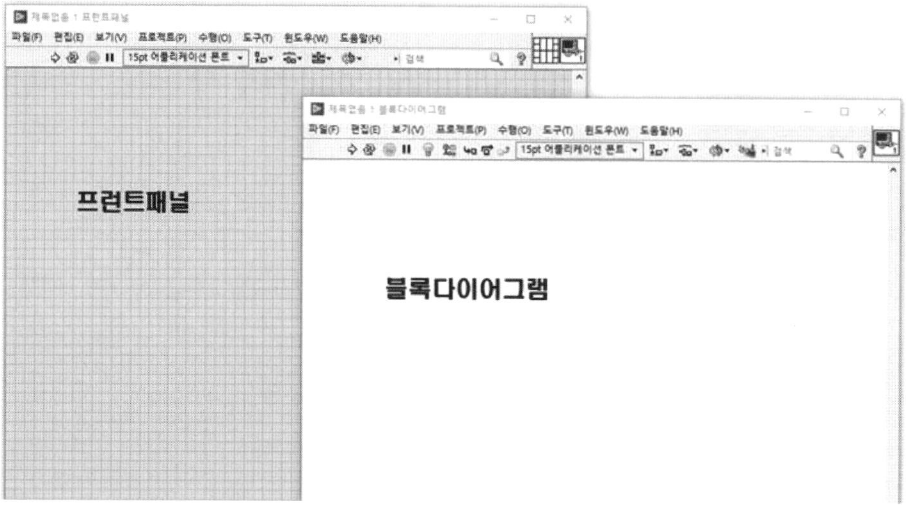

그림 1.2 프런트패널 창과 블록다이어그램 창

(2) 그림 1.3과 같이 프런트패널 메뉴에서 '윈도우 〉 좌우로 정렬'을 실행하거나, 단축키 Ctrl t를 실행하면, 프런트패널과 블록다이어그램이 바탕화면에 꽉 차게 정렬된다. 지금까지 수행한 작업이 프로그램을 작성하기 위한 준비 작업이다.

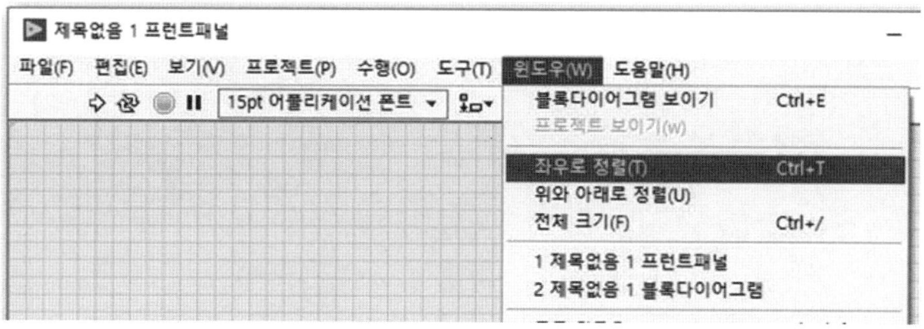

그림 1.3 프런트패널 창과 블록다이어그램 창 정렬하기

(3) 프런트패널은 개발된 프로그램 사용자가 직접 접하는 곳이며(사용자 인터페이스, GUI), 프런트패널을 이용하여 데이터를 입력하거나 결과를 출력 받게 된다. 반면에 블록다이어그램은 개발된 프로그램의 사용자가 볼 수 없는 곳으로, 실질적인 프로그래밍은 여기서 구현된다.

(4) 프런트패널 내부 영역(바둑판 모양 영역)의 임의 위치에서 마우스 오른쪽 버튼을 클릭하면, 그림 1.4와 같이 컨트롤 팔레트가 나타난다. 이 컨트롤 팔레트는 프런트패널에 사용될 컨트롤과 인디케이터를 모아 놓은 곳이다. 참고로 컨트롤은 데이터를 입력 받는 객체이며, 인디케이터는 결과를 출력해주는 객체이다. 예를 들어 2개의 숫자를 입력받아서 합을 계산해주는 프로그램을 작성한다면, 2개의 숫자를 입력 받는 객체가 컨트롤이며, 합을 출력해주는 객체가 인디케이터이다.

그림 1.4 컨트롤 팔레트

(5) 블록다이어그램의 내부 영역(흰 바탕)의 임의 위치에서 마우스 오른쪽 버튼을 클릭하면, 그림 1.5와 같은 함수 팔레트가 나타난다. 이 함수 팔레트는 블록다이어그램에서 프로그래밍을 할 때 사용되는 함수를 모아둔 곳이다.

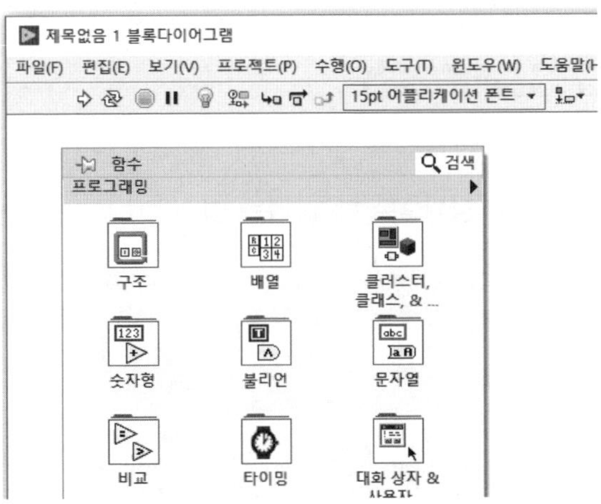

그림 1.5 함수 팔레트

연습문제 1.1

LabVIEW의 NI 예제 탐색기를 이용하여 예제 프로그램 검색해서 실행해보기

(1) 그림 1.6과 같이, 프런트패널 메뉴에서 '도움말 〉 예제 찾기...'을 실행한 후 잠시 기다리면, 그림 1.7과 같은 NI 예제 탐색기 창이 열린다. 그림 1.7과 같은 방법으로 '검색' 탭을 클릭하여 '2D Serial Robot Animation.vi' 파일을 연다.

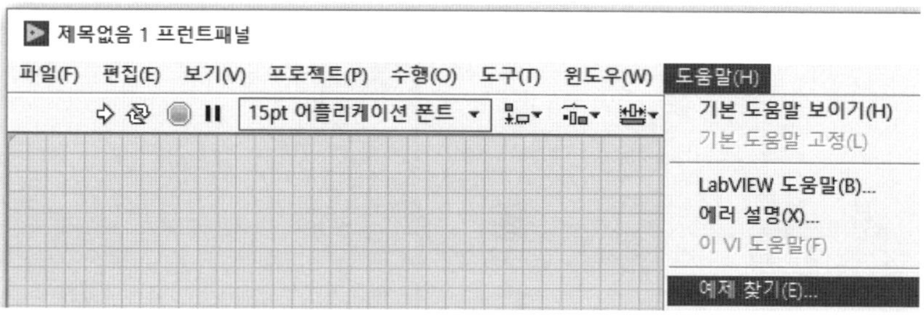

그림 1.6 NI 예제 탐색기 창을 여는 방법

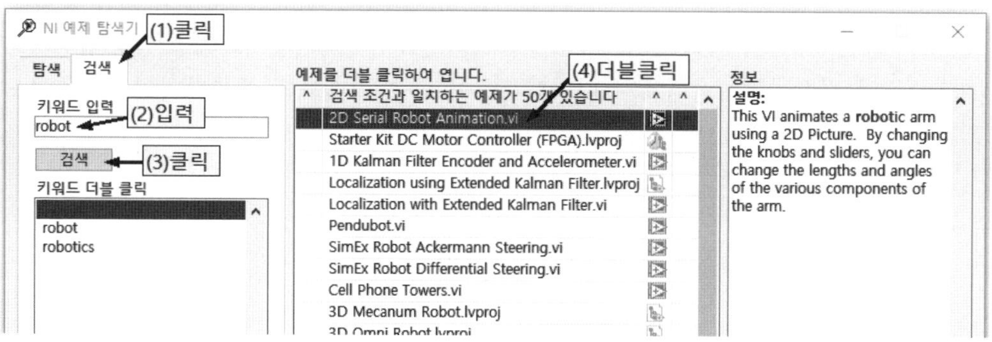

그림 1.7 키워드 검색으로 예제 여는 법

(2) 그림 1.8과 같이 프런트패널 왼쪽 상단에 있는 실행 버튼을 클릭하여 프로그램을 실행시켜라.

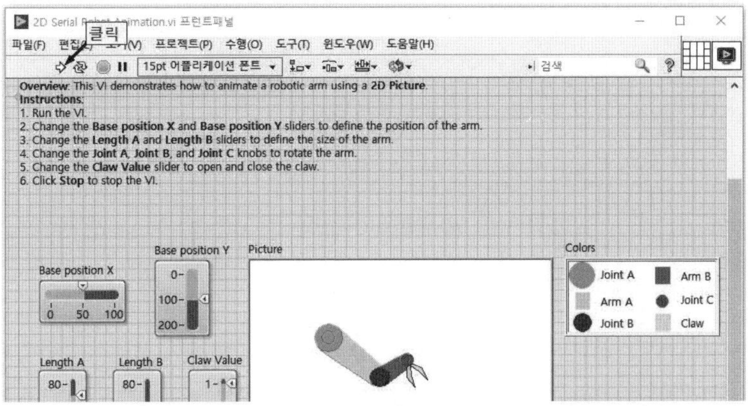

그림 1.8 '실행 버튼'을 클릭해서 프로그램 실행

(3) 그림 1.9와 같이, 실행된 프로그램에서 Slide와 Knob를 조절하여 로봇 팔의 위치, 길이, 각도, 색깔 등을 변경시켜 보아라.

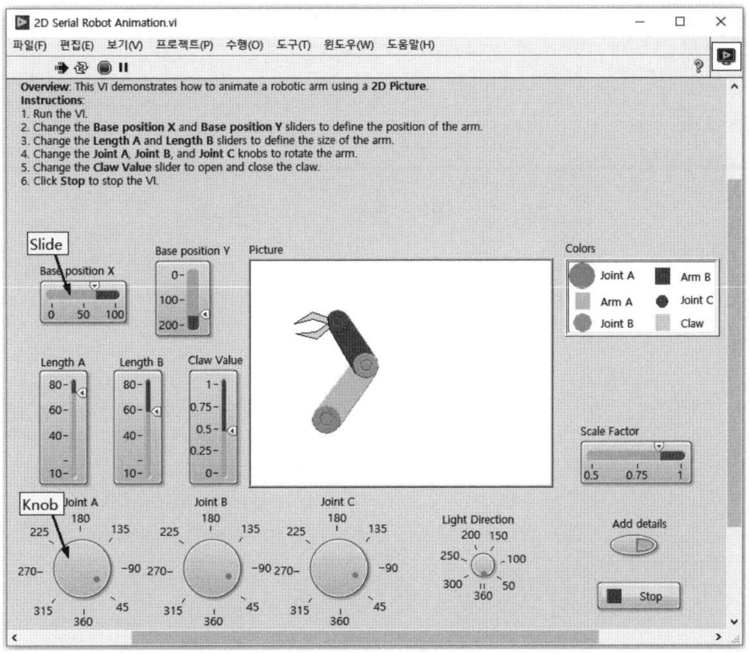

그림 1.9 실행된 프로그램에서 로봇 팔 디자인하기

(4) 그림 1.10과 같이 '윈도우 〉 블록다이어그램 보이기'를 실행하여, 그림 1.11과 같은 블록다이어그램을 확인해보자

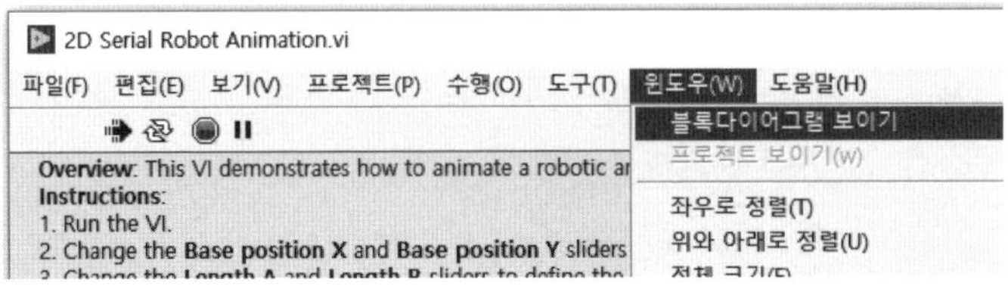

그림 1.10 블록다이어그램 창 여는법

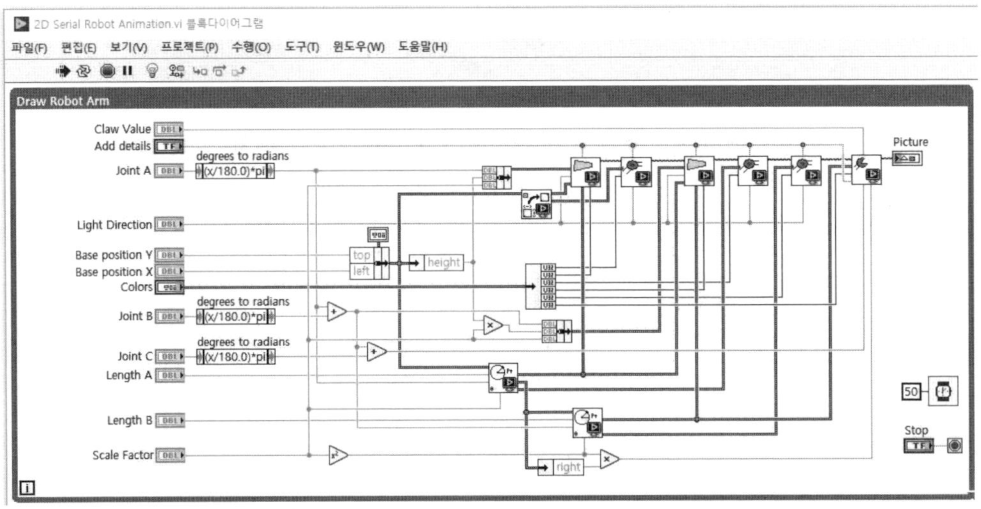

그림 1.11 열린 블록다이어그램 창

02

예 제

세 과목 점수의 총점과 평균을 구하는 프로그램을 작성하라.

학 | 습 | 내 | 용 |

1. 숫자형 컨트롤과 숫자형 인디케이터
2. 실행 하이라이트 버튼
3. 프로브 기능

(1) 예제 1에서 설명한 방법(그림 1.1)으로 새로운 VI를 연 후, 단축키 Ctrl t를 사용하여 프런트패널과 블록다이어그램을 바탕화면에 좌우로 정렬한다.

(2) 그림 2.1과 같이 컨트롤 팔레트에서 '숫자형 컨트롤'을 클릭한 후, 프런트패널 위를 한 번 더 클릭해서 프런트패널에 숫자형 컨트롤을 그림 2.2와 같이 추가한다.

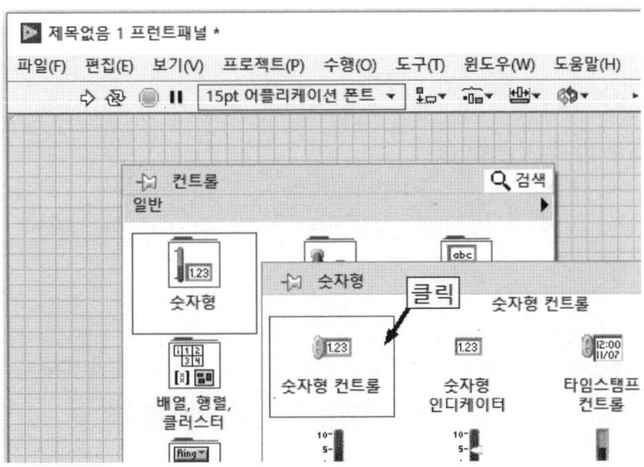

그림 2.1 컨트롤 팔레트에서 '숫자형 컨트롤' 선택하기

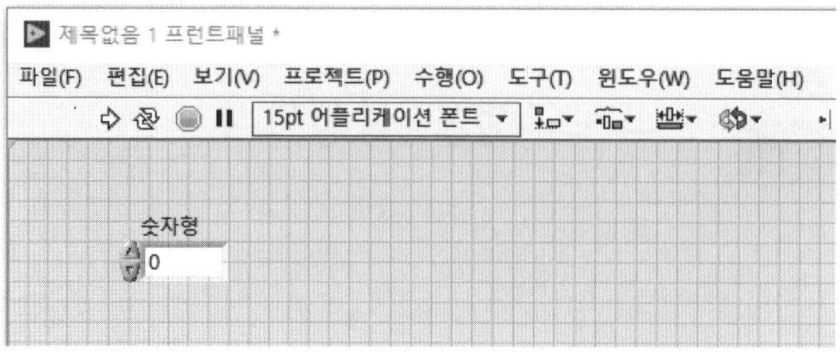

그림 2.2 프런트패널에 추가된 '숫자형 컨트롤'

(3) 그림 2.2에 있는 숫자형 컨트롤의 라벨인 '숫자형' 글씨를 더블클릭해서 검게 변하면, 글씨 '수학'을 타이핑한다. 결과는 그림 2.3과 같이 된다. 참고로, LabVIEW의 라벨은 다른 프로그래밍 언어에서의 변수 이름에 해당한다.

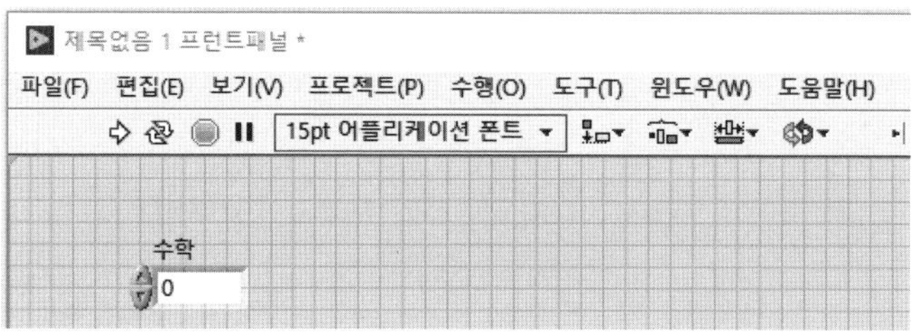

그림 2.3 숫자형 컨트롤의 라벨 수정

(4) 위와 같은 방법으로 그림 2.4와 같이 국어와 영어 점수를 입력할 수 있는 숫자형 컨트롤을 추가한다.

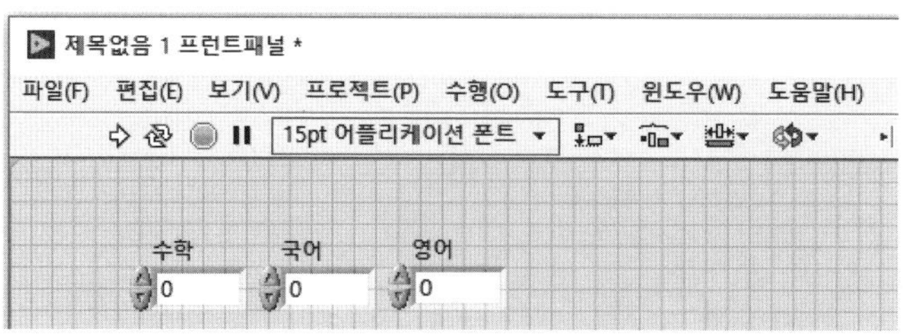

그림 2.4 국어와 영어 숫자형 컨트롤 추가

(5) 이제 블록다이어그램에서 세 과목의 총점과 평균을 구하는 프로그래밍을 해보자. 그림 2.5와 같이 수학, 국어, 영어 객체를 수직으로 배치한 다음에, 함수 팔레트에서 '더하기' 함수를 클릭한 후, 블록다이어그램에 한 번 더 클릭하여 그림 2.6과 같은 위치에 더하기 함수를 추가한다.

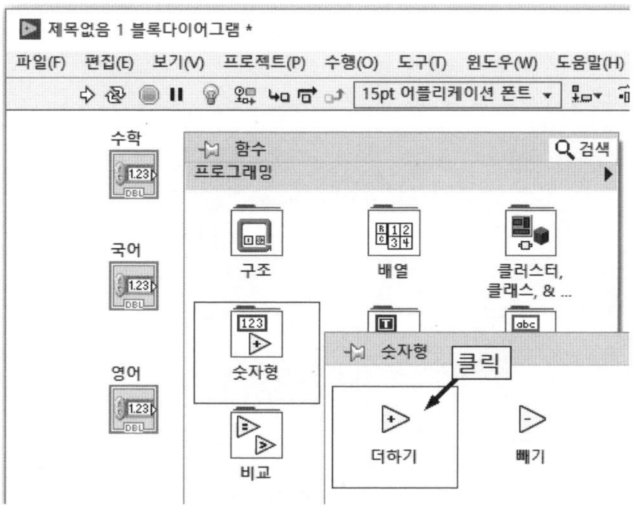

그림 2.5 블록다이어그램에 더하기 함수 추가하기

그림 2.6 더하기 함수 추가하기

(6) 그림 2.6에 배치된 더하기 함수에 대한 도움말을 보기 위해, 그림 2.7과 같이 블록다이어그램 메뉴에서 '도움말 〉 기본 도움말 보이기'를 실행한다. 그러면, 그림 2.8과 같은 기본 도움말 창이 바탕화면에 나타날 것이다. 참고로, 블록다이어그램에 있는 더하기 함수를 클릭해야만, 더하기 함수에 대한 도움말 내용이 나타난다. 도움말 내용을 살펴보면, 더하기 함수의 왼쪽 터미널 두 군데로 두 수 x와 y가 입력되면, 오른쪽 터미널로 두 수의 합인 x+y가 출력된다는 것을 알 수 있다.

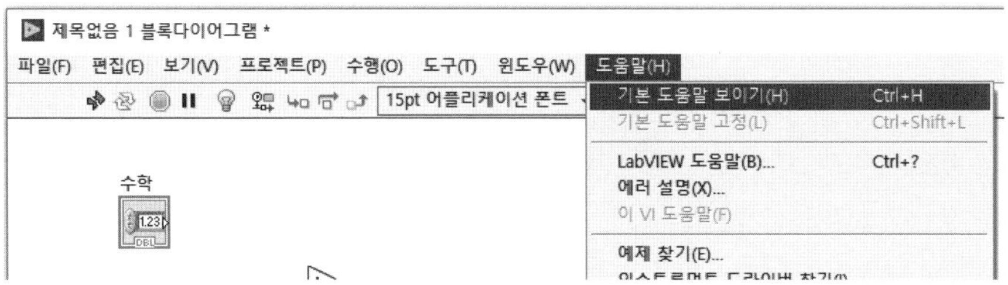

그림 2.7 기본 도움말 창 열기

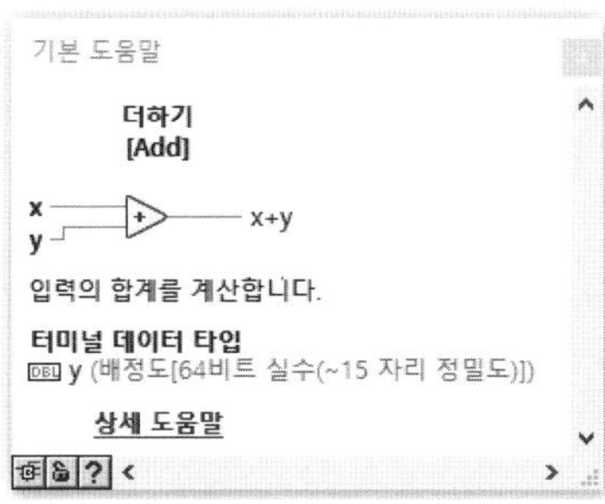

그림 2.8 더하기 함수에 대한 기본 도움말 창

(7) 먼저, 수학 점수와 국어 점수를 더해주기 위하여 그림 2.9(좌)와 같은 방법으로 클릭을 두 번 하여 와이어(선) 연결을 그림 2.9(우)와 같이 한다.

그림 2.9 와이어(선) 연결하기

(8) 위와 같은 방법으로, 그림 2.10과 같이 와이어를 연결한다.

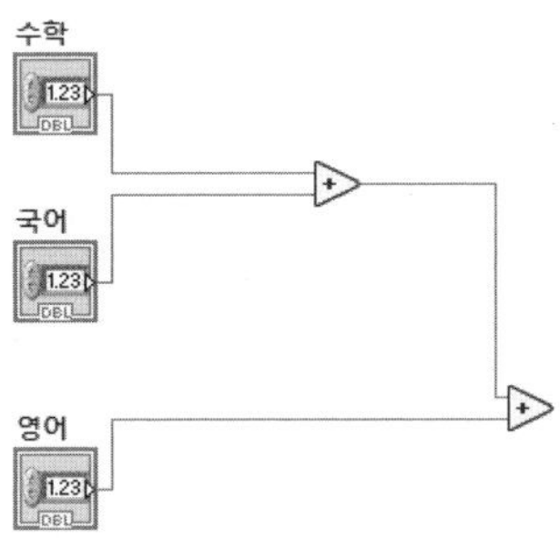

그림 2.10 추가로 와이어 연결하기

(9) 그림 2.11과 같이 숫자형 인디케이터를 프런트패널에 추가한 후, 그림 2.12와 같이 라벨을 '총점'으로 변경한다.

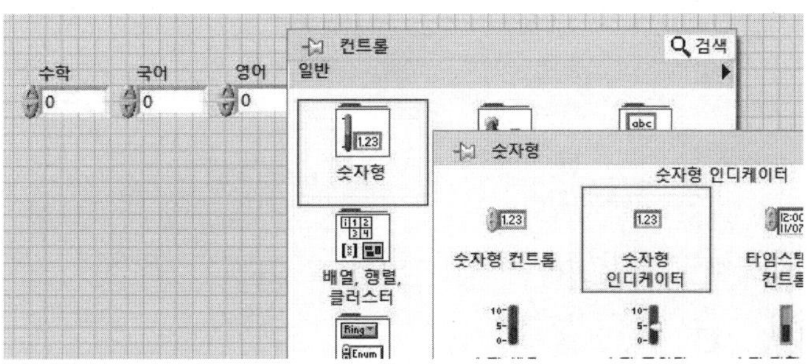

그림 2.11 숫자형 인디케이터 추가하기

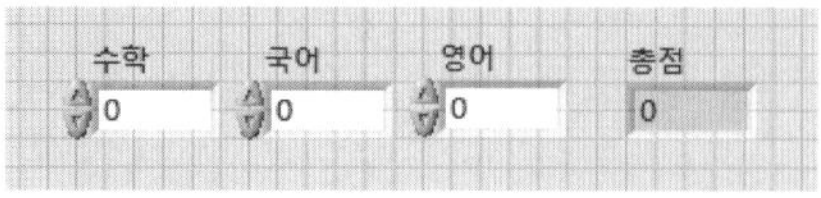

그림 2.12 '총점' 숫자형 인디케이터 추가한 상태

(10) 그림 2.13과 같이 블록다이어그램에서 총점 인디케이터에 와이어를 연결한다.

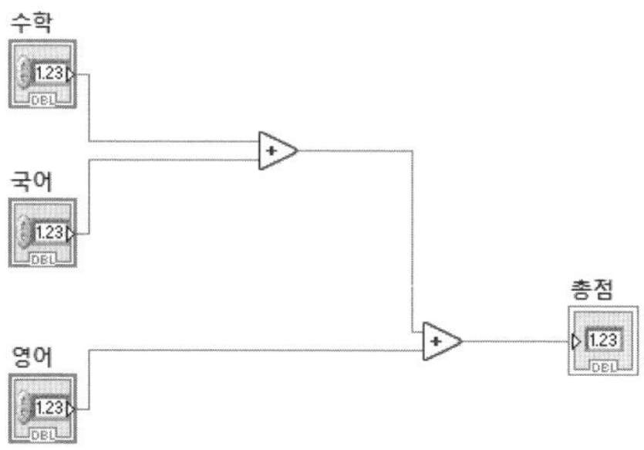

그림 2.13 총점 인디케이터에 와이어 연결하기

(11) 그림 2.14와 같이 '평균' 인디케이터를 프런트패널에 추가한 후, 그림 2.15와 같이 나누기 함수를 블록다이어그램에서 추가해서 그림 2.16과 같이 와이어를 연결한다.

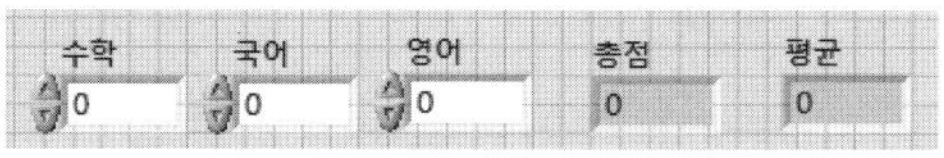

그림 2.14 '평균' 숫자형 인디케이터 추가한 상태

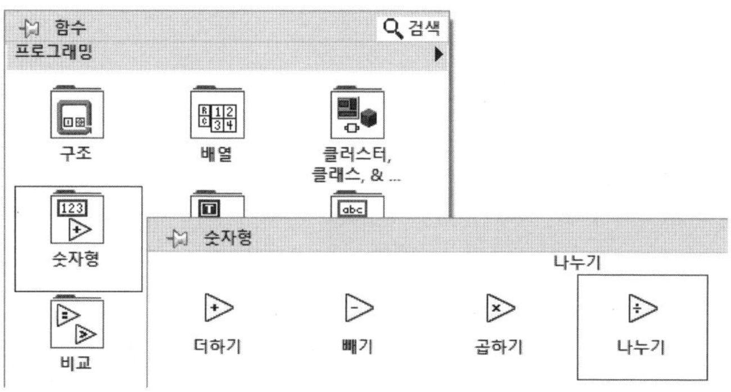

그림 2.15 나누기 함수 추가하기

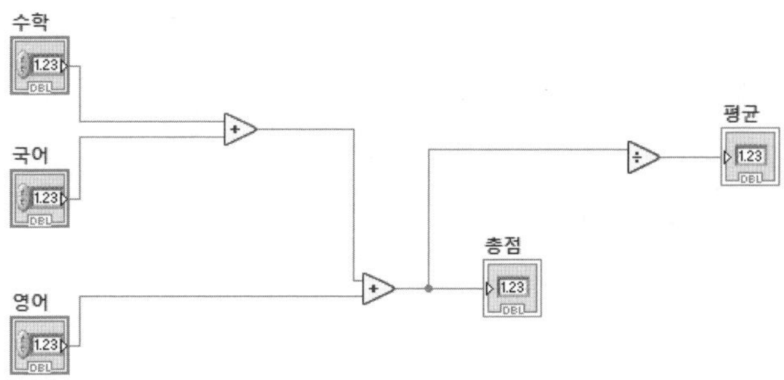

그림 2.16 나누기 함수 추가 후 와이어 연결하기

(12) 세 과목의 평균을 구하기 위해선 총점을 3으로 나누어야 하므로, 그림 2.17과 같이 나누기 함수의 좌측 입력 터미널 두 군데 중에 하단 입력 터미널에서 마우스 오른쪽 버튼을 클릭(우클릭)하여 숫자 3을 입력하면, 그림 2.18과 같은 최종 블록다이어그램이 완성된다.

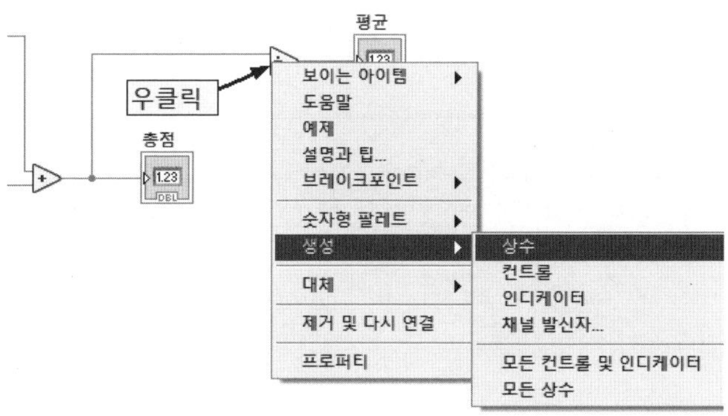

그림 2.17 함수에 상수 추가하기

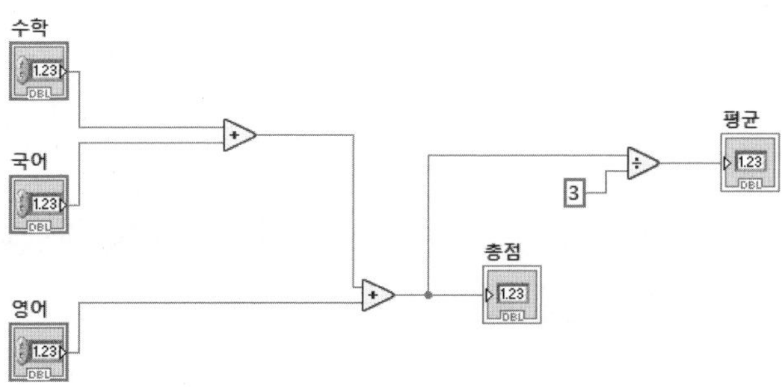

그림 2.18 최종 블록다이어그램

(13) 그림 2.19와 같이 프런트패널(또는 블록다이어그램) 상단 메뉴에서 '파일 〉 저장'을 실행한 후, 파일명 '예제2.vi'로 저장한다.

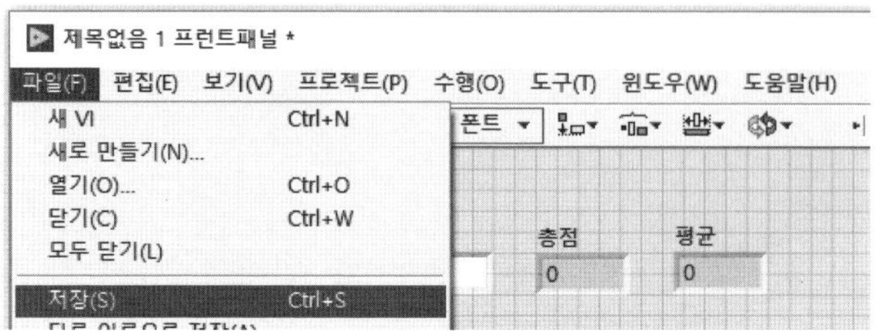

그림 2.19 프로그램 저장하기

(14) 그림 2.20과 같이 프런트패널에서 수학 90, 국어 93, 영어 95를 입력한 후, 프로그램을 실행시켜보자. 그러면 총점은 278점이 출력되고 평균은 소수점 넷째자리까지 나타나게 된다. 소수점 첫째자리 까지만 나타나게 하기 위해 그림 2.21과 같이 평균 인디케이터 위에서 마우스 오른쪽 버튼을 클릭하여 프로퍼티 창을 연다.

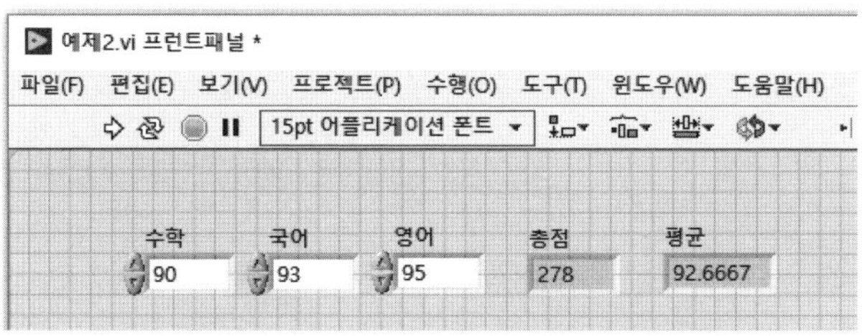

그림 2.20 프로그램 실행 결과

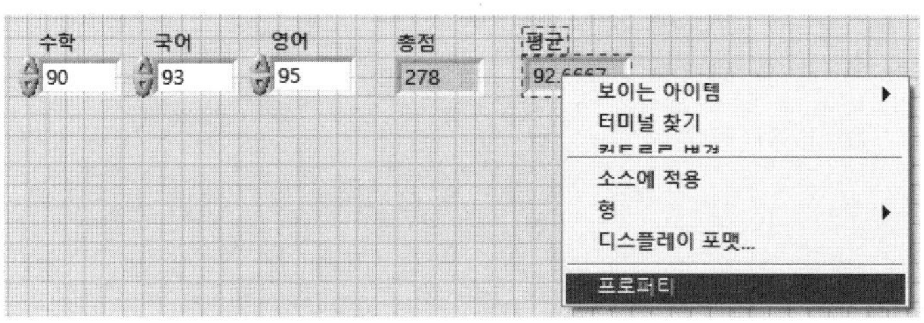

그림 2.21 프로퍼티 창 열기

(15) 그림 2.22와 같이, 프로퍼티 창에서 '디스플레이 포맷' 탭을 클릭한 후, 정밀도 타입을 '소수점 자릿수', 자릿수를 '1'로 변경하고 '확인' 버튼을 클릭하면, 평균 점수가 소수점 1자리까지만 나타나게 된다.

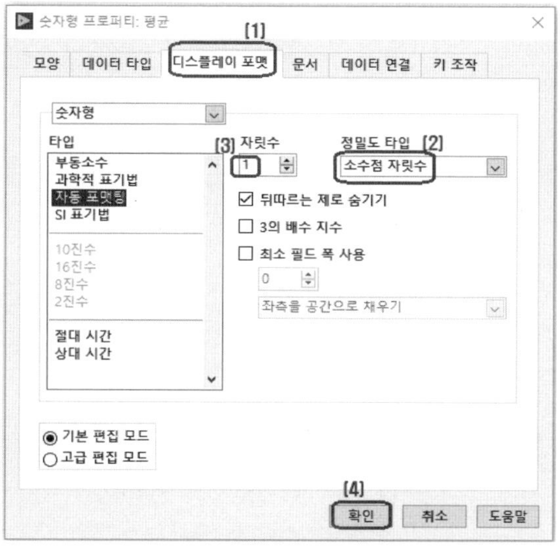

그림 2.22 프로퍼티 창에서 소수점 자리수 변경하기

연습문제 2.1

수학, 국어, 영어, 과학 점수를 입력 받아서 총점과 평균을 구하라.

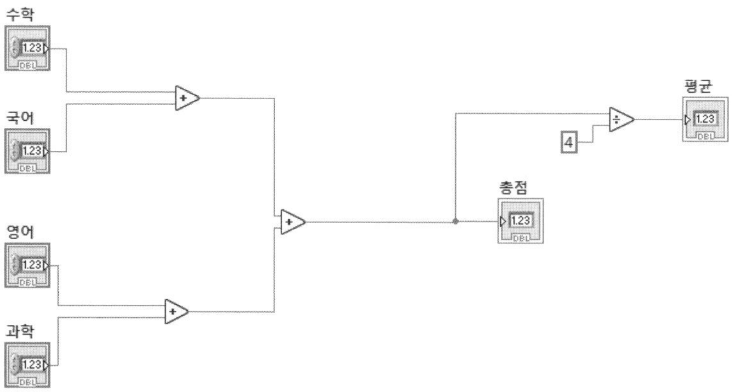

그림 2.23 블록다이어그램

연습문제 2.2

예제2.1에서 '실행 하이라이트' 기능 익히기

(1) 예제2.vi 프로그램이 어떻게 동작하는지 눈으로 확인하기 위하여 그림 2.24와 같이 실행 하이라이트 버튼을 클릭한 후 프로그램을 실행시켜 보아라.

(2) 실행 하이라이트 버튼이 활성화(노란색으로 바뀐 상태)한 상태에서 프로그램을 실행시키면, 블록다이어그램 상에서 와이어를 통해 전달되는 데이터 값들을 그림 2.24와 같이 눈으로 확인 가능하다.

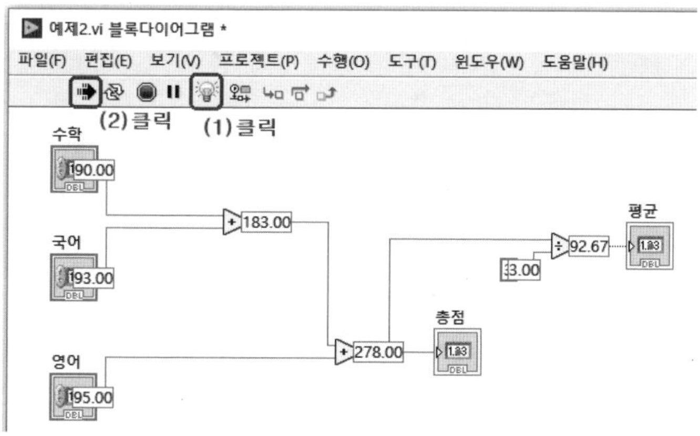

그림 2.24 '실행 하이라이트' 기능 사용하기

연습문제 2.3

예제2.1에서 '프로브' 기능 익히기

(1) 블록다이어그램에서 특정 와이어를 지나가는 데이터 값을 직접 확인하기 위하여, 그림 2.25와 같이 특정 와이어 위에서 마우스 오른쪽 버튼을 클릭한 후에 '프로브'를 클릭한다.

(2) 그러면, 그림 2.26의 프로브 관찰 윈도우 창이 생성된다. 이 상태에서 프로그램을 실행시키면, 특정 와이어를 통해 지나간 데이터 값을 확인할 수 있다. 여기선 수학과 국어 점수를 더한 값인 183이 '프로브 디스플레이'에 나타난다.

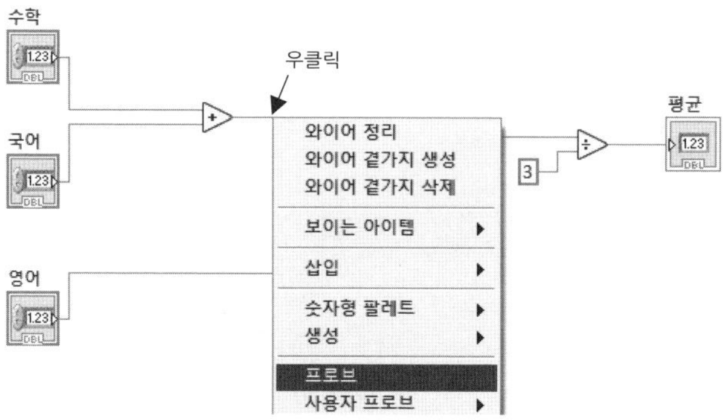

그림 2.25 '프로브' 기능 사용하기

그림 2.26 프로브 관찰 윈도우 창

03
예 제

토글 스위치로 LED를 켜는 프로그램을 작성하라.

학 | 습 | 내 | 용 |

1. 불리언 컨트롤 (토글 스위치, LED)
2. While 루프
3. 불리언 함수

(1) 새 VI를 연 다음, 그림 3.1과 같이 프런트패널에 '수직 토글 스위치'를 추가해서 라벨을 '스위치'로 입력한다.

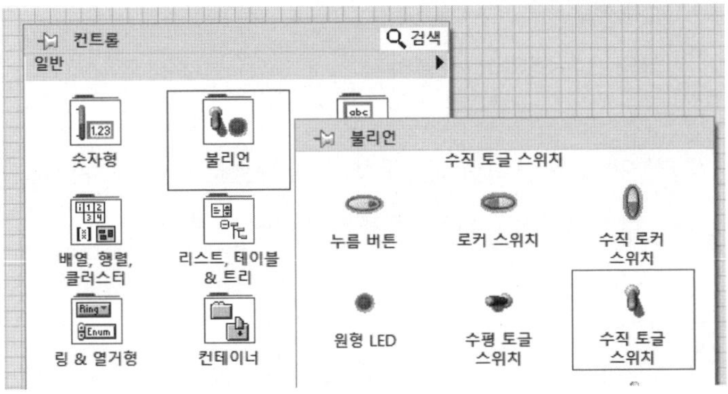

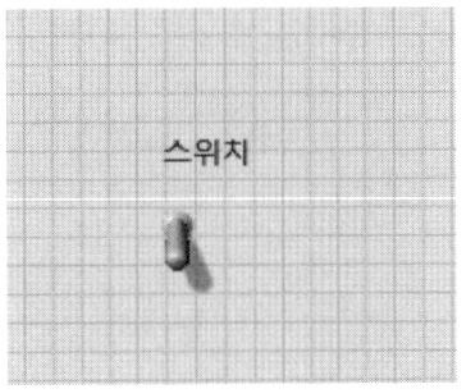

그림 3.1 수직 토글 스위치 추가하기

(2) 그림 3.2와 같이 프런트패널에 '사각 LED'를 추가해서 라벨을 'LED'로 입력한다.

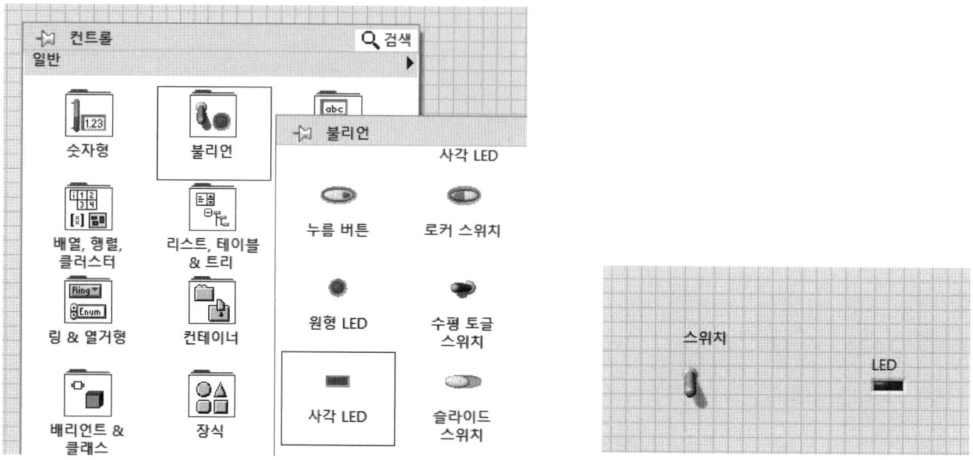

그림 3.2 사각 LED 추가하기

(3) 그림 3.3과 같이 블록다이어그램에서 와이어를 연결한다.

그림 3.3 와이어 연결하기

(4) 그림 3.4와 같이 'While 루프' 구조를 클릭한 후 대각선 방향으로 마우스 커서를 드래그 한다. 그러면 그림 3.5와 같이 While 루프 구조가 만들어 진다.

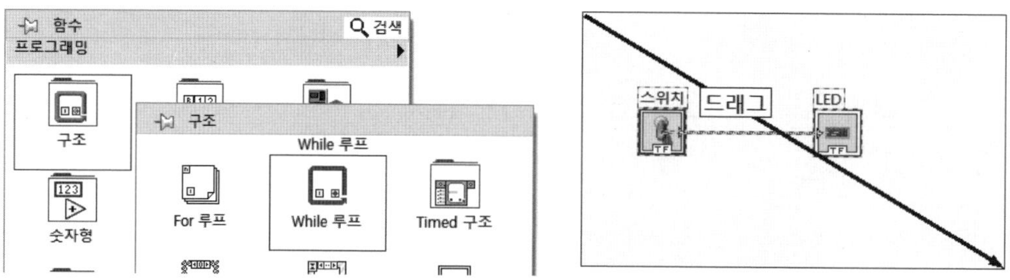

그림 3.4 While 루프 구조 사용하기

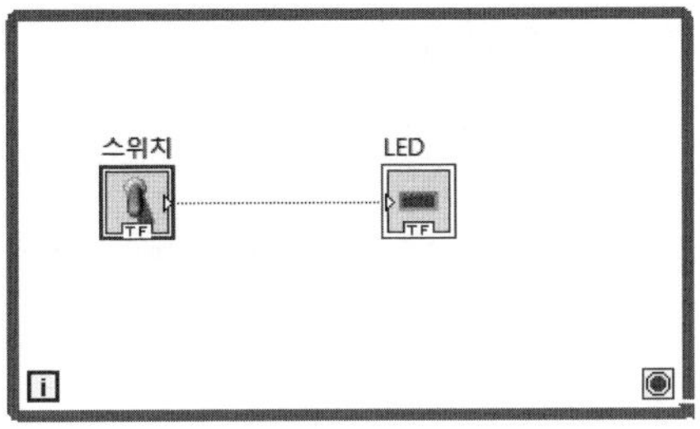

그림 3.5 While 루프 배치

(5) While 루프 내부에 있는 프로그램은 계속 반복 실행되기 때문에, 원하는 시기에 루프를 정지시키기 위해 그림 3.6과 같이 '정지 버튼'을 프런트패널에 추가한다.

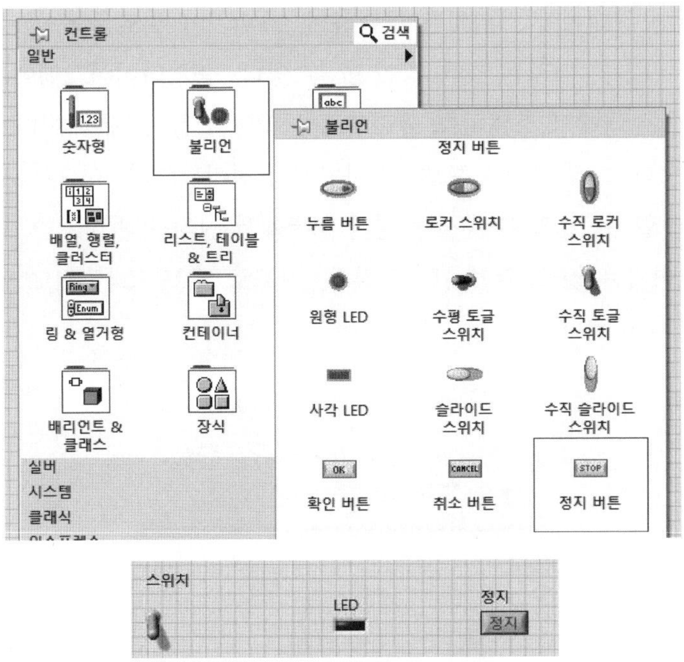

그림 3.6 정지 버튼 추가하기

(6) 블록다이어그램에서 그림 3.7과 같이 '정지 버튼'에 와이어를 연결하고, 파일명 '예제 3.vi'로 저장한다.

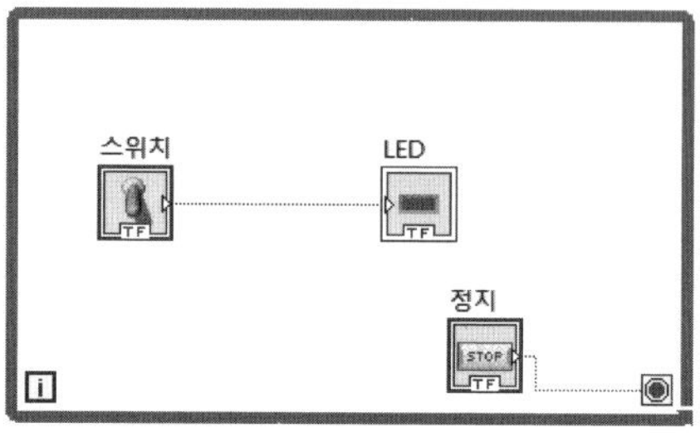

그림 3.7 정지 버튼에 와이어 연결하기

(7) 프로그램 실행 상태에서 스위치를 클릭하면, 스위치가 위로 향하면 LED가 켜지고 아래로 향하면 LED가 꺼지는 것을 확인 할 수 있다. 블록다이어그램에서 실행 하이라이트 버튼을 켠 상태에서 스위치를 클릭해보면, 와이어를 통해 데이터가 어떻게 지나가는지 알 수 있다. 그림 3.8을 보면, 스위치에서 진리값 참(T)이 나와서 LED로 들어가는 것을 확인 할 수 있으며, 동시에 정지 버튼에서 진리값 거짓(F)이 나와서 루프 조건(◉)으로 들어가는 것을 확인 할 수 있다. 참고로 루프 조건(◉)으로 참이 입력되면 루프는 정지하게 된다.

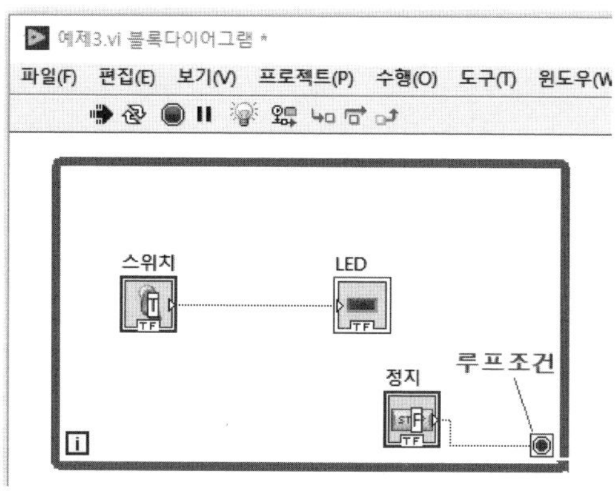

그림 3.8 실행 하이라이트 기능 사용하기

(8) 마지막으로 그림 3.9와 같이 프런트패널에 있는 정지 버튼을 클릭하여 프로그램을 정지시켜 보자.

그림 3.9 프로그램 정지시키기

연습문제 3.1

프런트패널에 수직 토글 스위치 2개와 LED 1개를 그림 3.10과 같이 만들고, 스위치 2개가 동시에 on일 때(둘 다 참인 상태)만 LED가 켜지게 하라.

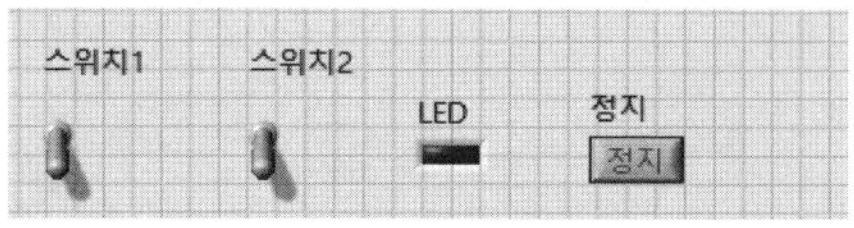

그림 3.10 프런트패널 구성

(1) 그림 3.11과 같이 AND 함수를 사용하라.

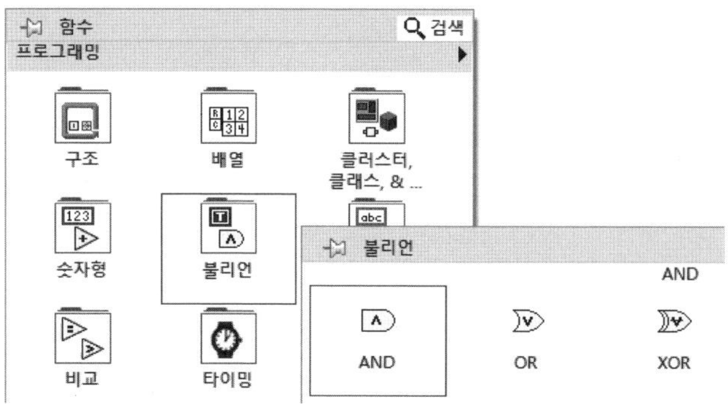

그림 3.11 AND 함수

연습문제 3.2

프런트패널에 수직 토글 스위치 2개와 LED 1개를 그림 3.10과 같이 만들고, 스위치 2개 중 하나라도 on일 때 LED가 켜지게 하라.

04 예제

두 개의 실수 a와 b를 입력 받아서 a〉b일 때 LED가 켜지는 프로그램을 작성하라.

학 | 습 | 내 | 용 |

1. 비교 함수
2. 수직 포인트 슬라이드

(1) 그림 4.1과 같이 프런트패널에 숫자형 컨트롤 2개와 사각 LED를 추가하라.

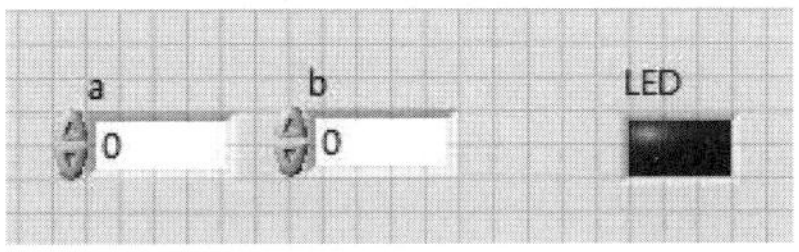

그림 4.1 프런트패널 구성

(2) 그림 4.2와 같이 '보다 큼?' 함수를 사용하여, 그림 4.3과 같이 프로그램을 완성한 후 파일명 '예제4.vi'로 저장한다.

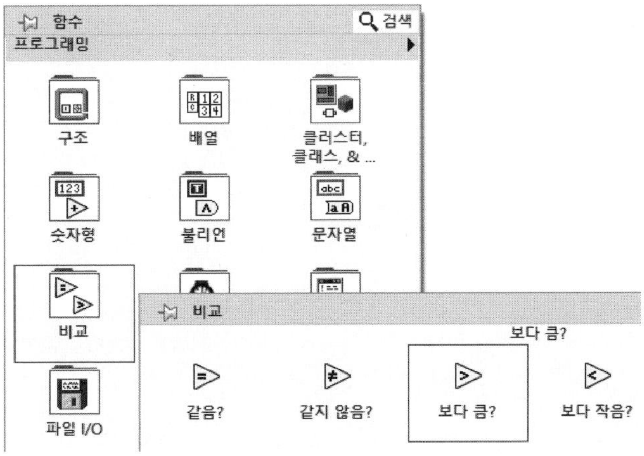

그림 4.2 '보다 큼?' 함수 사용하기

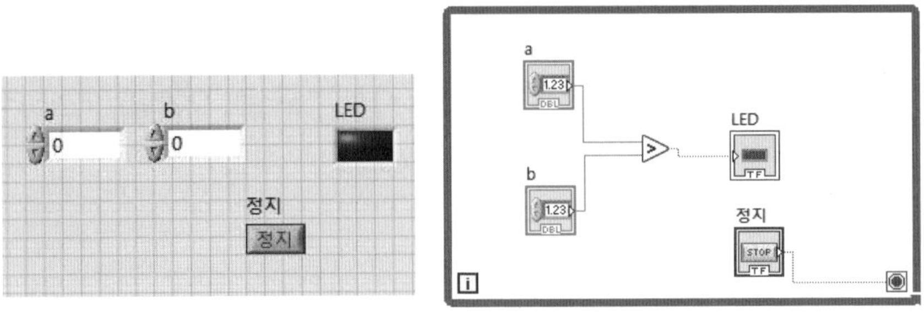

그림 4.3 최종 프런트패널과 블록다이어그램

(3) 프로그램을 실행하여 a와 b의 값을 변경하면서 a>b일 때 LED가 켜지는지 확인한다. 참고로 그림 4.3의 블록다이어그램에서 주황색은 실수를, 초록색은 진리값을 의미하는 것을 알 수 있다.

연습문제 4.1

두 개의 실수 a와 b를 '수직 포인터 슬라이드'로 입력 받아서 a>b일 때 LED가 켜지게 하라.

(1) 그림 4.4와 같이 수직 포인터 슬라이드를 클릭하여 프런트패널에 2개의 수직 포인트 슬라이드 a와 b를 추가하고 동시에 LED와 정지 버튼도 추가한다.

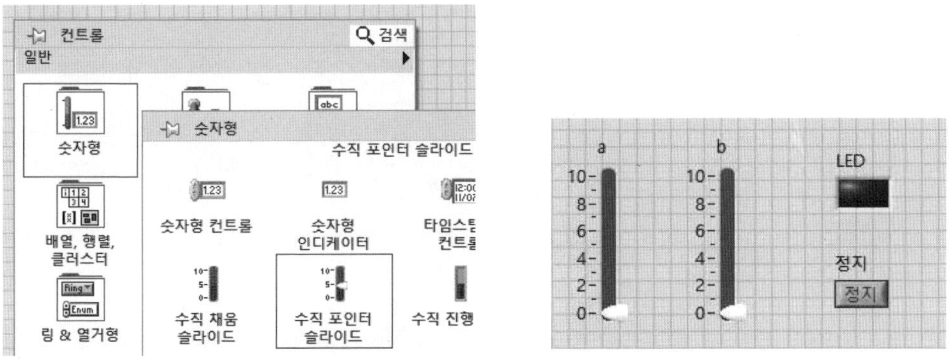

그림 4.4 수직 포인터 슬라이드 사용하기

연습문제 4.2

세 개의 실수 a, b, c를 입력 받아서 a>b>c를 만족하면 LED가 켜지게 하라.

(1) 그림 4.5와 같이 프런트패널에 3개의 숫자형 컨트롤, LED, 정지 버튼을 추가하라. 블록다이어그램에서 2개의 > 함수와 1개의 ∧ 함수를 사용하라.

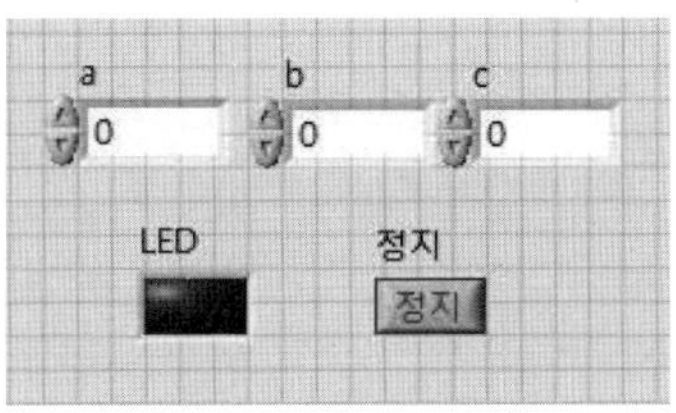

그림 4.5 프런트패널 구상

연습문제 4.3

세 개의 실수 a, b, c를 입력 받아서 $a^2+b^2=c^2$을 만족하면 LED가 켜지게 하라.

(1) 그림 4.6과 같이 '함수 〉 프로그래밍 〉 숫자형(2*1) 〉 제곱(4*2)'을 실행하여 제곱 함수를 이용하라.

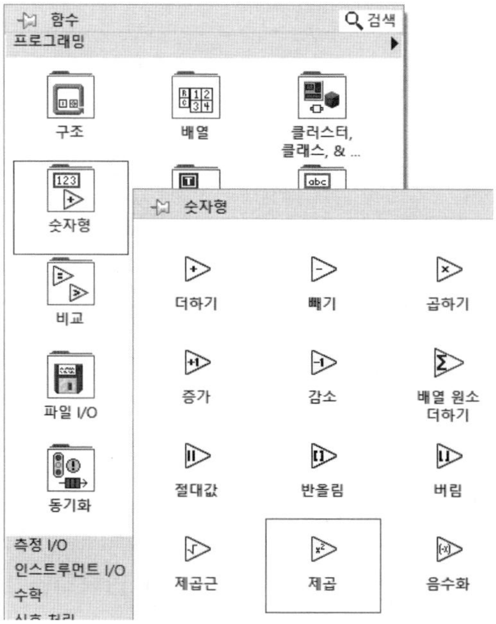

그림 4.6 제곱 함수 사용하기

05 예제

토글 스위치가 ON이 되면 '동작 중'이라는 문자열이 프런트패널에 나타나고, OFF가 되면 '동작 중단'이라는 문자열이 프런트 패널에 나타나는 프로그램을 작성하라.

학 | 습 | 내 | 용 |

1. 케이스 구조
2. 문자열 함수
3. 실행 하이라이트 기능 활용

(1) 프런트패널에서 그림 5.1과 같이 '컨트롤 〉 일반 〉 불리언(1*2) 〉 수직 토글 스위치(2*3)'를 실행하여 수직 토글 스위치를 추가한 후 라벨은 '토글스위치'로 수정한다.

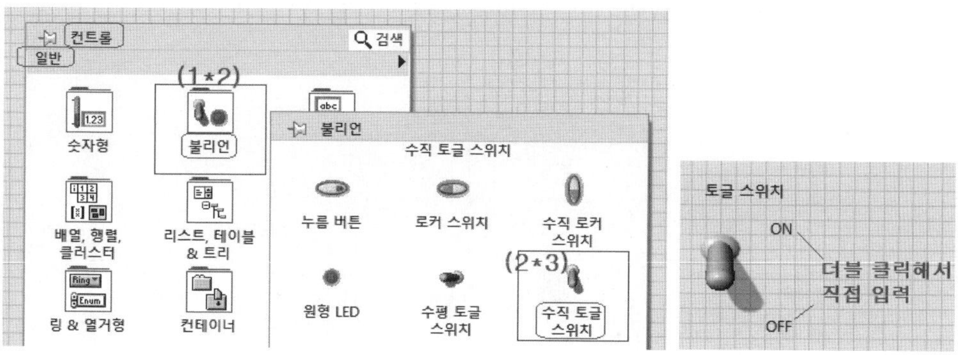

그림 5.1 수직 토글 스위치 추가하기

(2) 블록다이어그램에서 그림 5.2와 같이 '함수 〉 프로그래밍 〉 구조(1*1) 〉 케이스 구조(2*1)'를 실행하여, 케이스 구조를 추가한 다음, 토글 스위치의 출력단을 케이스 구조의 케이스 선택자(?)에 정확히 와이어 연결한다.

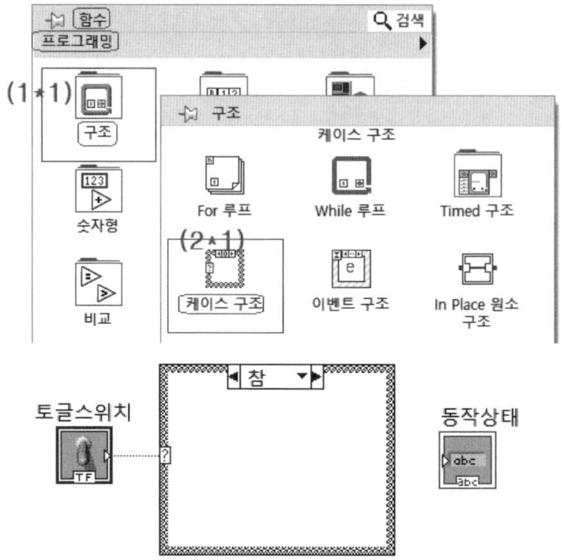

그림 5.2 케이스 구조를 추가하여 토글 스위치와 연결하기

(3) 그림 5.3과 같이 '컨트롤 〉 일반 〉 문자열&경로(1*3) 〉 문자열 인디케이터(1*2)'를 실행해서 문자열 인디케이터를 프런트패널에 추가한 후, 라벨은 '동작상태'로 수정한다. 문자열 인디케이터는 문자열(텍스트)을 출력해주는 역할을 한다.

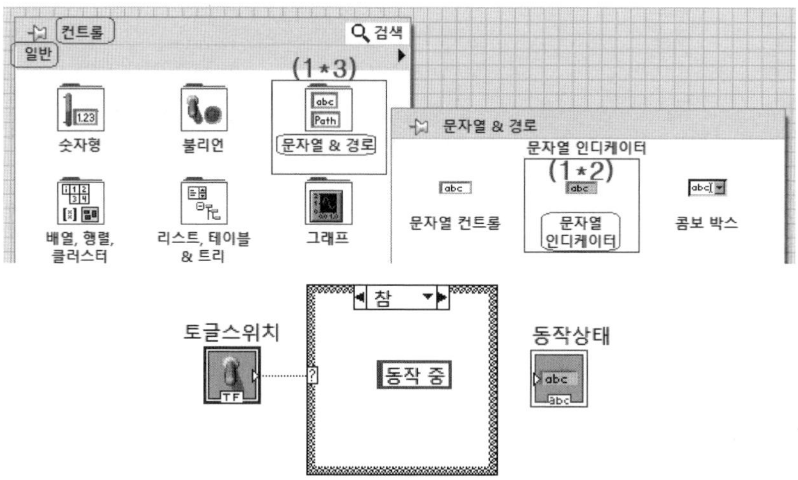

그림 5.3 문자열 인디케이터 추가하기

(4) 그림 5.4와 같이 블록다이어그램에서 '함수 〉 프로그래밍 〉 문자열(2*3) 〉 문자열 상수(5*1)'를 실행하여 문자열 상수를 추가한 후, 글씨 '동작 중'을 문자열 상수에 입력한다.

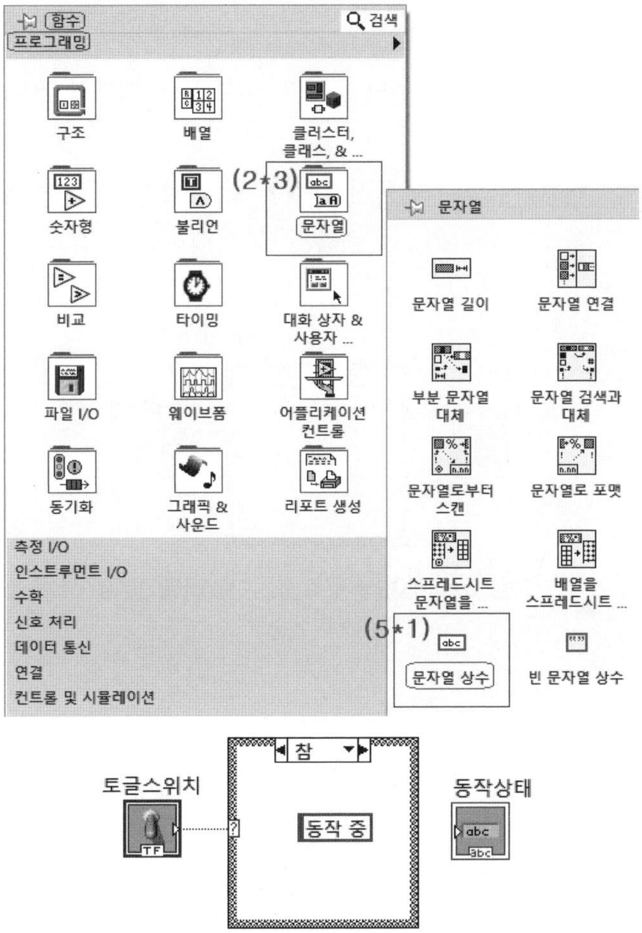

그림 5.4 문자열 상수를 추가하기

(5) 그림 5.5와 같이 순서대로 클릭하는 방법에 의해 '동작 중' 문자열 상수와 '동작 상태' 문자열 인디케이터를 와이어 연결한다. 문자열 와이어의 색깔은 분홍색임을 확인하라. (참고로, 실수 와이어는 주황색, 정수 와이어는 파랑색, 진리값 와이어는 초록색이다.)

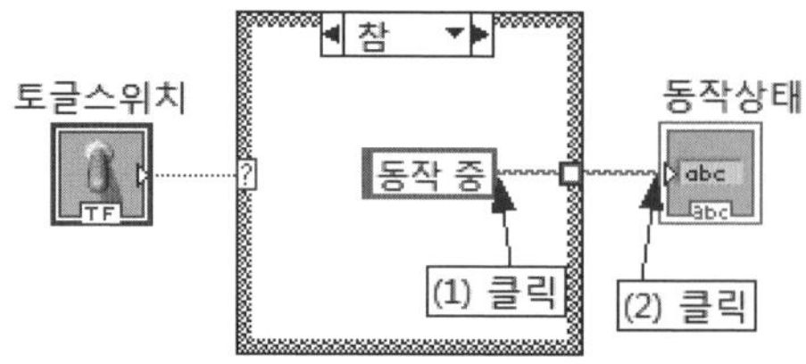

그림 5.5 문자열 상수와 문자열 인디케이터 와이어 연결

(6) 그림 5.6과 같이 케이스 구조의 선택자 라벨(▸)을 클릭해서 '거짓' 케이스로 변경한 후, 그림 5.7과 같은 방법으로 글씨 '동작 중단'을 입력하면 그림 5.8과 같이 된다.

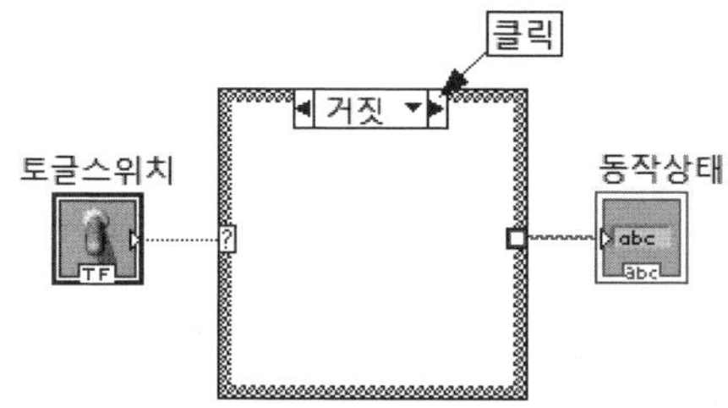

그림 5.6 케이스 구조 선택자 라벨 변경

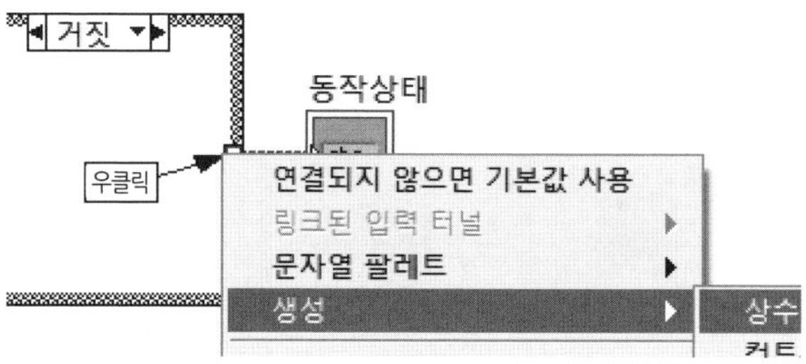

그림 5.7 문자 상수열 추가

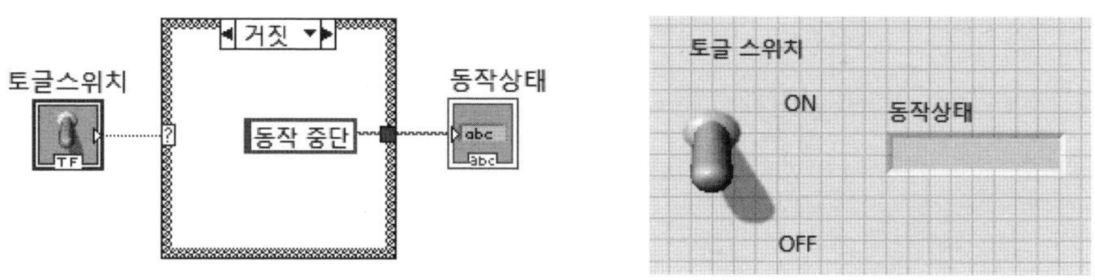

그림 5.8 '동작 중단' 상수 문자열 추가된 프로그램

(7) 마지막으로 그림 5.9와 같이 While 루프를 추가한다. 파일명을 '예제5.vi'로 저장하고 프로그램을 실행시켜보자. 토글 스위치의 on/off 상태에 따라 '동작상태' 인디케이터에 다른 문자열이 나타남을 확인하라.

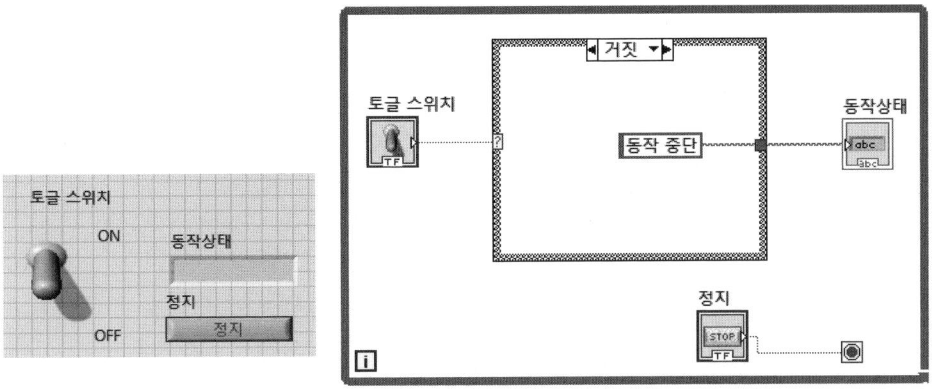

그림 5.9 최종 프로그램(참 케이스는 그림 5.5와 같음)

(8) 케이스 구조는 참과 거짓 케이스를 가지고 있으며, 케이스 선택자(?)로 진리값 참이 입력되면 참 케이스가 실행되며, 거짓이 입력되면 거짓 케이스가 실행됨을, 그림 5.10과 같이 '실행 하이라이트' 버튼을 클릭한 상태에서 프로그램을 실행시켜서 확인하라.

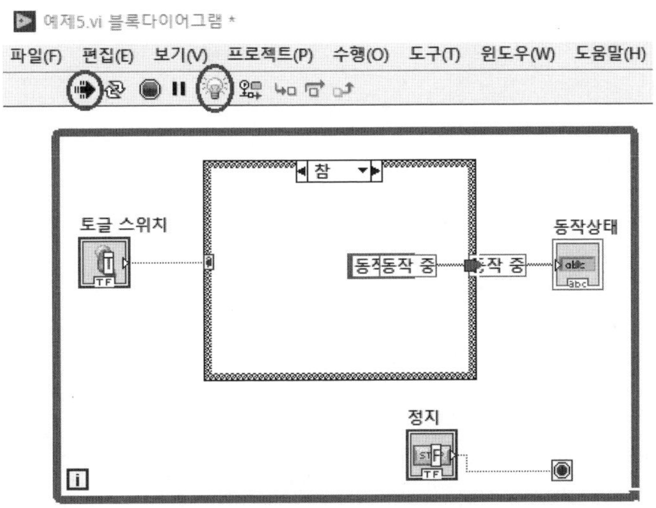

그림 5.10 실행 하이라이트 기능 사용하여 케이스 구조 파악하기(토글 스위치 참인 상태)

(9) 그림 5.10에서 While 루프가 정지하지 않은 이유는 정지버튼이 거짓 상태이기 때문에 루프 조건(◉)으로 진리값 거짓(F)이 입력되기 때문이고, 만약 정지버튼을 클릭하면 정리버튼이 참인 상태가 되기 때문에 루프 조건(◉)으로 진리값 참(T)이 입력되어 루프가 정지하게 된다.

연습문제 5.1

사람의 이름(예: 홍길동)과 나이(예: 21)를 입력받아서 '홍길동의 나이는 21세이다.'라는 문자열이 출력되게 하라.

(1) 프런트패널에서 이름과 나이를 입력 받기 위해, 그림 5.11과 같이 '컨트롤 > 일반 > 문자열 & 경로(1*3) > 문자열 컨트롤(1*1)'을 실행하여, 문자열 컨트롤을 추가하고 라벨을 '이름'으로 입력하라. 같은 방법으로 '나이' 문자열 컨트롤도 추가하라.

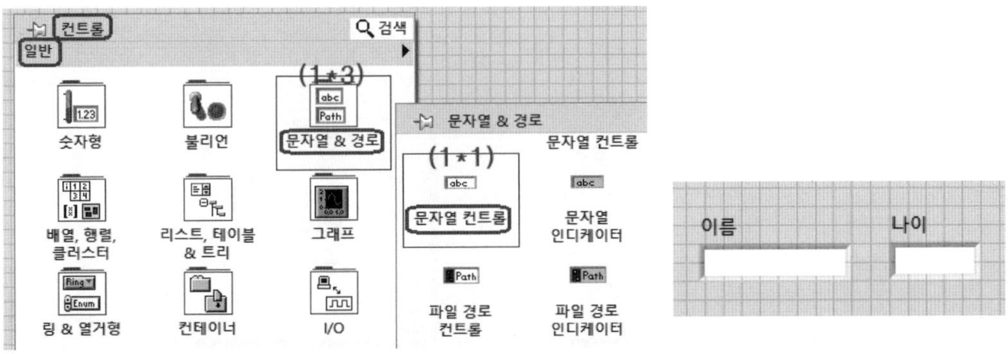

그림 5.11 '이름'과 '나이' 문자열 컨트롤 추가하기

(2) 그림 5.12와 같이 블록다이어그램에서 '함수 > 프로그래밍 > 문자열(2*3) > 문자열 연결(1*2)'을 실행하여 문자열 연결 함수를 추가하여, 그림 5.13과 같이 프로그램을 작성하라.

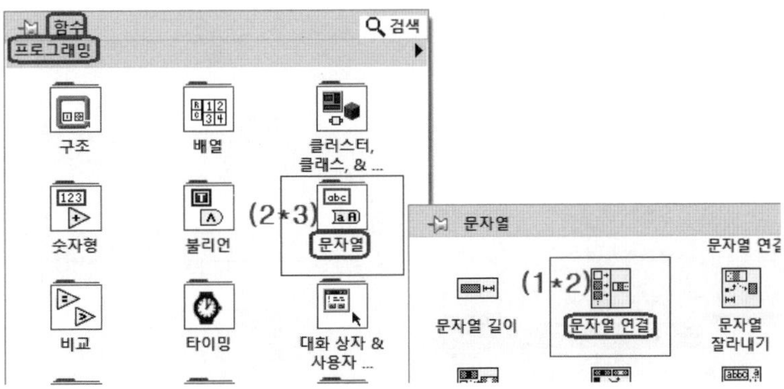

그림 5.12 문자열 연결 함수 추가하기

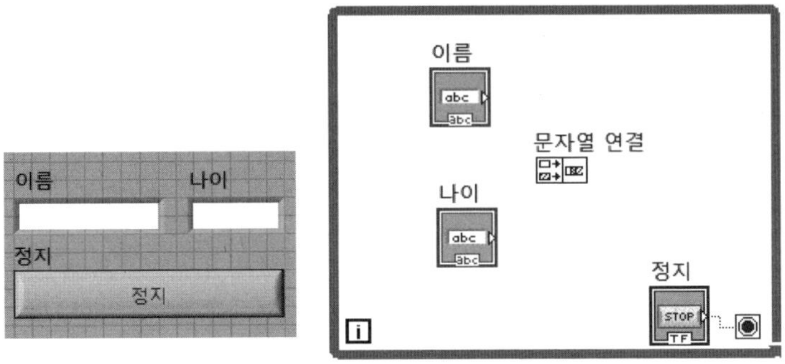

그림 5.13 프로그램 작성 중간 단계

(3) 그림 5.14와 같이, 문자열 연결 함수를 클릭한 후, 하단 가운데 부분을 아랫방향으로 드래그해서 함수 입력단의 개수를 4개로 늘인다.

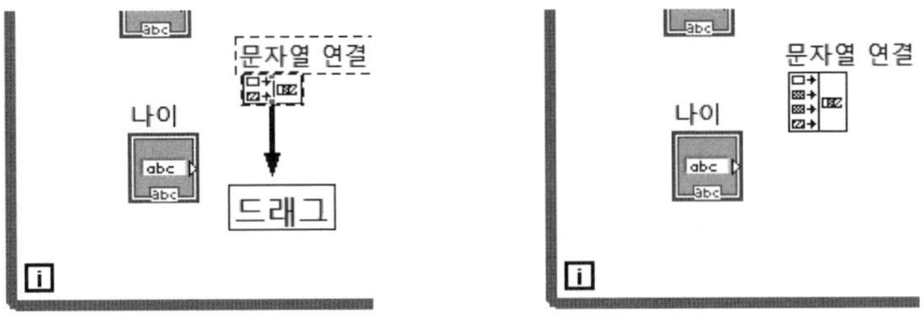

그림 5.14 문자열 연결 함수 입력단 늘이는 방법(좌) 및 결과(우)

(4) 그림 5.15와 같이 문자열 연결 함수의 두 번째 입력단에서 '마우스 우측버튼 클릭 〉 생성 〉 상수'를 실행한 후, 그림 5.16과 같이 문자열 '의 나이는 '을 입력한다.

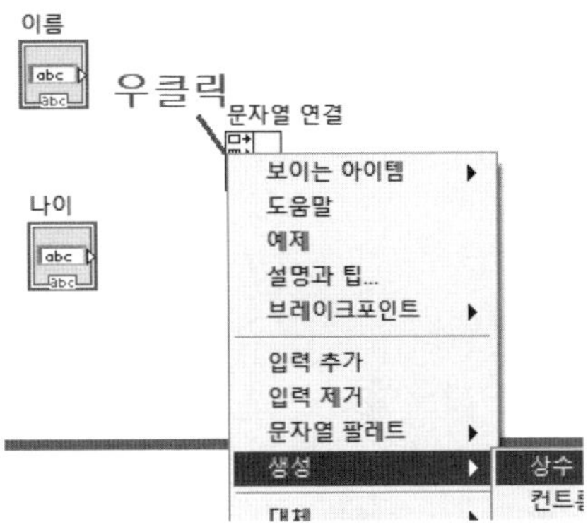

그림 5.15 문자열 상수 추가하기

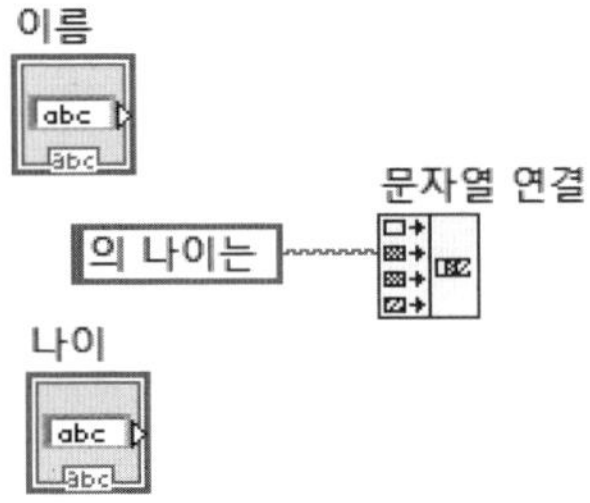

그림 5.16 문자열 상수 '의 나이는 ' 추가

(5) 문자열 연결 함수의 네 번째 입력단에서 '마우스 우측버튼 클릭 〉 생성 〉 상수'를 실행한 후, 문자열 '세이다.'를 입력해서 그림 5.17과 같이 되게 한다.

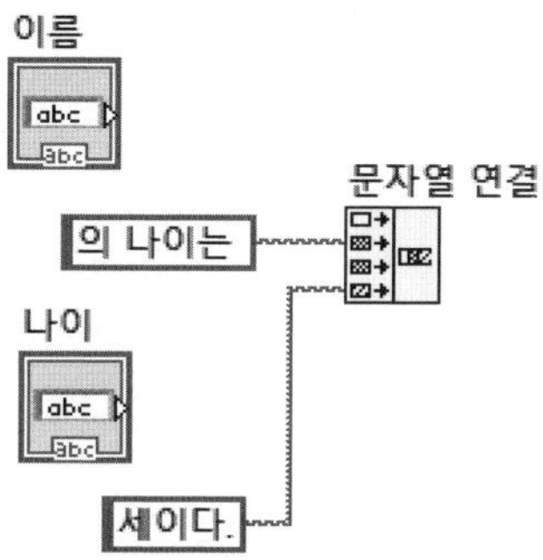

그림 5.17 문자열 상수 '세이다.' 추가

(6) 그림 5.18과 같이 '컨트롤 〉 일반 〉 문자열 & 경로(1*3) 〉 문자열 인디케이터(1*2)'를 실행해서 문자열 인디케이터를 추가한 후, 라벨은 '출력 문자열'로 수정한다. 문자열 인디케이터는 문자열(텍스트)을 출력해주는 역할을 한다.

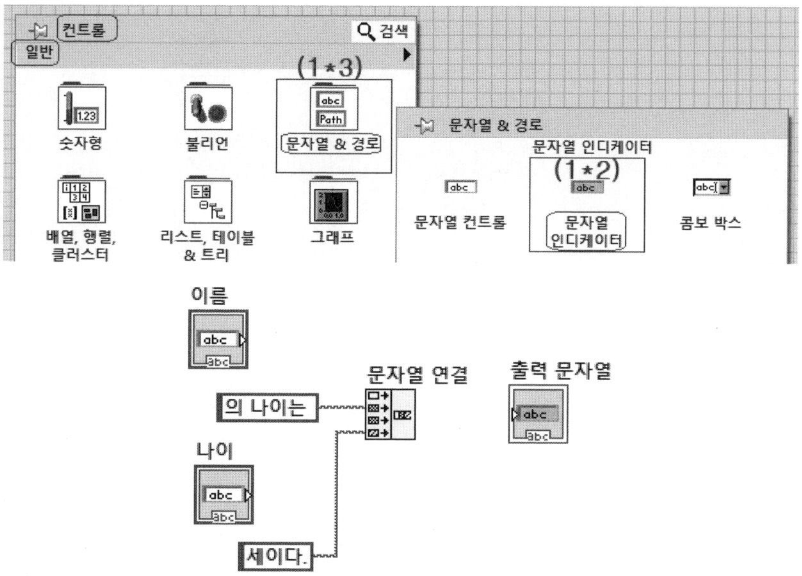

그림 5.18 문자열 인디케이터 추가하기

(7) 마지막으로 그림 5.19와 같이 와이어를 연결해서 프로그램을 완성한다. 파일명은 '연습 5.1.vi'로 저장하고 원하는 이름과 나이를 입력한 후 프로그램을 실행시켜 보자.

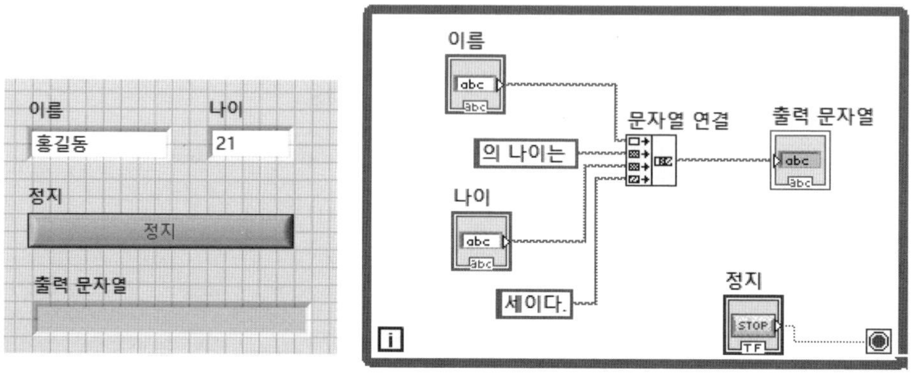

그림 5.19 프로그램 최종 작성 결과

연습문제 5.2

입력 받은 문자열에서 특정 단어를 다른 단어로 대체 해주는 프로그램을 작성하라. 예를 들어 '나는 미국에 산다' 문자열을 입력 받아서 '미국'이 '한국'으로 대체되게 하라.

(1) 그림 5.20과 같이 '함수 〉 프로그래밍 〉 문자열(2*3) 〉 문자열 검색과 대체(2*2)'를 실행하여, 문자열 검색과 대체 함수를 블록다이어그램에 추가한다.

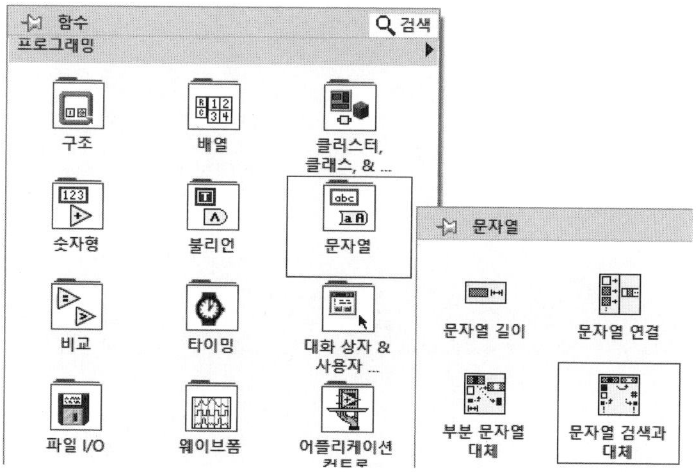

그림 5.20 문자열 검색과 대체 함수 추가하기

(2) 이 함수의 좌측 첫 번째, 두 번째, 세 번째 입력단에서 '마우스 우측버튼 클릭 〉 생성 〉 컨트롤'을 실행한다.

(3) 이 함수의 우측 첫 번째 출력단에서 '마우스 우측버튼 클릭 〉 생성 〉 인디케이터'를 실행한다.

(4) 그림 5.21과 같이 최종 프로그램을 작성하라. 파일명 '연습5.2.vi'로 저장한 후 실행시켜보아라. 결과 문자열 결과가 제대로 나오는지 확인하라.

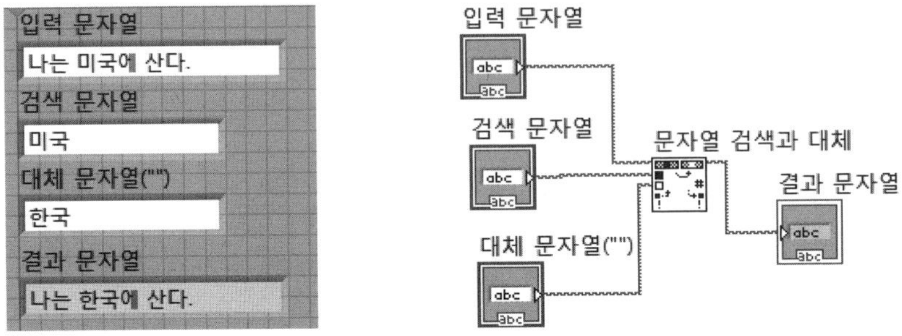

그림 5.21 최종 프로그램

06

예 제

시프트 레지스터(Shift Register) 기능을 이용하여 LED가 깜박이는 프로그램을 작성하라.

학 | 습 | 내 | 용 |

1. 시프트 레지스터
2. 타이밍 함수

(1) 그림 6.1과 같이 '기다림(ms)' 함수를 이용하여, 그림6.2와 같은 프런트패널과 블록다이어그램을 먼저 작성하라. 기다림(ms) 함수에 입력되는 500이라는 숫자는 500ms, 즉 0.5초를 의미한다. 이 기다림(ms) 함수에 의해 While 루프 내부 프로그램이 전체가 실행된 후 0.5초 동안 기다리다가, 다시 내부 프로그램이 실행되는 과정을 반복한다.

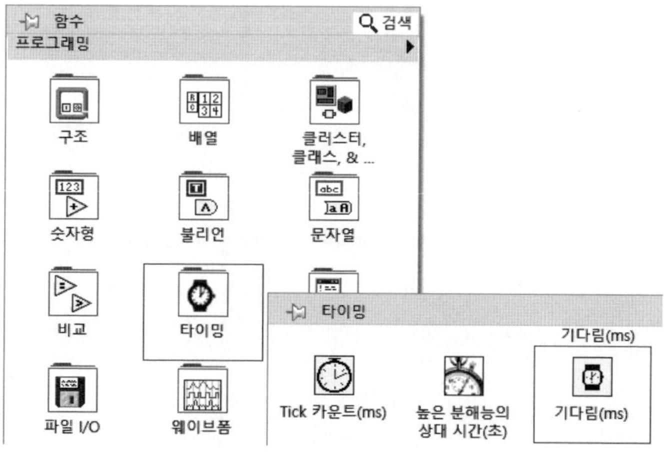

그림 6.1 기다림(ms) 함수 사용하기

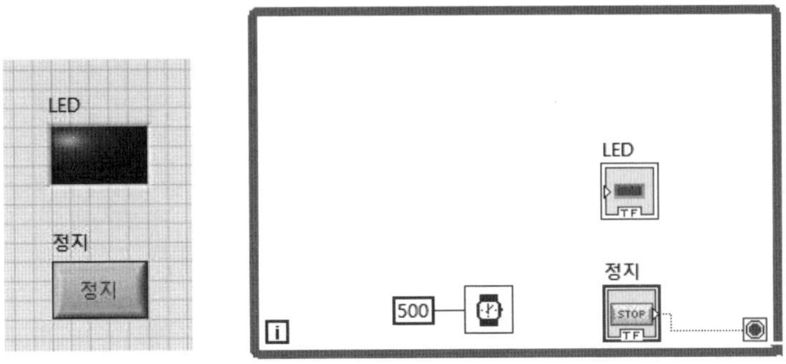

그림 6.2 LED, 정지 버튼, 기다림 함수, While 루프로 구성된 프로그램

(2) While 루프에 시프트 레지스터 기능을 추가하기 위하여, 그림 6.3과 같이 루프의 수직 테두리 위에서 '마우스 우측버튼 클릭 〉 시프트 레지스터 추가'를 실행한다. 그러면 결과는 그림 6.4와 같이 된다.

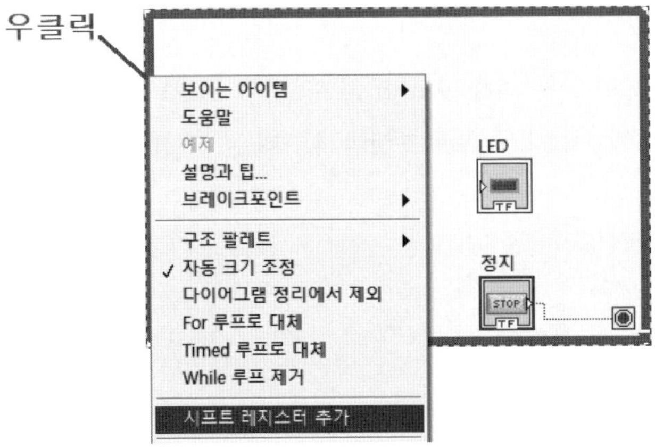

그림 6.3 시프트 레지스터 추가방법

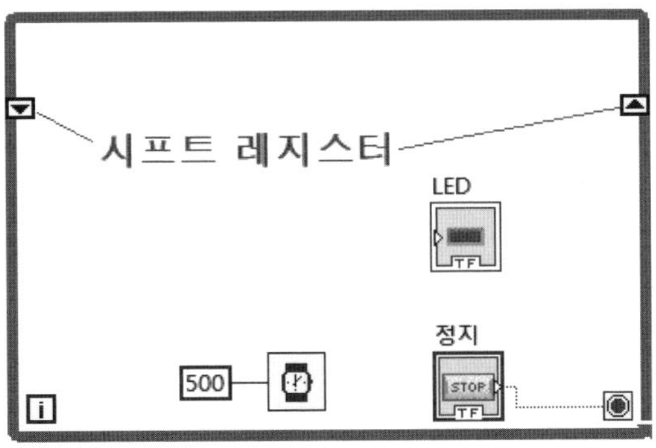

그림 6.4 시프트 레지스터 추가

(3) 블록다이어그램에서 '함수 〉 프로그래밍 〉 불리언(2*2) 〉 NOT(1*4)'을 실행해서 NOT 함수를 그림 6.5와 같이 추가한 후 와이어 연결을 한다. 참고로 NOT 함수의 양쪽 모두를 와이어로 연결해야만 깨진 와이어가 복구된다. NOT 함수에 대한 기본 도움말 창을 확인해보면, 이 함수는 좌측 입력단으로 들어온 진리값과 반대되는 진리값을 우측 출력단으로 출력해준다. 예를 들면, 입력단으로 진리값 참(T)이 들어오면 출력단으로 거짓(F)이 나가게 된다.

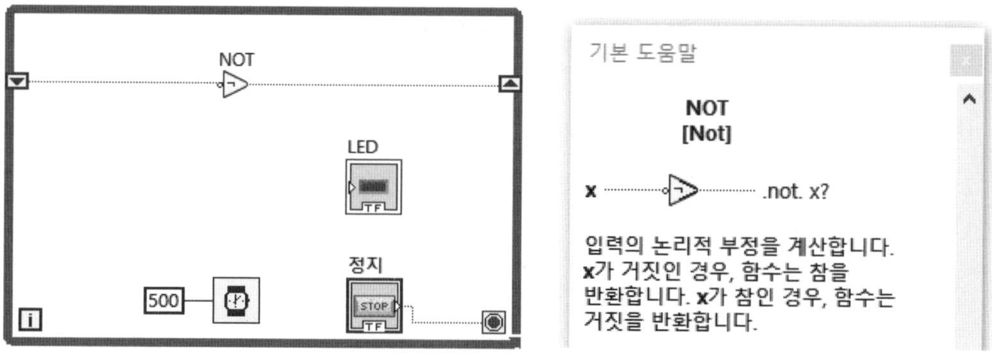

그림 6.5 NOT 함수 추가

(4) 그림 6.6과 같이, 시프트 레지스터의 좌측 입력단에 '마우스 우측버튼 클릭 〉 생성 〉 상수'를 실행한다. 그러면 그림 6.7과 같이 진리값 상수(참 또는 거짓)가 시프트 레지스터의 초기값으로 설정된다.

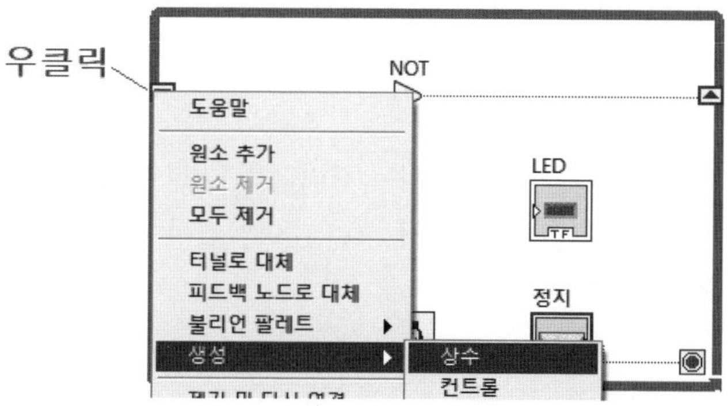

그림 6.6 시프트 레지스터 초기값 추가 방법

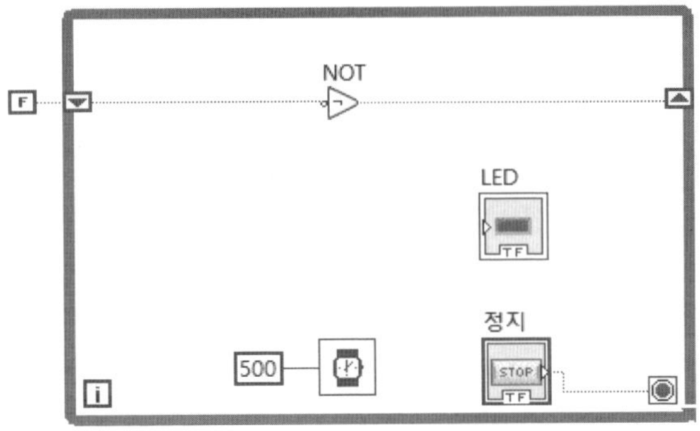

그림 6.7 시프트 레지스터 초기값 추가

(5) 그림 6.8과 같이 실행하이라이트 버튼을 클릭한 다음에, 블록다이어그램을 실행시키면, 그림 6.8과 같이 NOT 함수에서 출력되는 진리값이 참과 거짓으로 반복해서 바뀌는 것을 확인할 수 있다.

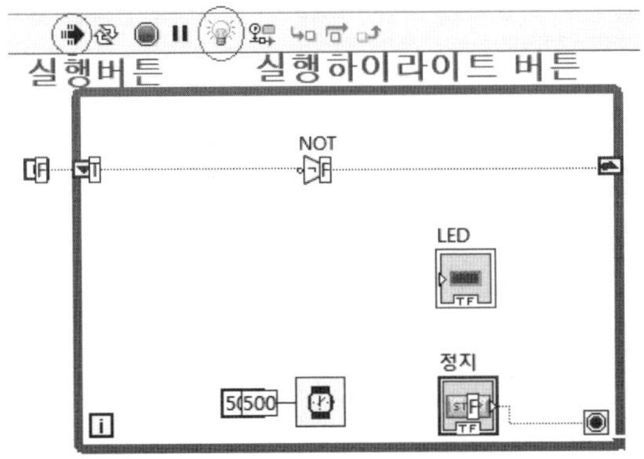

그림 6.8 실행 하이라이트 버튼 활용하여 NOT 함수 출력 데이터 확인하기

(6) 위의 사실로부터, NOT 함수에서 출력되는 진리값을 LED로 입력시키면 LED가 깜박이게 될 거라는 것을 예측할 수 있다. 그래서 그림 6.9와 같이 NOT 함수에서 출력되는 와이어를 LED로도 연결한다.

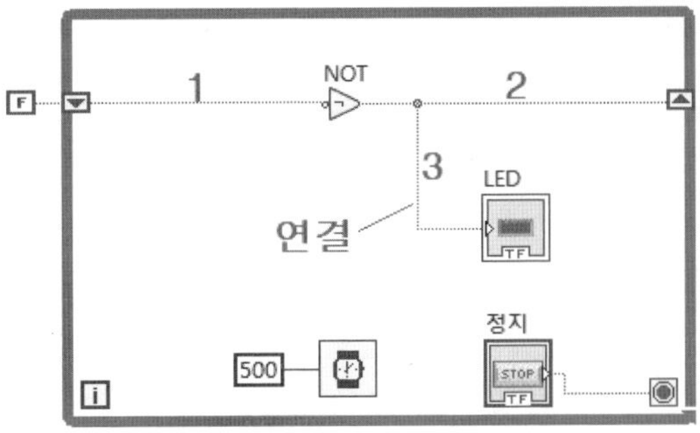

그림 6.9 NOT 함수의 출력단을 LED 입력단에 연결하기

(7) 파일명 '예제6.vi'로 저장한 후 프로그램을 실행시켜 보자. LED가 0.5초마다 깜박이는 것을 확인할 수 있을 것이다.

(8) 그림 6.9에 있는 시프트 레지스터 역할에 대한 설명은 다음과 같다.

(1단계) 루프가 첫 번째 반복되면서, 초기값 F가 와이어 1과 3을 지나면서 T로 변경되어 LED가 켜지게 되고, 동시에 초기값 F가 와이어 1과 2를 지나서 우측 시프트 레지스터에 T로 저장된다.

(2단계) 기다림(ms) 함수가 실행되면서 0.5초 동안 현재 상태를 유지한다. (LED는 0.5초 동안 켜져 있음.)

(3단계) 정지 함수에서 F가 루프 조건(◉)으로 들어가서 루프는 다시 반복한다.

(4단계) 루프가 두 번째 반복되면. 1단계에서 우측 시프트 레지스터에 저장되었던 T가 좌측 시프트 레지스터를 이동(Shift)된 후, 이 진리값 T는 와이어 1과 3을 지나면서 F로 변경되면서 LED가 꺼지게 되고, 동시에 와이어 1과 2를 지나서 우측 시프트 레지스터에 F로 저장된다.

(5단계) 기다림(ms) 함수가 실행되면서 0.5초 동안 현재 상태를 유지한다. (LED는 0.5초 동안 꺼져 있음.)

(6단계) 정지 함수에서 F가 루프 조건(◉)으로 들어가서 루프는 다시 반복한다.

(7단계 이후) LED가 0.5초 동안 켜졌다가 꺼지는 과정이 반복됨.

(최종 단계) 정지 버튼을 클릭하면, 정지 함수에서 T가 루프 조건(◉)으로 들어가서 루프는 정지한다.

연습문제 6.1

시프트 레지스터를 이용하여 1부터 10까지 더한 결과를 출력해주는 프로그램을 작성하라.

(1) 그림 6.10과 같은 블록다이어그램과 프런트패널을 작성하라. '총합' 인디케이터는 그림 6.11과 같이 블록다이어그램을 완성한 상태에서 맨 나중에 시프트 레지스터 우측 출력단에서 '마우스 우측버튼 클릭 〉 생성 〉 인디케이터'를 실행하면 된다.

(2) 루프 실행 하이라이트 버튼을 클릭한 상태에서 프로그램을 실행 시켜보아라. 루프가 반복될 때마다 데이터 흐름이 와이어를 통해 어떻게 변하는지 확인해보아라.

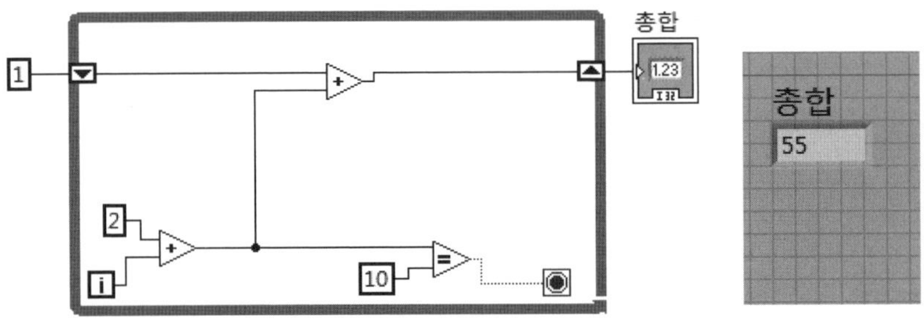

그림 6.10 블록다이어그램과 프런트패널

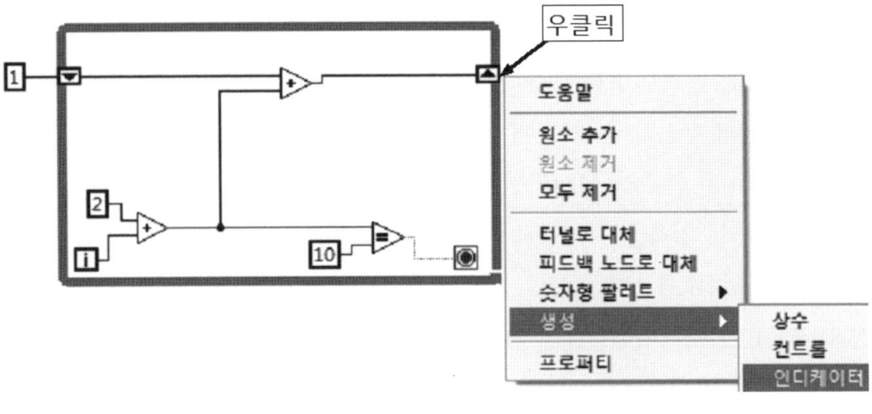

그림 6.11 '총합' 인디케이터 추가 방법

연습문제 6.2

연습문제 6.1을 변경하여, 시프트 레지스터를 이용하여 5부터 25까지 더한 결과를 출력해주는 프로그램을 작성하라.

연습문제 6.3

2와 20 사이의 짝수(2와 20 포함)를 모두 더한 결과를 출력해주는 프로그램을 작성하라.

(1) 그림 6.12와 같은 블록다이어그램을 작성하라. 여기서 ? 속에 들어갈 적당한 상수를 고민해보아라.

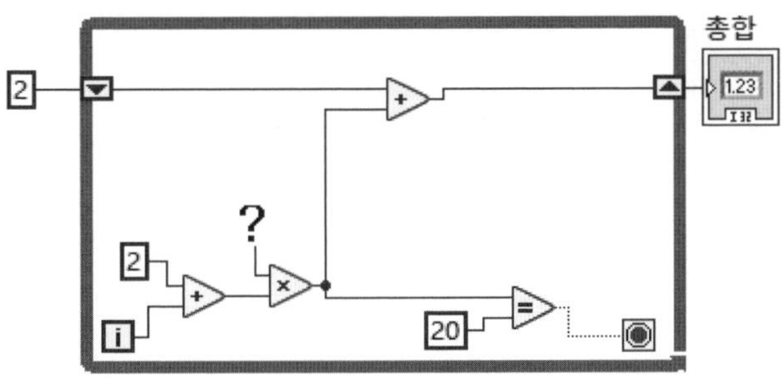

그림 6.12 미완성 블록다이어그램

연습문제 6.4

연습문제 6.3을 응용하여, 11과 55 사이의 홀수(11과 55 포함)를 모두 더한 결과를 출력해주는 프로그램을 작성하라.

07 예 제

시프트 레지스터를 이용하여, 버튼을 클릭한 누적 회수를 실시간으로 보여주는 프로그램을 작성하라.

학 | 습 | 내 | 용 |

1. 시프트 레지스터 응용
2. 선택 함수

(1) 그림 7.1과 같이 프런트패널에서 '컨트롤 〉 일반 〉 불리언(1*2) 〉 확인 버튼(4*1)'을 실행해서 확인 버튼을 추가한다.

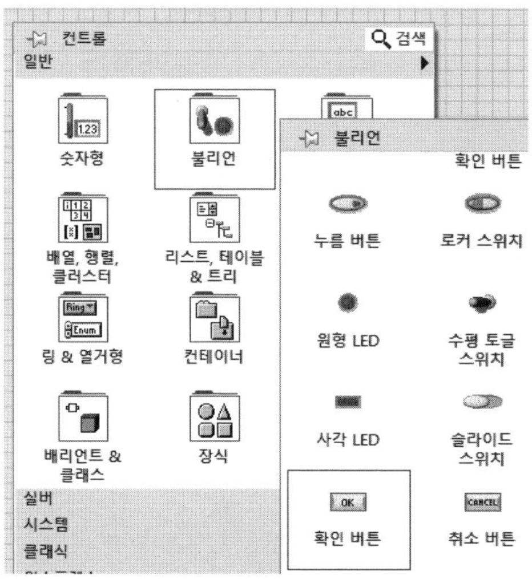

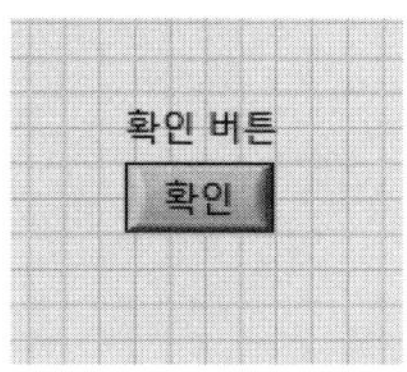

그림 7.1 확인 버튼 추가하기

(2) 그림 7.2와 같이 프런트패널에서 '컨트롤 〉 일반 〉 숫자형(1*1) 〉 숫자형 인디케이터 (1*2)'를 실행해서 숫자형 인디케이터를 추가한다.

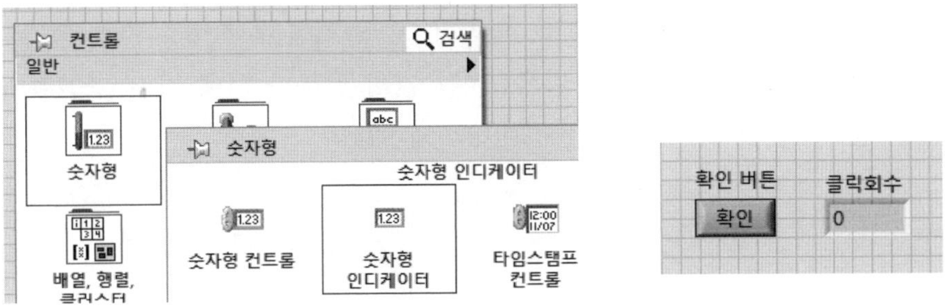

그림 7.2 숫자형 인디케이터 추가하기

(3) 그림 7.3(좌)과 같이 '함수 〉 프로그래밍 〉 비교(3*1) 〉 선택(3*1)'을 실행해서 선택 함수 ()를 추가하여 그림 7.3(우측)과 같은 프로그램을 작성하라.

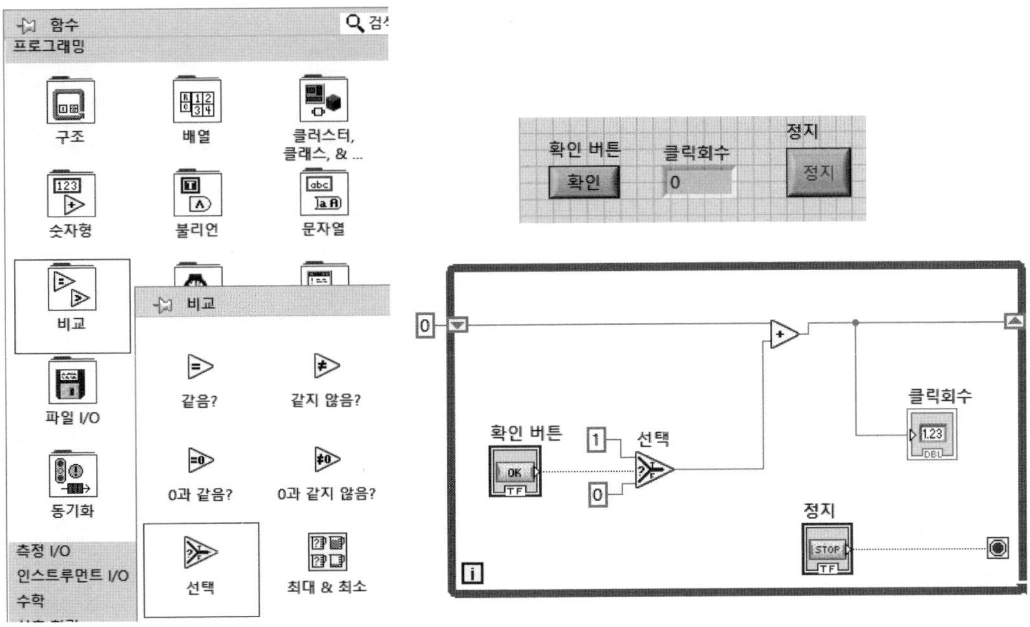

그림 7.3 선택 함수 추가하여 프로그램 완성하기

(4) 그림 7.4의 선택 함수 기본 도움말을 참고로 해서, 그림 7.3의 블록다이어그램에 있는 선택 함수를 살펴보자. 확인 버튼이 참인 상태이면(즉, 눌러진 상태이면) 상수 1이 선택 함수에서 출력되어 더하기 함수로 입력되고, 확인 버튼이 거짓 상태이면 상수 0이 출력되어 더하기 함수로 입력된다. 참고로, 확인버튼은 눌러진 후에 바로 자동 복귀되는 동작 형태를 가지므로, 확인 버튼을 클릭하면, 참 값이 한번만 선택 함수로 입력되게 되고 이후의 루프 반복 때에는 거짓 값이 입력되게 된다.

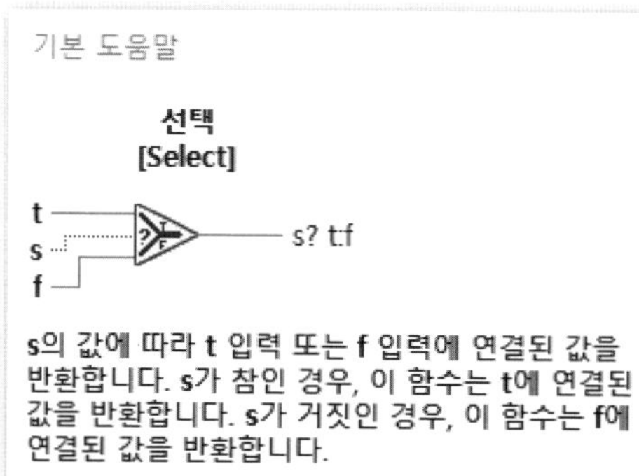

그림 7.4 선택 함수 기본 도움말

(5) 파일명 '예제7.vi'로 저장한 후 실행시켜보아라. 프런트패널에 있는 확인 버튼을 클릭할 때마다 클릭회수가 1씩 증가됨을 확인해보아라.

연습문제 7.1

예제 7을 응용하여, 버튼을 클릭한 누적 회수를 실시간으로 보여주고 리셋 버튼을 클릭하면 누적 회수가 다시 0으로 리셋되는 프로그램을 작성하라.

(1) 그림 7.5의 미완성 프로그램을 완성한 후, 프런트패널에 있는 확인 버튼을 클릭할 때마다 클릭회수가 1씩 증가됨을 확인해보고, 리셋 버튼을 클릭하면 클릭 회수가 0이 되는지 확인하라.

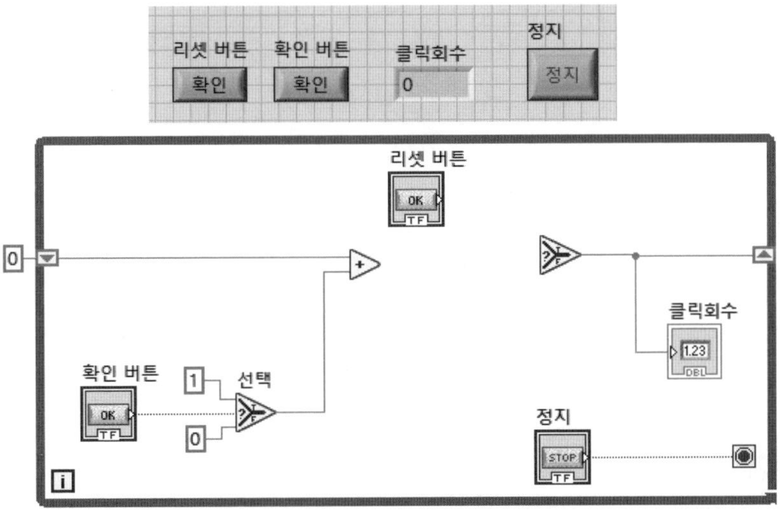

그림 7.5 리셋 버튼이 추가된 미완성 프로그램

연습문제 7.2

연습문제 7.1을 응용하여, 그림 7.6과 같은 프런트패널을 작성하고, 증가 버튼을 클릭하면 클릭회수가 1씩 증가하고, 감소 버튼을 클릭하면 클릭 회수가 1씩 감소하며, 리셋 버튼을 클릭하면 클릭 회수가 0이 되는 프로그램을 작성하라.

(1) 그림 7.6의 프런트패널을 먼저 작성한 후, 블록다이어그램을 완성하라.

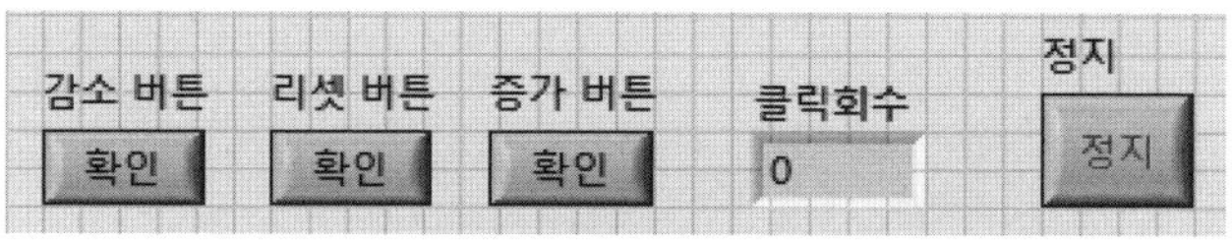

그림 7.6 프런트패널

연습문제 7.3

예제 7을 선택 함수 대신에 케이스 구조를 사용하여 작성하라.

연습문제 7.4

연습문제 7.3에 그림 7.7과 같이 '정보' 문자열 인디케이터를 추가하여, 클릭할 때마다 문자열 '클릭됨'이 '정보' 문자열 인디케이터에 잠시 나타났다가 사라지게 하라.

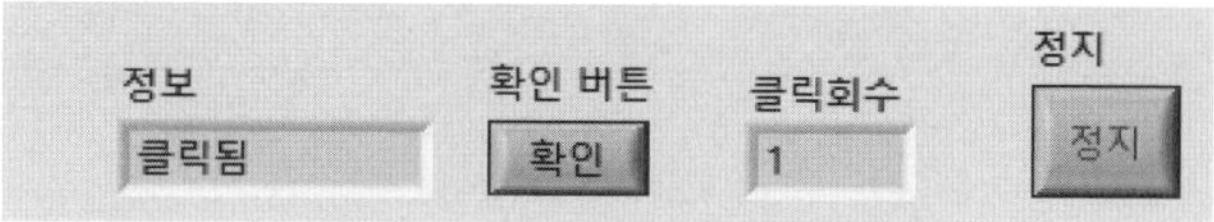

그림 7.7 프로그램 실행 상태

(1) '함수 〉 프로그래밍 〉 문자열(2*3) 〉 빈 문자열 상수(5*1)'을 실행하여, 빈 문자열 상수 (▭)를 이용하라.

(2) 기다림(ms) 함수를 이용하라.

연습문제 7.5

연습문제 7.4에 그림 7.8과 같이 LED를 추가하고, 확인 버튼을 클릭하면 LED가 잠시 켜졌다가 꺼지는 기능도 추가하라.

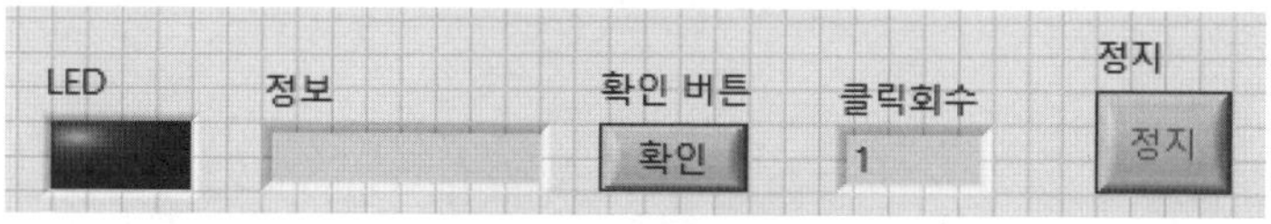

그림 7.7 프런트패널

08 예 제

난수(0-1) 함수에서 1초마다 출력되는 난수(random number)를 10배 증폭시켜서 차트(chart)에 나타내는 프로그램을 작성하라.

학|습|내|용|

1. 난수(0-1) 함수
2. 차트(chart)와 그래프

(1) 그림 8.1과 같이 '컨트롤 〉 일반 〉 그래프(2*3) 〉 웨이브폼 차트(1*1)'을 실행하여 프런트패널에 웨이브폼 차트를 추가한다.

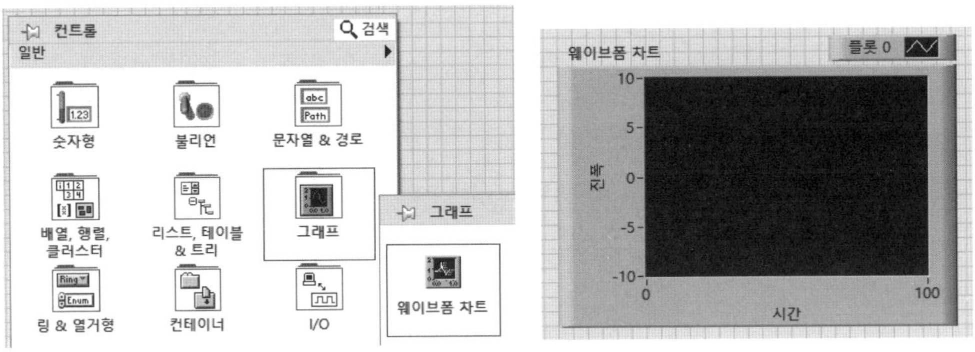

그림 8.1 웨이브폼 차트 추가하기

(2) 블록다이어그램에서 '함수 〉 프로그래밍 〉 숫자형(2*1) 〉 난수(0-1)(5*4)'를 실행하여 난수(0-1) 함수( )을 추가해서 그림 8.2와 같은 블록다이어그램을 작성한다. 난수(0-1) 함수에 대한 기본 도움말을 보면, 이 함수는 0과 1사이의 임의 실수(즉, $0 \le$ 난수 < 1)를 출력하는 함수임을 알 수 있다.

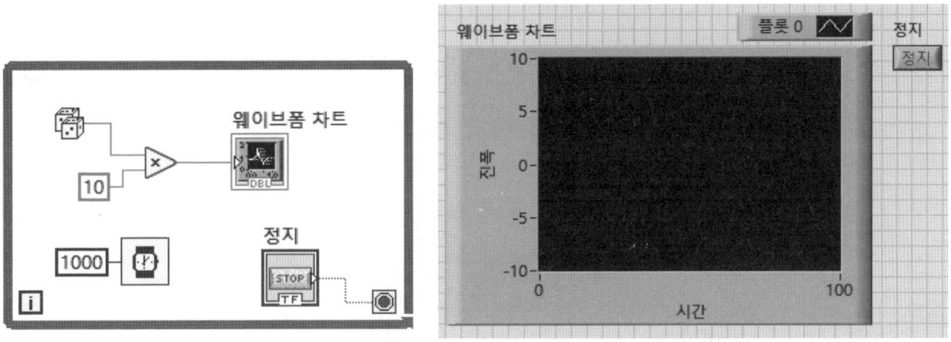

그림 8.2 최종 블록다이어그램과 프런트패널

(3) 프로그램을 실행하면 그림 8.3과 같이 0과 10 사이(즉, 0 ≤ 난수 < 10)의 임의의 실수(난수)가 1초에 한 개씩 차트에 나타남을 확인할 수 있다.

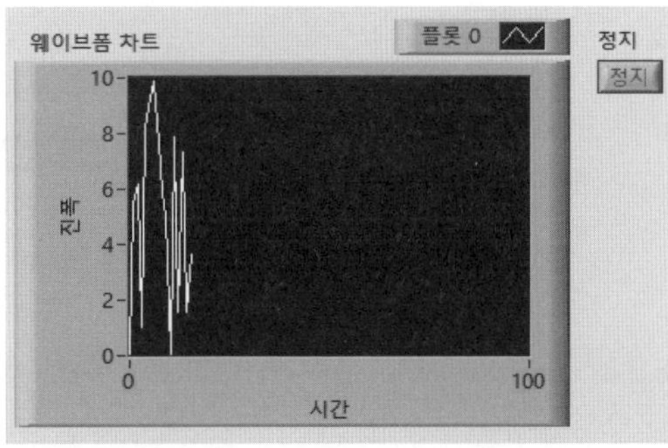

그림 8.3 난수가 표시되는 차트

(4) 차트의 속성을 변경하기 위해 그림 8.4와 같이 원하는 텍스트를 더블 클릭해서 변경한다.

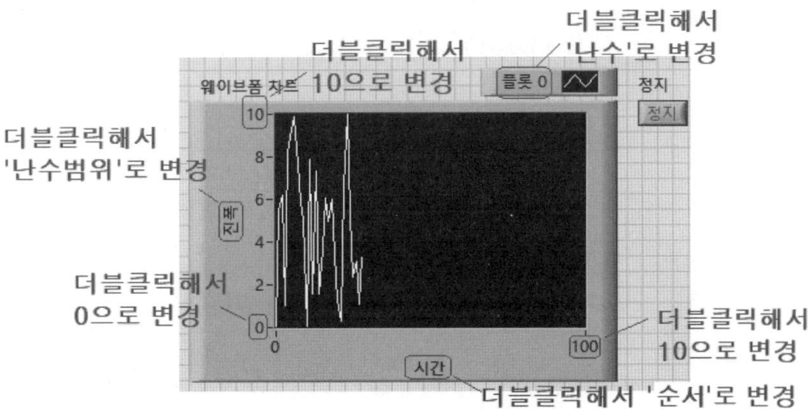

그림 8.4 차트 속성 변경하기

(5) 추가적으로, 수직축의 범위를 0과 10사이로 고정하기 위하여, 그림 8.5와 같이 차트 수직축의 임의 위치에서 '마우스 우측버튼 클릭 〉 Y 스케일 〉 Y 오토스케일'을 실행하여 Y 오토스케일 앞에 있는 체크 기호(✓)가 해제되게 한다.

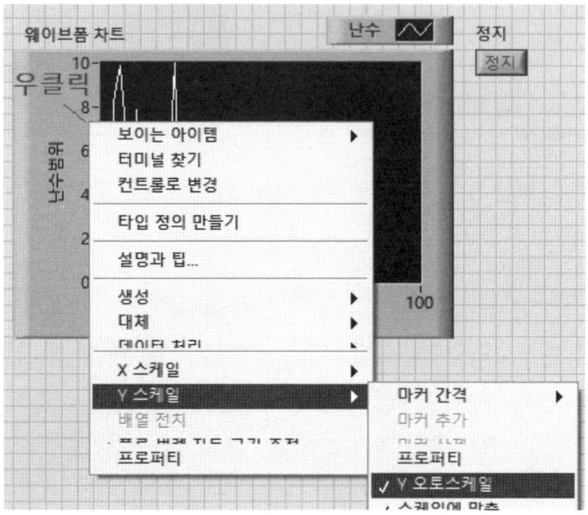

그림 8.5 수직축 범위 고정하기(Y 오토스케일 해제하기)

(6) 그림 8.6과 같이 차트 내부 영역에서 '마우스 우측버튼 클릭 〉 데이터 처리 〉 차트 지우기'를 실행하여 차트에 나타난 곡선을 지운다.

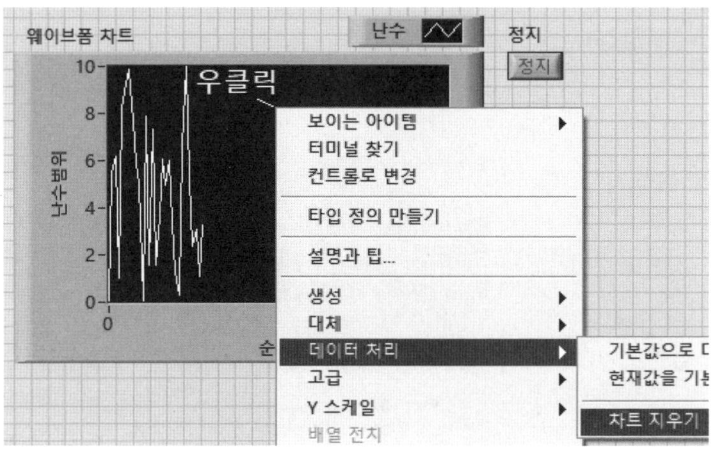

그림 8.6 차트 내부 곡선 지우기

(7) 마지막으로, 그림 8.7(좌)과 같이 차트 내부 영역에서 '마우스 우측버튼 클릭 〉 프로퍼티'를 실행하여 프로퍼티 창을 열고, 그림 8.7(우)과 같이 차트의 속성을 변경한다.

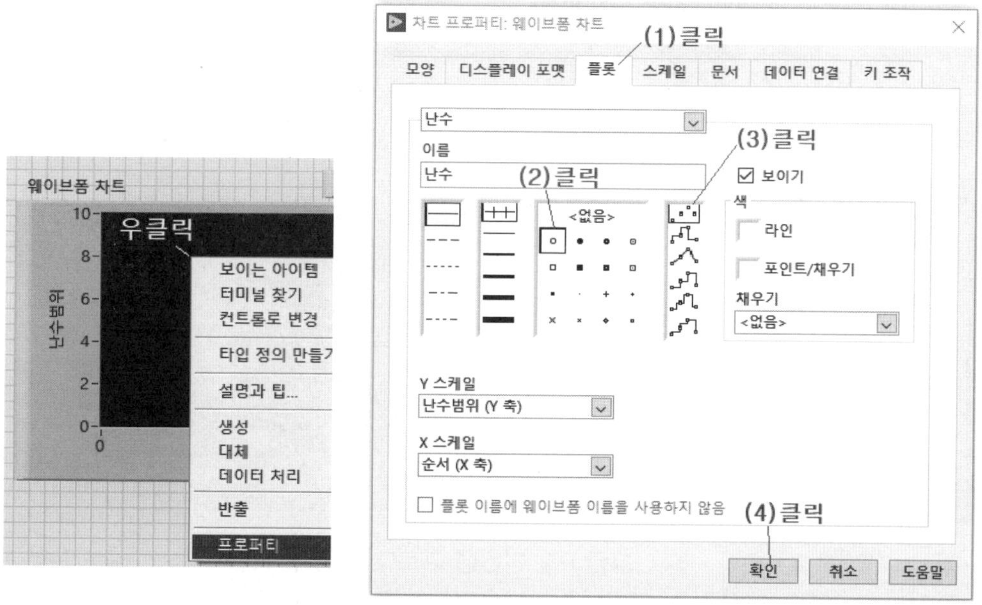

그림 8.7 프로퍼티 창 열어서 차트 속성 변경하기

(8) 파일명 '예제8.vi'로 저장한 후 실행하면, 그림 8.8과 같이 실행됨을 확인할 수 있다.

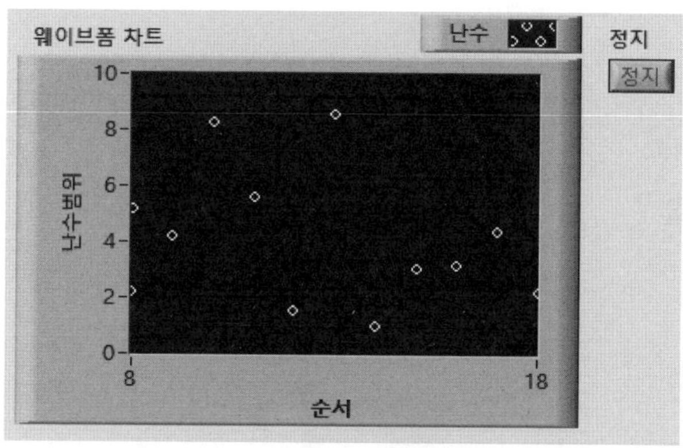

그림 8.8 프로그램 실행 상태

연습문제 8.1

두 개의 난수(0-1) 함수에서 1초마다 출력되는 두 개의 난수를 10배 증폭시켜서 하나의 차트(chart)에 나타나게 하라.

(1) 블록다이어그램과 프런트패널을 그림 8.9와 같이 작성한다.

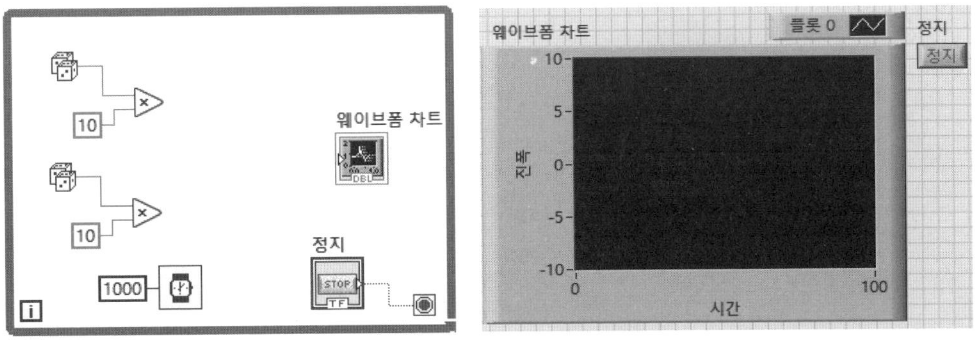

그림 8.9 미완성 프로그램

(2) 그림 8.10(상)과 같이 '함수 〉 프로그래밍 〉 클러스터(1*3) 〉 묶기(1*4)'를 실행하여, 그림 8.10(하)와 같이 묶기 함수를 블록다이어그램에 추가해서 와이어 연결을 한다.

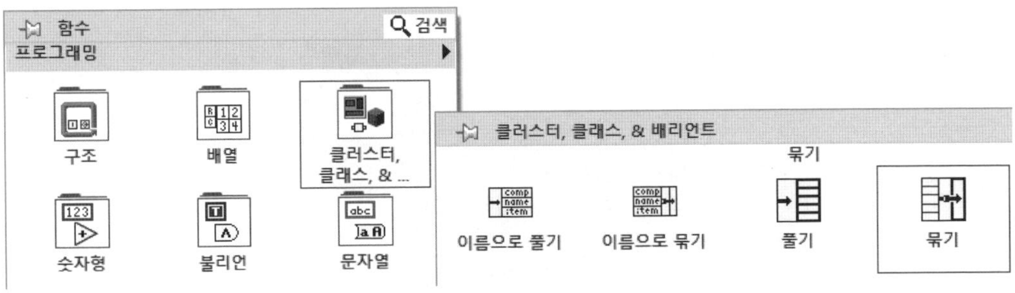

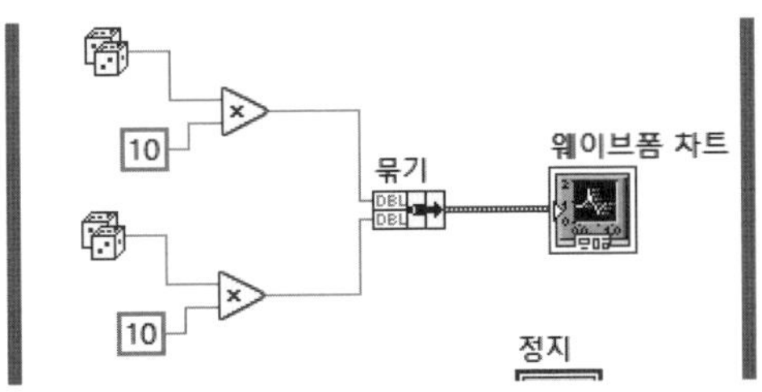

그림 8.10 묶기 함수 추가하기

(3) 그림 8.11(좌)과 같은 방법으로 마우스를 위로 드래그해서 칸수를 늘리고, 그림 8.11(중)과 같이 '플롯 0'을 더블 클릭해서 '난수 A'를 입력하면 그림 8.11(우)과 같이 된다.

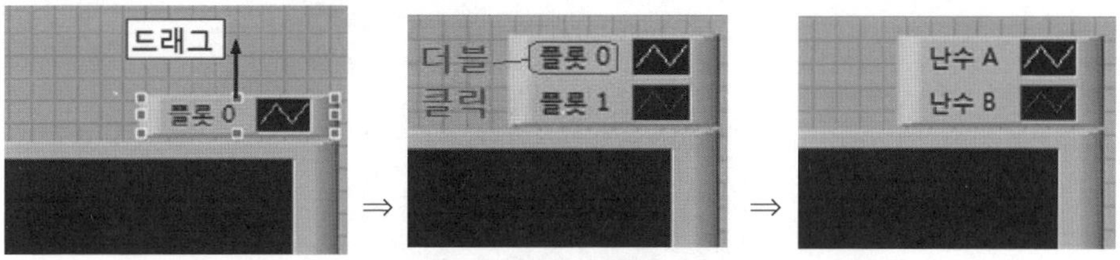

그림 8.11 차트 속성 변경 예

(4) 차트 내부 영역에서 '마우스 우측버튼 클릭 〉 프로퍼티'를 실행하여 프로퍼티 창을 열고, 그림 8.12와 그림 8.13과 같이 난수 A와 난수 B에 대한 차트 속성을 변경한다.

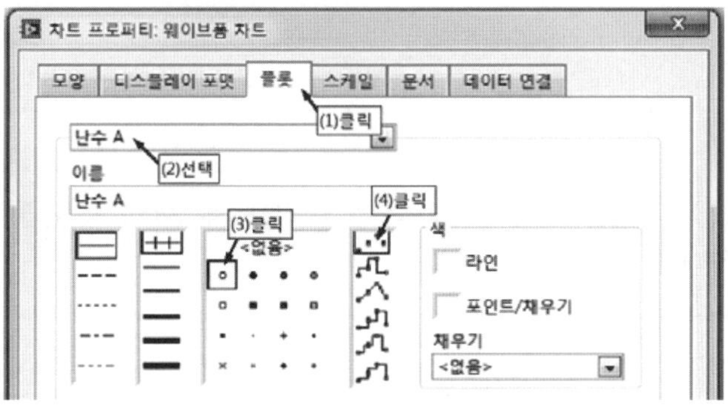

그림 8.12 난수 A 플롯 속성 변경

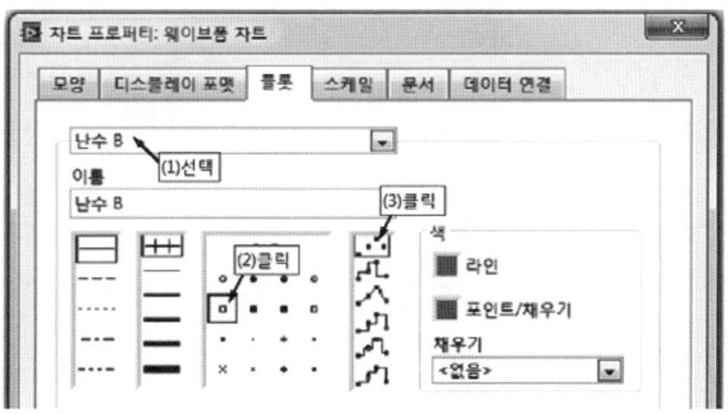

그림 8.13 난수 B 플롯 속성 변경

(5) 예제 8과 같은 방식으로 나머지 차트 속성을 변경하여, 그림 8.14와 같이 실행 화면이 나타나게 하여라.

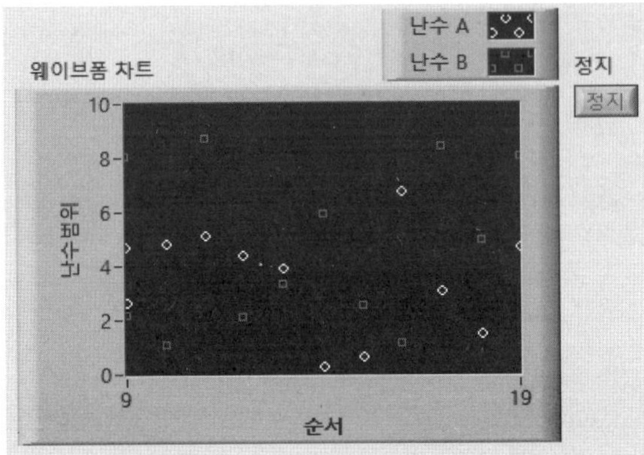

그림 8.14 프로그램 실행 상태

연습문제 8.2

세 개의 난수(0-1) 함수에서 1초마다 출력되는 세 개의 난수를 하나의 차트(chart)에 나타나게 하라.

(1) 그림 8.15와 같이 묶기 함수의 맨 하단을 마우스로 드래그하여 입력단을 세 개로 만들어라.

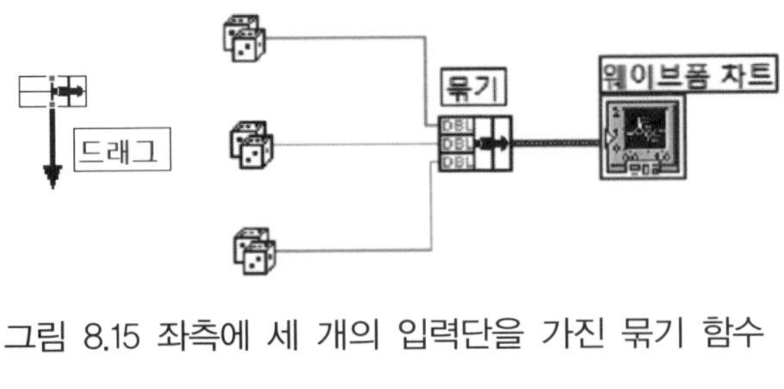

그림 8.15 좌측에 세 개의 입력단을 가진 묶기 함수

(2) 프로그램을 실행하면, 그림 8.16과 같이 되게 하라.

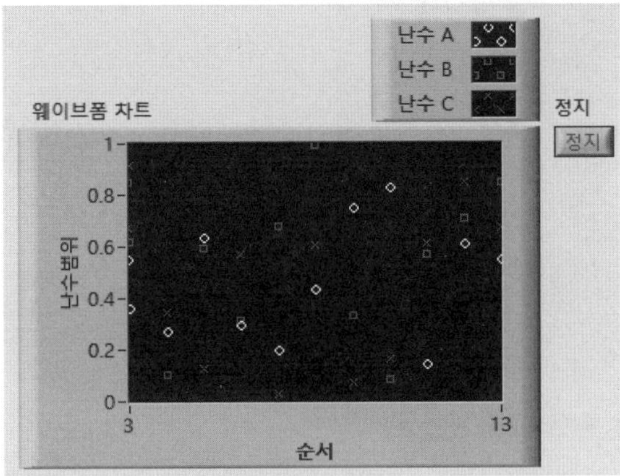

그림 8.16 프로그램 실행 모습

연습문제 8.3

좌표점 (3, 2)가 그래프에 나타나게 하라.

(1) 그림 8.17과 같이 '컨트롤 〉 일반 〉 그래프(2*3) 〉 익스프레스 XY 그래프(1*4)'를 실행하여 익스프레스 XY 그래프를 그림 8.18(좌)과 같이 프런트패널에 추가한다. 그리고 그림 8.18(우)과 같이 블록다이어그램을 작성한다.

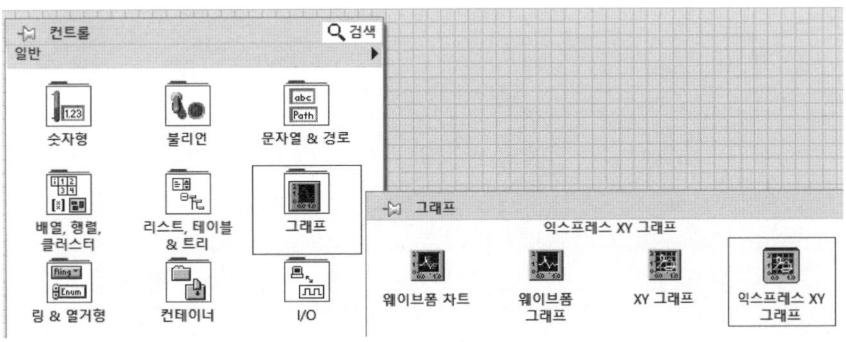

그림 8.17 익스프레스 XY 그래프 추가하기

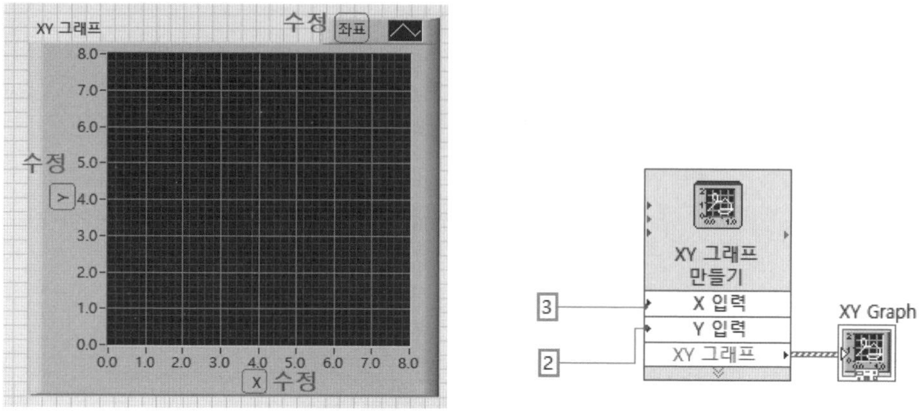

그림 8.18 속성이 수정된 익스프레스 XY 그래프와 블록다이어그램

(2) 프로그램을 실행시켰는데도, 그래프에 점 (3,2)가 나타나지 않을 경우에는, 그림 8.19와 같이 프로퍼티 창에서 플롯 속성을 바꾸어라.

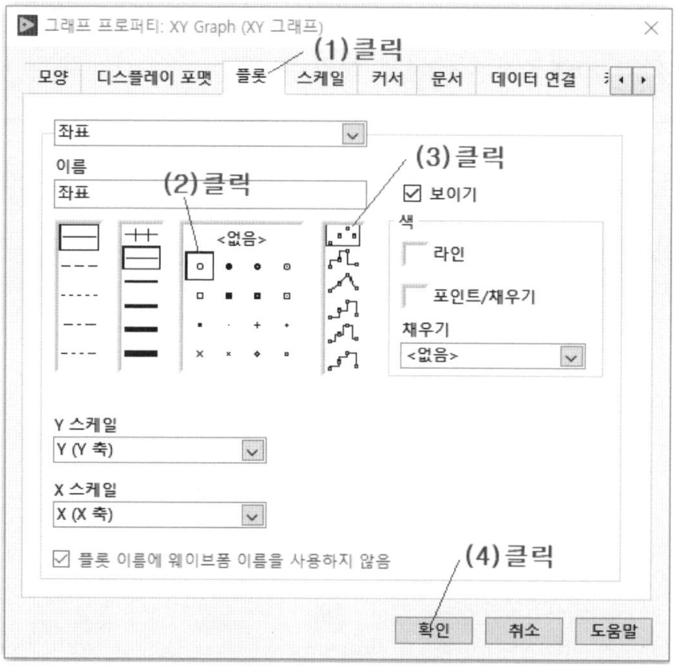

그림 8.19 프로퍼티 창에서 플롯 속성 변경

연습문제 8.4

$0 \le X < 10$, $0 \le Y < 10$을 만족하는 임의 실수 X, Y에 대하여, 좌표점 (X, Y)가 그래프에 1초마다 나타나게 하라.

(1) 난수(0–1) 함수를 10배 증폭시키는 방법을 이용하라.

(2) 익스프레스 XY 그래프에 수평축(X축)과 수직축(Y축)의 범위를 0에서 10으로 수정하고, 두 축 모두 오토스케일을 해제해서 범위가 고정되게 하라.

(3) While 루프와 기다림(ms) 함수를 사용하라.

연습문제 8.5

연습문제 8.4와 마찬가지로 $0 \le X < 10$, $0 \le Y < 10$을 만족하는 임의 실수 X, Y에 대하여, 좌표점 (X, Y)가 그래프에 0.1초마다 나타나고, 총 100개가 나타나면 While 루프가 정지되게 하라.

(1) 좌표점 100개가 그래프에 나타나면 While 루프가 자동으로 정지되게, 정지 버튼을 삭제하고 그림 8.20과 같은 방법을 이용하라. '루프 반복'(i)의 출력단에서는 루프가 첫 번째 반복될 때 0이 출력되고 두 번째 반복될 때 1이 출력된다. 루프가 계속 반복되어 100번째 반복될 때에는 99가 '루프 반복'에서 출력된다. 결과적으로 루프가 100번 반복하면 99가 '같다?' 함수(=)의 하단 입력단으로 입력되어 '같다?' 함수(=)에서 참(T)이 출력된다. 이 참(T)은 '루프 조건'(◉)으로 들어가서 루프가 멈추게 된다.

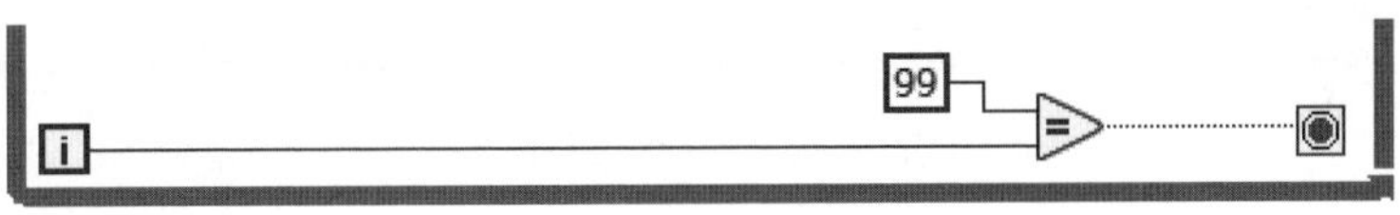

그림 8.20 While 루프를 자동으로 정지시키는 방법

연습문제 8.6

연습문제 8.5에서, 0.01초마다 좌표점 (X, Y)가 그래프에 총 1000번 나타나는 동안, $0 \leq X < 5$, $0 \leq Y < 5$인 정사각형 영역 내부에 좌표점이 나타난 회수를 보여주는 프로그램을 작성하라.

(1) 그림 8.21과 같이 프런트패널에 '회수' 숫자형 인디케이터를 추가하라.

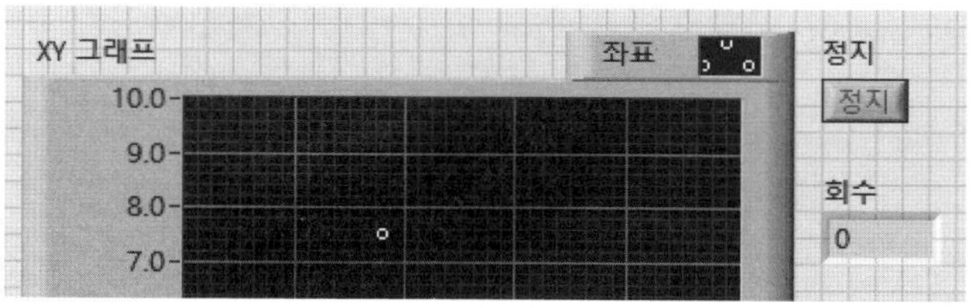

그림 8.21 '회수' 숫자형 인디케이터 추가

(2) 그림 8.22와 같은 미완성 블록다이어그램에 추가 프로그래밍을 하라.

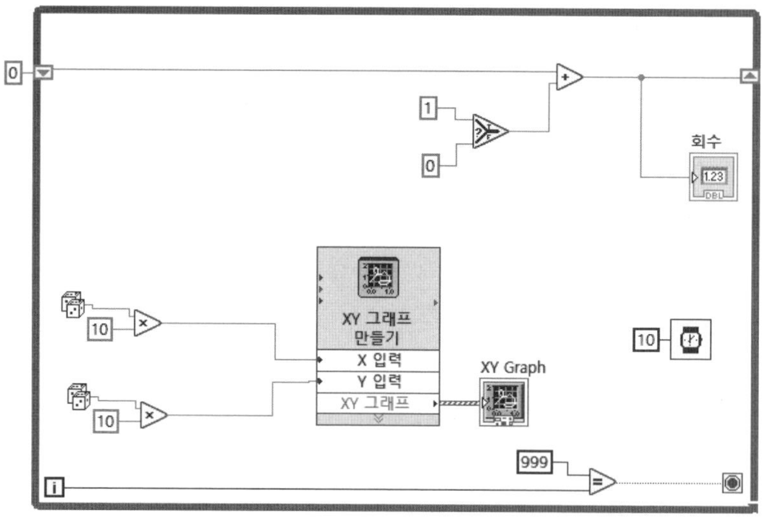

그림 8.22 미완성 프로그램

09 예제

가상의 온도계의 온도 값을 2초 단위로 읽어서, 읽은 온도값과 날짜 및 시간을 실시간으로 텍스트 파일(*.txt) 형식으로 저장해 주는 프로그램을 작성하라.

학|습|내|용|

1. 파일I/O 함수
2. 타이밍 함수

(1) 그림 9.1과 그림 9.2와 같은 프런트패널과 블록다이어그램을 작성하라. 상세한 작성 과정은 다음의 (2)~(4)에 제시되어 있다.

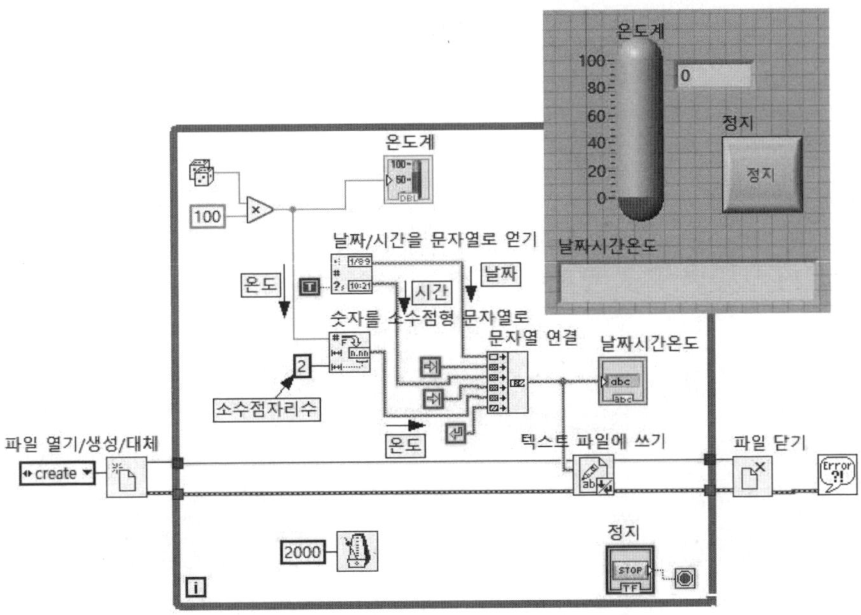

그림 9.1 프런트패널과 블록다이어그램

(2) 그림 9.2와 같이 프런트패널에서 '컨트롤 〉 일반 〉 숫자형(1*1) 〉 온도계(5*2)'를 실행하여, 온도계 인디케이터를 추가하라.

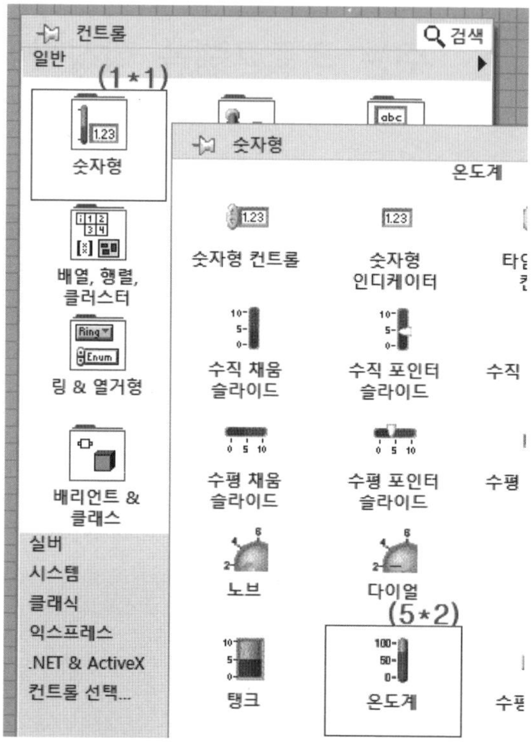

그림 9.2 온도계 인디케이터 추가

(3) 그림 9.3과 같이 온도계 인디케이터 위에서 '마우스 우측버튼 클릭 〉 보이는 아이템 〉 디지털 디스플레이'를 실행하여, 온도계 눈금값이 숫자로도 나타나게 하라.

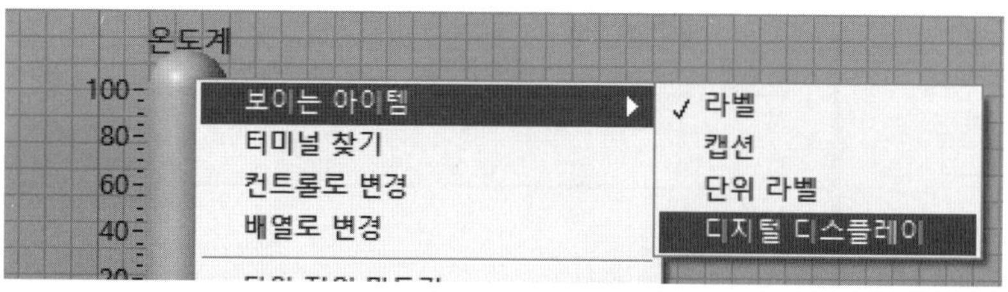

그림 9.3 온도계 인디케이터의 디지털 디스플레이 추가 방법

(4) 표 9.1에 있는 4개의 함수를 그림 9.4와 같이 블록다이어그램에 추가하라.

표 9.1 파일 관련 함수 추가하는 방법

파일 열기/생성/대체	함수 〉 프로그래밍 〉 파일 I/O(4*1) 〉 파일 열기/생성/대체(2*1). 이 함수는 저장할 파일의 파일명(*.txt)을 지정해준다.
텍스트 파일에 쓰기	함수 〉 프로그래밍 〉 파일 I/O(4*1) 〉 텍스트 파일에 쓰기(3*1). 이 함수는 좌측 입력단으로 입력되는 텍스트를 지정된 파일명(*.txt)을 가진 파일로 저장한다.
파일 닫기	함수 〉 프로그래밍 〉 파일 I/O(4*1) 〉 파일 닫기 함수(2*2). 이 함수는 파일(*.txt)를 닫는다.
Error ?!	함수 〉 프로그래밍 〉 대화상자 & 사용자인터페이스(3*3) 〉 단순 에러 핸들러(2*1). 이 함수는 에러 메시지를 보여 준다.

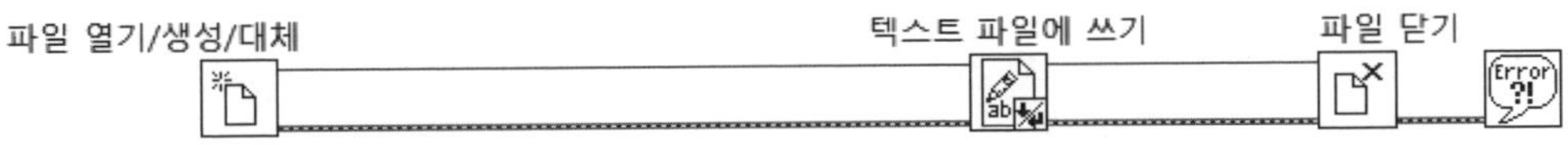

그림 9.4 텍스트 파일에 쓰기 관련 함수 추가 모습

(5) 파일에 열기/생성/대체 함수의 좌측 두 번째 입력단에서 '마우스 우측버튼 클릭 〉 생성 〉 상수'를 실행한 후, 그림 9.5의 펼침 버튼을 눌러서 'create'를 선택하라. 그러면, 그림 9.5와 같이 된다. 'create' 상수가 설정되었기 때문에, 파일에 열기/생성/대체 함수가 실행될 때 새로운 파일명(*.txt)을 지정해주는 과정이 나타난다.

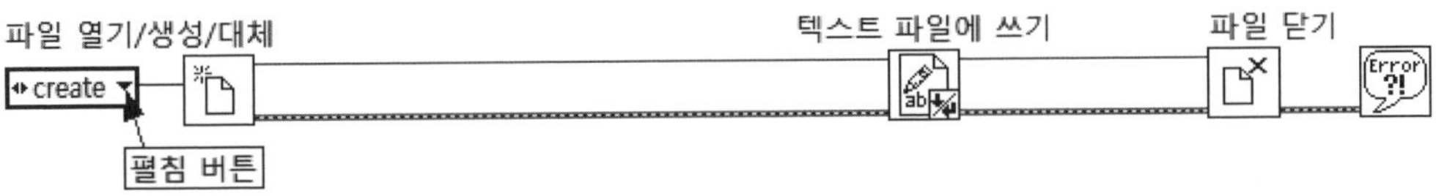

그림 9.5 'create' 상수 추가 방법

(6) 표 9.2에 있는 함수와 상수를 추가하여, 앞의 그림 9.1과 같은 최종 블록다이어그램을 완성하라.

표 9.2 중요 함수와 상수 추가 방법

날짜/시간을 문자열로 얻기 	함수 〉 프로그래밍 〉 타이밍(3*2) 〉 날짜/시간을 문자열로 얻기(2*1). 이 함수는 우측 출력단 두 곳으로 날짜와 시간을 출력해준다. 좌측 입력단 맨 하단에 진리값 참을 입력하면, 시간을 보여줄 때 초 단위까지 보여준다.
숫자를 소수점형 문자열로 	함수 〉 프로그래밍 〉 문자열(2*3) 〉 숫자/문자열 변환(3*5) 〉 숫자를 소숫점형 문자열로(1*4). 이 함수는 입력된 숫자를 문자열로 바꾸어 준다. 좌측 하단에 정수 2는 출력되는 문자열(숫자)의 소수점 자리수를 나타낸다.
	함수 〉 프로그래밍 〉 문자열(2*3) 〉 탭 상수(5*4). 이 상수는 문자와 문자 사이 간격을 탭(Tab)으로 띄어 준다.
	함수 〉 프로그래밍(2*2) 〉 문자열(2*3) 〉 캐리지 리턴 상수(6*1). 이 상수는 줄 바꿈을 해준다.

(7) 파일명 '예제9.vi'로 저장한 후 프로그램을 실행시켜 보자. 프로그램이 실행됨과 동시에 그림 9.6과 같은 저장될 파일명을 지정할 대화창이 나타난다. 대화창에서 파일 이름을 temp.txt로 입력한 후 확인 버튼을 클릭하라. 그러면, 그림 9.7과 같이 2초마다 측정된 온도와 날짜 및 시간이 프런트패널에 표시되면서 temp.txt 파일에 저장도 될 것이다.

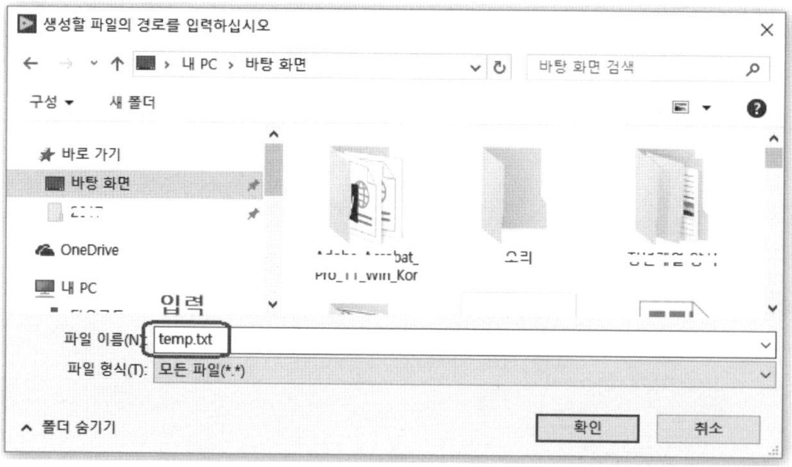

그림 9.6 파일 이름을 temp.txt로 입력

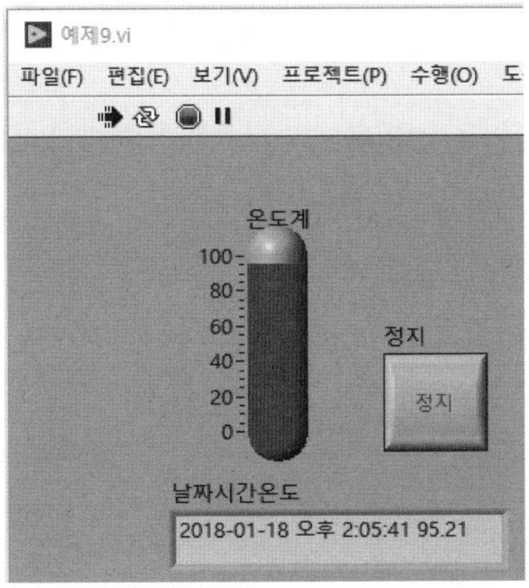

그림 9.7 실행 상태의 프런트패널

(8) 프로그램이 실행되고 있는 상태에서, 바탕화면에 있는 temp.txt 파일을 더블 클릭해서 열면, 그림 9.8과 같이 저장된 파일 내용을 확인할 수 있다.

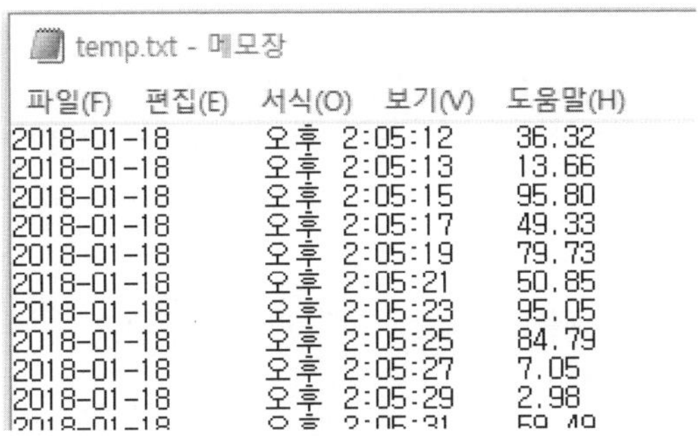

그림 9.8 저장된 파일 내용 (temp.txt 파일)

연습문제 9.1

예제 9에서 생성한 temp.txt 파일을 읽어서 프런트패널에서 보여주는 프로그램을 작성하라.

(1) '함수 〉 프로그래밍 〉 파일 I/O(4*1) 〉 텍스트 파일로부터 읽기(3*2)'를 실행하여 텍스트 파일로부터 읽기 함수를 블록다이어그램에 추가한 다음, 그림 9.9와 같은 프로그램을 완성한다.

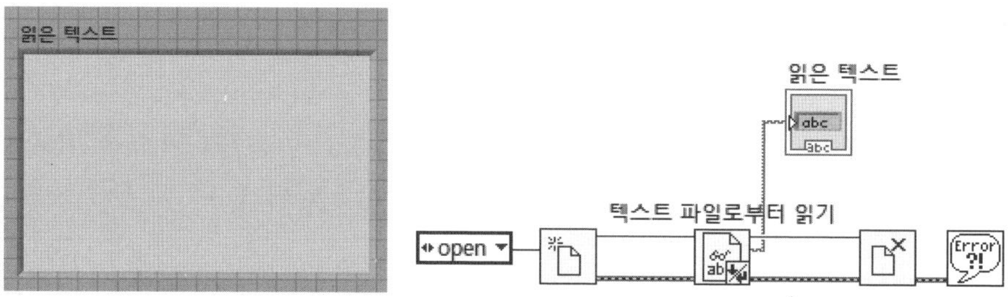

그림 9.9 최종 프로그램

(2) 최종 프로그램을 실행하면, 그림 9.10과 같은 결과가 나오게 한다.

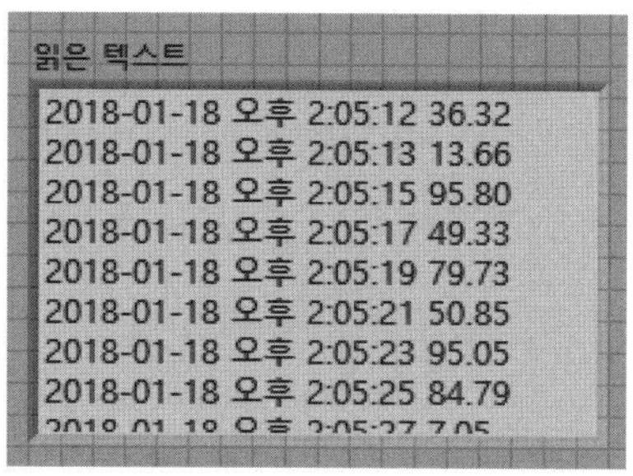

그림 9.10 프로그램 실행 결과

연습문제 9.2

예제 9 프로그램을 그림 9.11과 같이 While 루프 앞부분에 '텍스트 파일에 쓰기' 함수를 추가하여, 프로그램 실행 결과물인 temp.txt 파일 내용의 제일 상단에 날짜, 시간, 온도 글자가 그림 9.12와 같이 추가되게 하라.

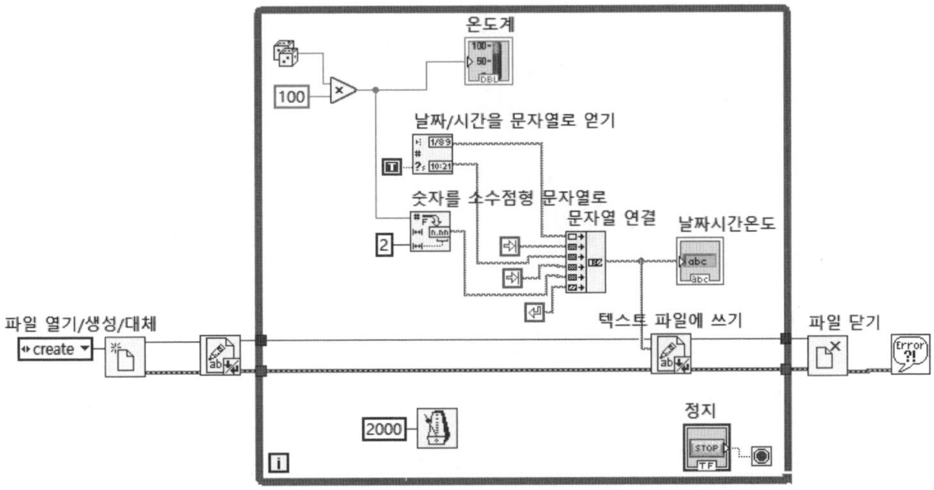

그림 9.11 미완성 프로그램

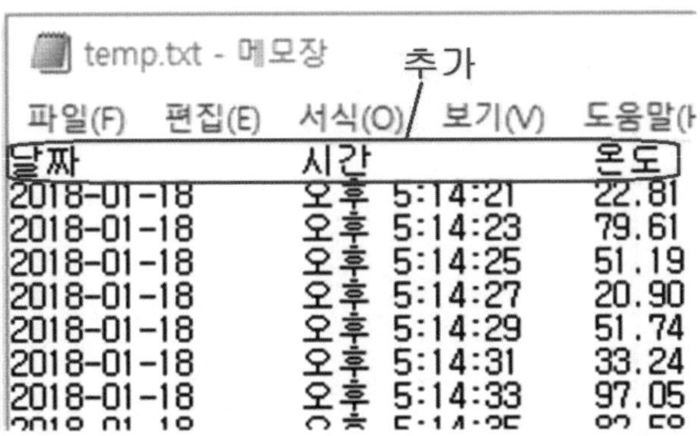

그림 9.12 프로그램 실행 결과물인 temp.txt 파일

연습문제 9.3

예제 9 프런트패널에 그림 9.13과 같이 '저장' 버튼을 추가하고, 이 버튼을 클릭할 때만 날짜, 시간, 온도 정보가 temp.txt 파일에 저장되게 하라.

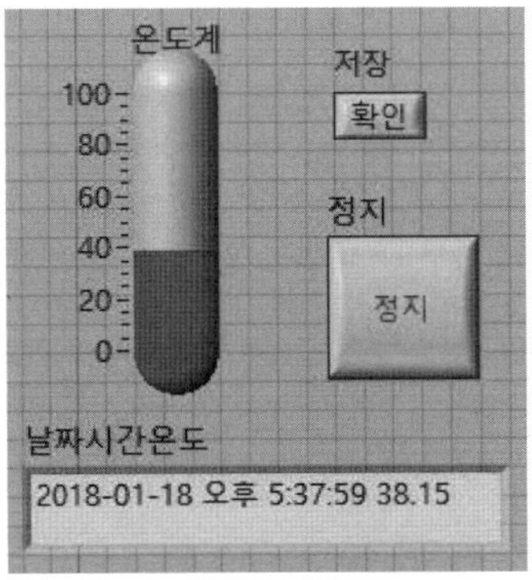

그림 9.13 저장 버튼 추가

(1) 그림 9.14와 같이, 블록다이어그램에 케이스 구조를 추가하는 방식으로 프로그램을 완성하라.

(2) '함수 〉 프로그래밍 〉 문자열(2*3) 〉 빈 문자열 상수(5*2)'를 실행하여, 빈 문자열 상수를 거짓 케이스에 추가하라. 참고로, 빈 문자열 상수가 텍스트 파일에 쓰기 함수로 입력되면 이 함수는 temp.txt에 어떤 저장도 하지 않는다.

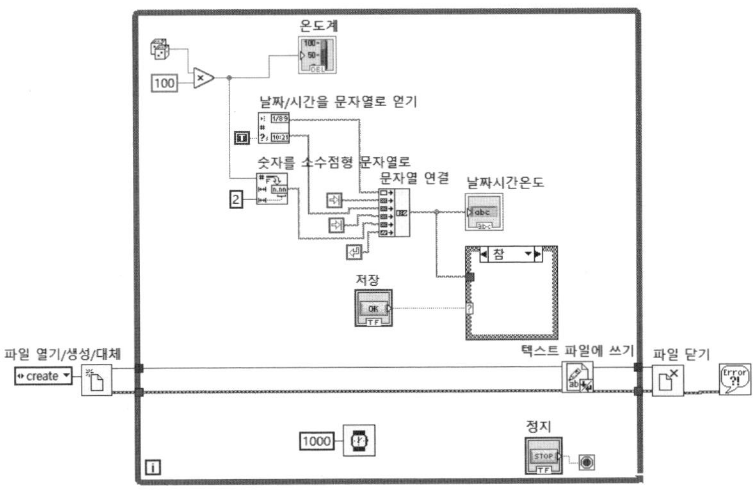

그림 9.14 미완성 프로그램

연습문제 9.4

예제 9 프로그램을 변경하여, 온도가 50도 이상인 경우에만 날짜, 시간, 온도 정보가 temp.txt 파일에 저장되게 하라.

(1) 그림 9.15의 미완성 프로그램을 완성하라.

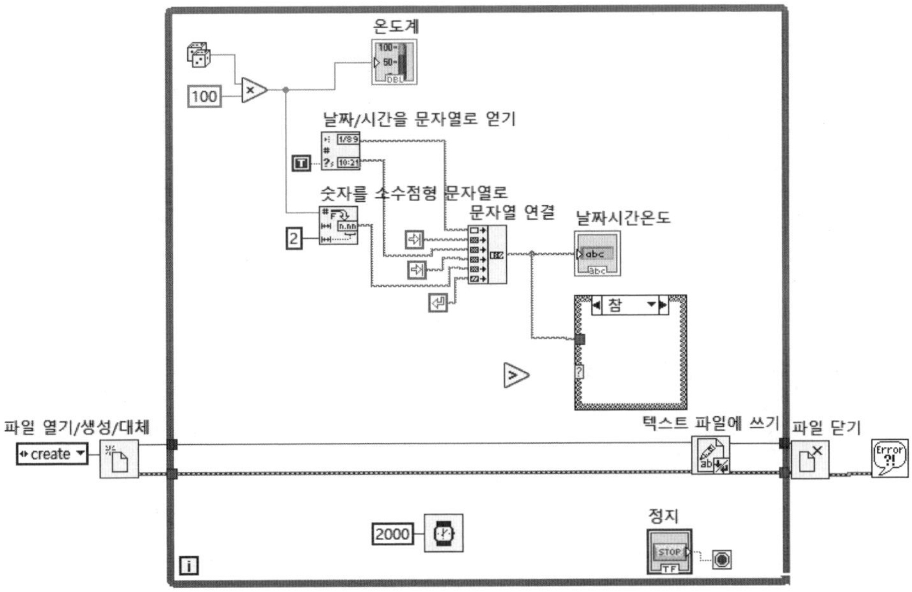

그림 9.15 미완성 프로그램

10
예 제

0과 1 사이의 임의 실수(0 포함)를 1초에 한 번씩 네 번 발생시킨 후, 발생한 난수 4개를 배열(array) 형식으로 보여 주는 프로그램을 작성하라.

학 | 습 | 내 | 용 |

1. For 루프
2. 인덱스 기능
3. 배열 인디케이트, 배열 함수

(1) 블록다이어그램에서 '함수 〉 프로그래밍 〉 구조(1*1) 〉 For 루프(1*1)'를 실행해서 For 루프를 그림 10.1과 같이 블록다이어그램에 추가하라.

그림 10.1 For 루프 추가

(2) 그림 10.2와 같이 루프 카운트 아이콘(N)의 좌측 입력단에 마우스 우측 버튼을 클릭해서 '상수 생성'을 실행한 후 숫자 4를 입력한다. 숫자 4는 For 루프가 네 번 반복되게 한다.

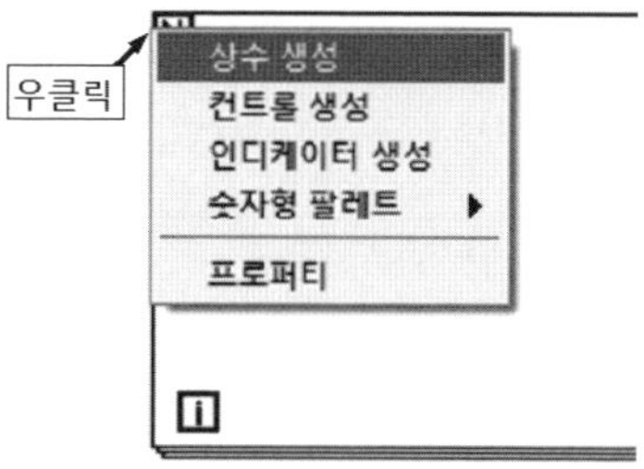

그림 10.2 루프 카운트 입력

(3) 블록다이어그램에서 '함수 〉 프로그래밍 〉 숫자형(2*1) 〉 난수(0-1)(5*4)'을 실행해서 난수(0-1) 함수를 그림 10.3과 같이 추가한 후, 난수 함수의 우측 출력단을 클릭하고 루프의 경계를 클릭하면 와이어가 연결된다.

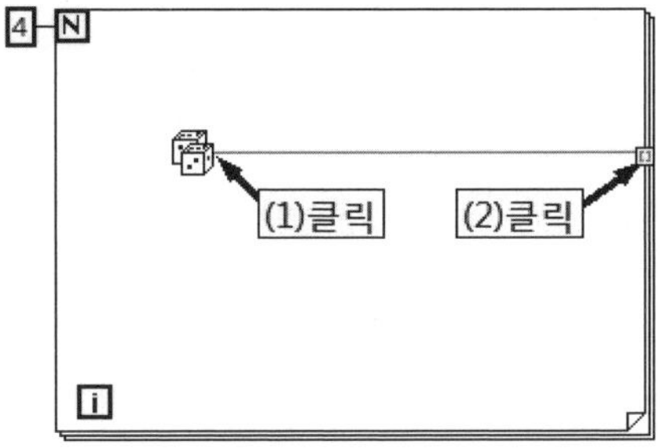

그림 10.3 난수 함수 추가 및 와이어 연결

(4) '함수 〉 프로그래밍 〉 타이밍(3*2) 〉 기다림(ms)(1*3)'을 실행하여 기다림(ms) 함수를 그림 10.4와 같이 블록다이어그램에 추가한 후, 이 함수의 좌측 입력단에 상수 1000을 연결한다. 입력 상수 1000은 1000ms 또는 1초를 의미하며, 난수 함수가 1초에 한번씩 실행되도록 해준다.

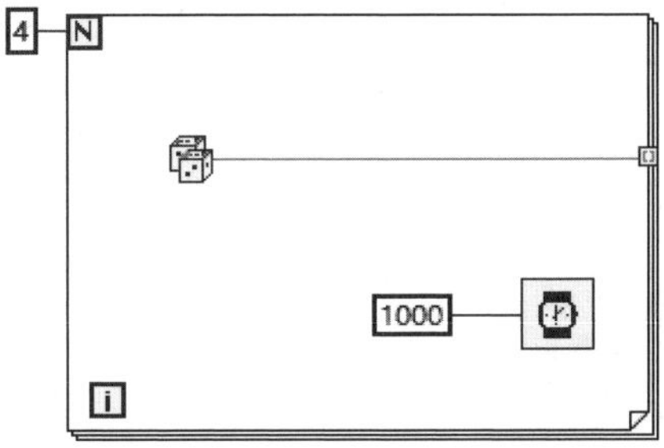

그림 10.4 기다림 함수 추가

(5) 그림 10.5와 같이 인덱스 터널의 우측 출력단에서 마우스 우측 버튼을 클릭(우클릭)해서, 배열 인디케이터를 생성하라. 그 결과는 그림 10.6과 같다. 여기서 가는 주황색 선은 실수 한 개가 지나가는 와이어를 의미하며, 굵은 주황색 선은 실수 성분으로 구성된 배열이 지나가는 와이어를 의미한다.

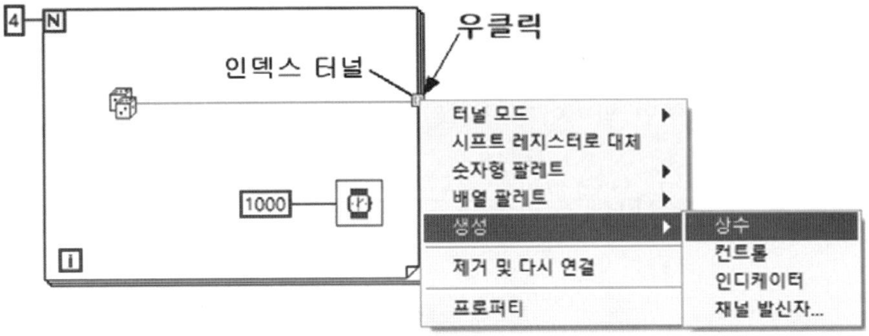

그림 10.5 배열 인디케이터 생성

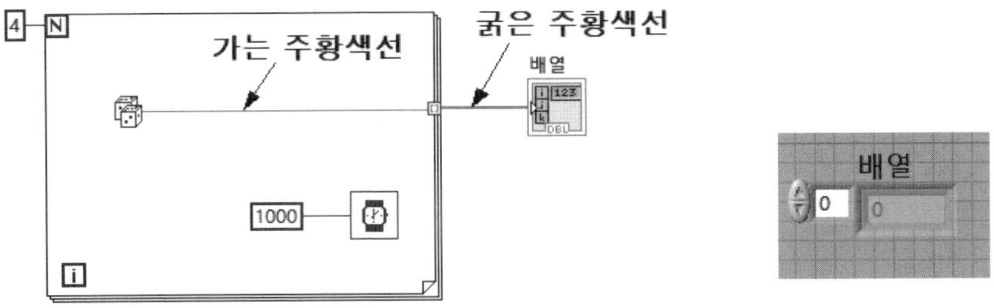

그림 10.6 생성된 배열 인디케이터

(6) 그림 10.7a와 같이 프런트패널에서 마우스로 '배열' 인디케이터의 우측 맨 하단을 클릭한 다음, 밑으로 드래그해서 그림 10.7b와 같이 만든다.

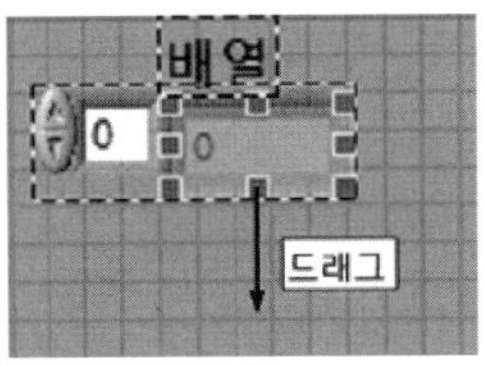

그림10.7a 배열 원소 늘이기

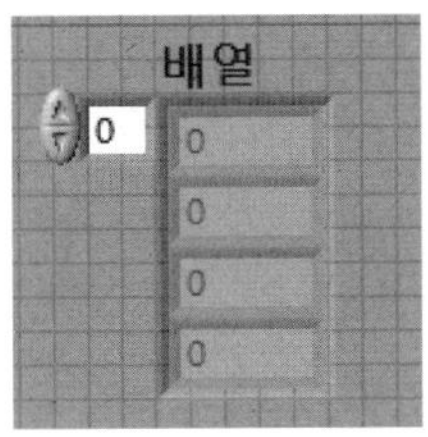

그림 10.7b 4개의 원소 가지는 배열

(7) 마지막으로, For 루프의 루프 반복 아이콘(i)의 출력 값을 눈으로 확인하기 위해, 이 아이콘의 우측 출력단에서 마우스 우측 버튼을 클릭해서 그림 10.8과 같이 '인디케이터 생성'을 실행한 후 라벨은 '반복회수'로 수정한다. 그러면 그림 10.9와 같이 된다. 참고로,

그림 10.9에서 루프 반복 아이콘(i)의 우측 출력단으로는 For 루프가 첫 번째 반복 시 0이 출력되고, 두 번째 반복 시 1이 출력되며, 최종적으로 4번째 반복 시 3이 나오는 것을 반복횟수 인디케이터에서 확인할 수 있다.

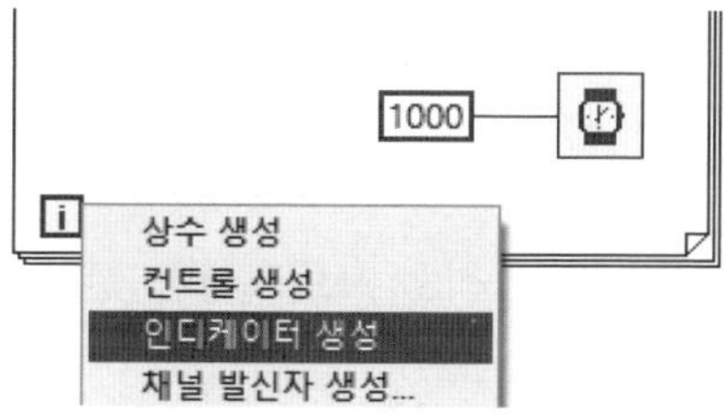

그림 10.8 인디케이터 생성

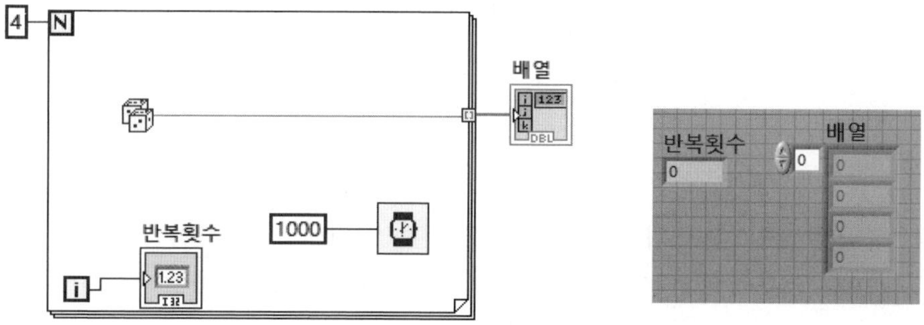

그림 10.9 블록다이어그램과 프런트패널

(8) 추가적으로, 그림 10.10과 같이 와이어 위를 마우스 우측 버튼으로 클릭한 후, 인디케이터를 생성해서 와이어를 통해 출력(전달)되는 데이터가 무엇인지 프런트패널에서 확인할 수 있도록 한다. 생성된 인디케이터의 라벨은 '출력난수'로 수정하고 위치도 조정해서, 그림 10.11과 같이 되도록 한다.

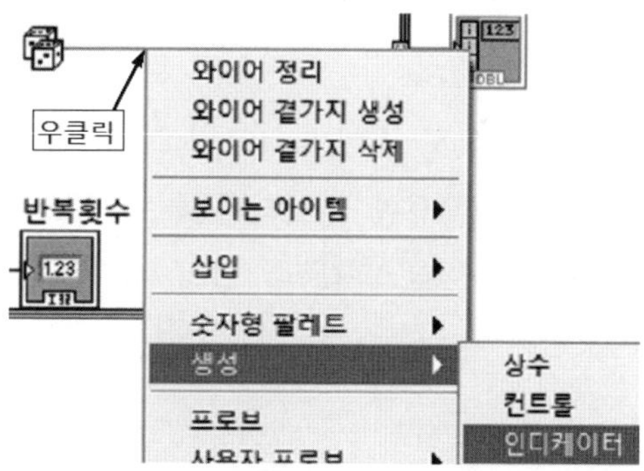

그림 10.10 와이어에서 인디케이터 생성하기

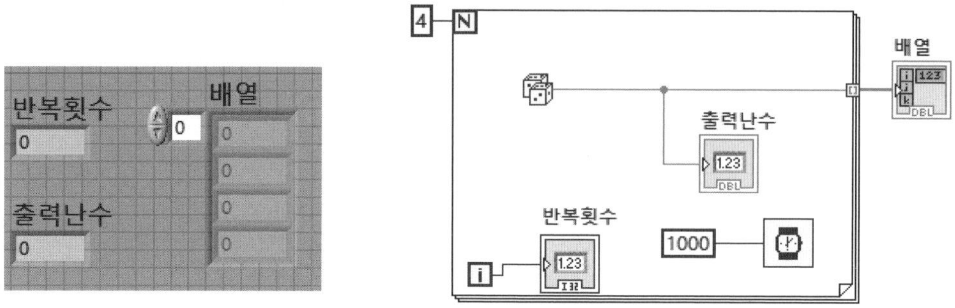

그림 10.11 최종 프로그래밍 결과

(9) 파일명을 '예제10.vi'로 저장한 후 프로그램을 실행시켜 보자.

(10) 프런트패널에서 1초에 한번씩 '출력난수' 인디케이터에 난수가 나타나고, 동시에 '반복회수' 인디케이터 값이 0, 1, 2, 3으로 바뀐 후 프로그램이 종료되는지 확인하라.

(11) 블록다이어그램에서 실행 하이라이트 버튼(💡)을 클릭한 후, 프로그램을 실행시켜보아라. 그러면 그림 10.12와 같이 와이어를 통해 데이터가 전달되는 모습을 눈으로 확인할 수 있다. For 루프의 외부에 있는 '배열' 인디케이터로 데이터가 언제 전달되는지도 확인해보아라. 아마 For 루프가 반복될 때마다 발생한 난수가 인덱스 터널까지만 전달되고, For 루프가 정지되면 인덱스 터널에 모인 4개의 난수가 '배열' 인디케이터로 전달되는 것을 확인할 수 있을 것이다.

(12) 결론적으로 말하면, (그림 10.13의 설명과 같이) For 루프가 반복되는 동안에는 루프 안에서 발생한 데이터가 루프 밖으로 나갈 수 없으며, 루프가 정지된 후에 데이터가 루프 밖으로 나갈 수 있다. While 루프인 경우도 마찬가지이다.

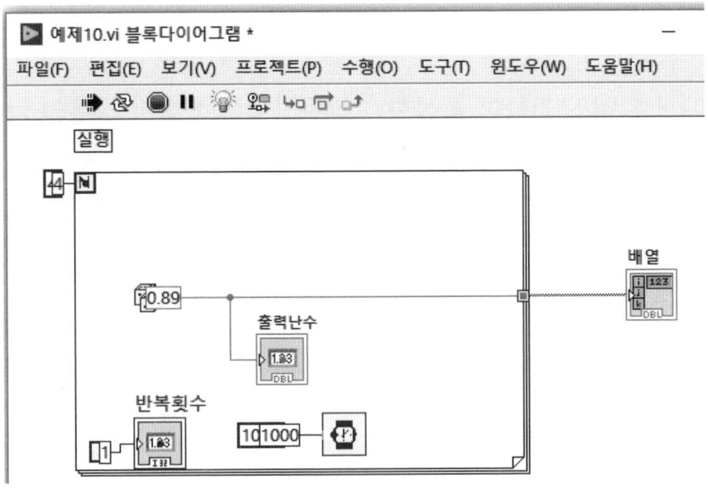

그림 10.12 실행 하이라이트 기능을 활성화한 상태

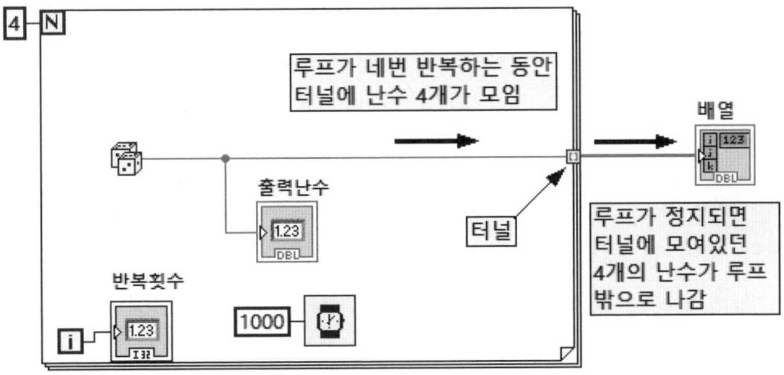

그림 10.13 For 루프의 터널을 통한 데이터 출력 시점

연습문제 10.1

루프 터널에서 인덱스 기능이 활성화된 경우와 비활성화된 경우의 차이점을 알아보기 위해, 그림 10.14와 같이 프로그램을 수정한 후 실행 시켜 보아라.

(1) 그림 10.14와 같이 와이어를 추가한다.

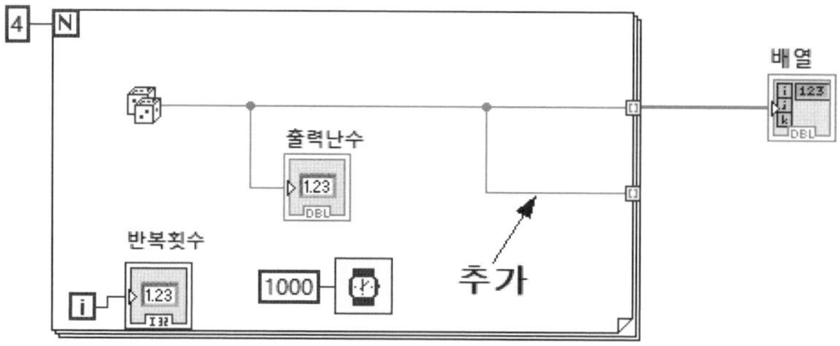

그림 10.14 와이어 추가

(2) 그림 10.15와 같이 인덱스 터널에 마우스 우측 버튼 클릭(우클릭)하여 '터널 모드 〉 마지막 값'을 실행하여 인덱스 기능을 비활성화 한다.

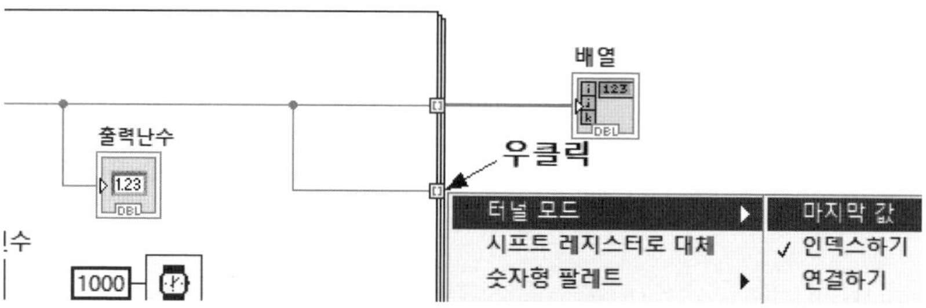

그림 10.15 인덱스 기능 비활성화

(3) 그림 10.15와 같은 방식으로 인디케이트를 생성한다.

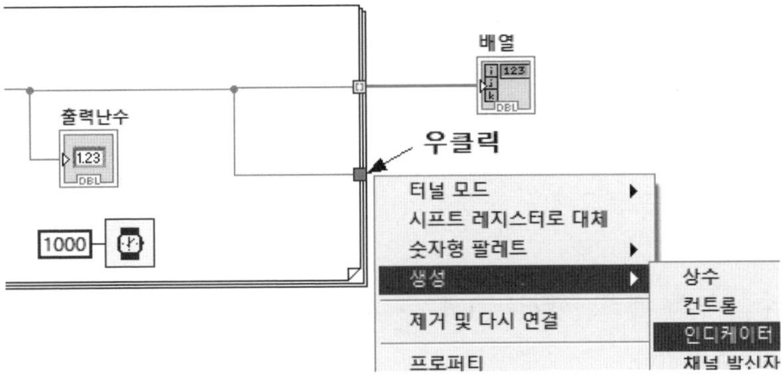

그림 10.15 인디케이터 생성

(4) 그림 10.16과 같이 프로그램을 완성한 후, 블록다이어그램에서 실행 하이라이트 기능을 활성화한 상태에서 프로그램을 실행시켜보아라. 루프 내부에서 발생한 4개의 난수가 터널에 저장되지만, 루프가 정지된 후에는 네 번째에 터널로 들어간 난수만이 '마지막 난수' 인디케이터로 출력됨을 확인할 수 있을 것이다. 결론적으로 말하면, 루프 터널에서 인덱스 기능이 비활성화되면, 루프가 반복되는 동안 터널에 모인 데이터들 중에 마지막에 터널로 들어온 데이터만이 터널 밖으로 출력되게 된다.

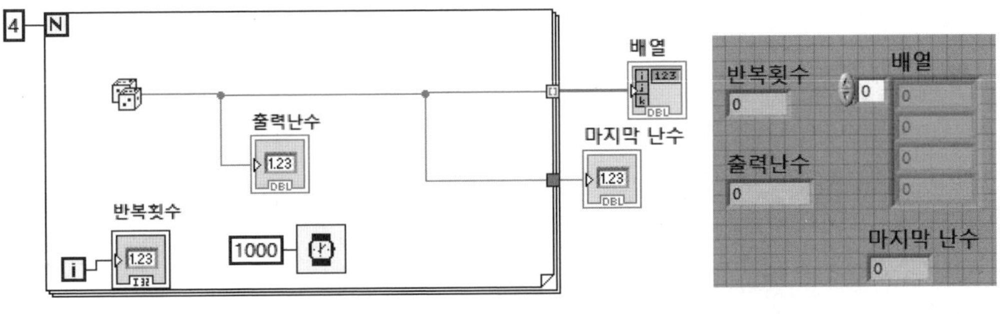

그림 10.16 최종 프로그램

연습문제 10.2

난수(0-1) 함수를 이용하여 1에서 45 사이의 임의 정수를 6개 발생시키는 로또 프로그램을 작성하라.

(1) 그림 10.17과 같은 프로그램을 작성하라.

(2) 반올림 함수의 우측 출력단에서는 1과 45 사이의 정수(1과 45 포함) 45개 중 1개가 똑같은 확률로 출력된다.

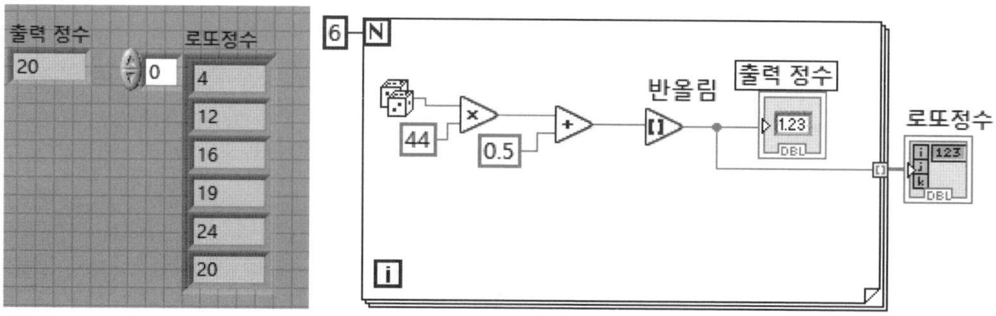

그림 10.17 최종 완성 프로그램

연습문제 10.3

연습문제 10.2 프로그램을 변경하여, 로또 정수 배열의 성분이 오름차순으로 정렬되게 하라.

(1) 그림 10.18과 같이 블록다이어그램에 '1D 배열 정렬' 함수를 추가한 후, 그림 10.19a와 그림 10.19b와 같이 프로그램을 완성한다.

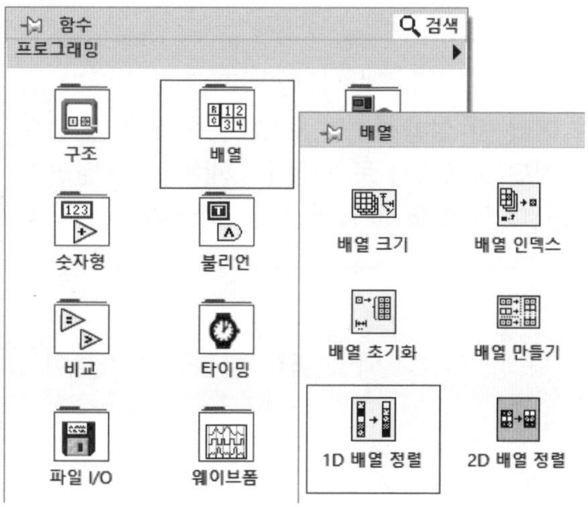

그림 10.18 1D 배열 정렬 함수 추가

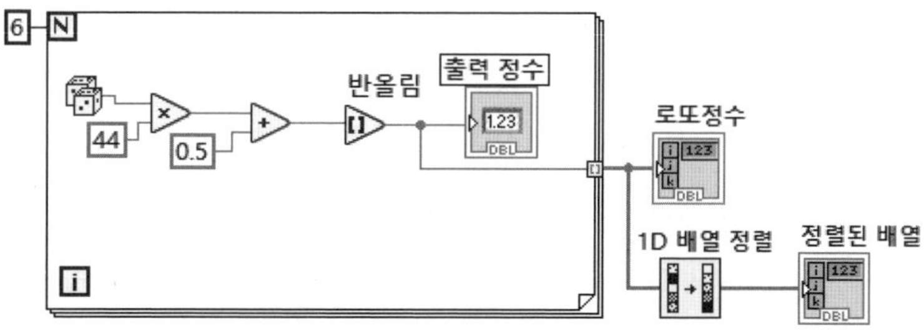

그림 10.19a 최종 완성된 블록다이어그램

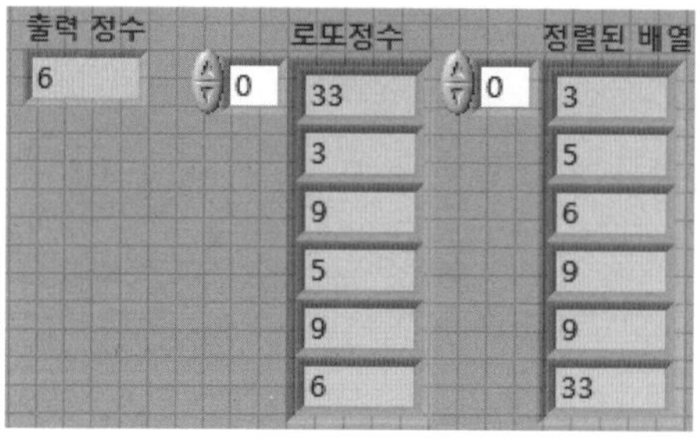

그림 10.19b 최종 완성된 프런트패널

연습문제 10.4

연습문제 10.3을 여러 번 실행해보면, 로또 정수 6개 중 같은 정수가 존재하는 경우가 발생한다. 실제 로또에서 로또 정수 6개는 모두 달라야 하므로, 연습문제 10.3 프로그램을 변경하여 로또 정수 배열의 원소 6개가 모두 다르게 되도록 하라.

(1) 그림 10.20과 같은 방식으로 1D 배열 검색 함수를 추가하여 그림 10.21과 같이 최종 프로그램을 완성하라.

(2) 1D 배열 검색 함수에 대한 기본 도움말(그림 10.20 우측)을 살펴 보면, 이 함수의 좌측 첫 번째 입력단으로 입력되는 '1D 배열'의 원소들과 좌측 두 번째 입력단으로 입력되는 '원소'를 비교하여, '1D 배열'의 세 번째 원소가 '원소'와 같다면 우측 출력단으로 2를 출력해준다. 다른 예로, '1D 배열'의 첫 번째 원소가 '원소'와 같다면 우측 출력단으로 0을 출력해준다. 그리고, '1D 배열'의 어떠한 원소도 '원소'와 같지 않다면 우측 출력단으로 -1을 출력해준다. 추가적으로 이 함수의 좌측 세 번째 입력 값인 '시작 인덱스(0)'에 3를 대입하면, '1D 배열'의 두 번째 원소부터 검색하여 '원소'와 같은지 검색한다. 다른 예로, '시작 인덱스(0)'에 2를 대입하면, '1D 배열'의 첫 번째 원소부터 검색하여 '원소'와 같은지 검색한다. 마지막으로 '시작 인덱스(0)'에 어떠한 값도 입력하지 않으면, 자동으로 0이 입력되어 '1D 배열'의 첫 번째 원소부터 검색하여 '원소'와 같은지 검색한다. 즉, 이 경우에는 '1D 배열'의 모든 원소를 검색하게 된다.

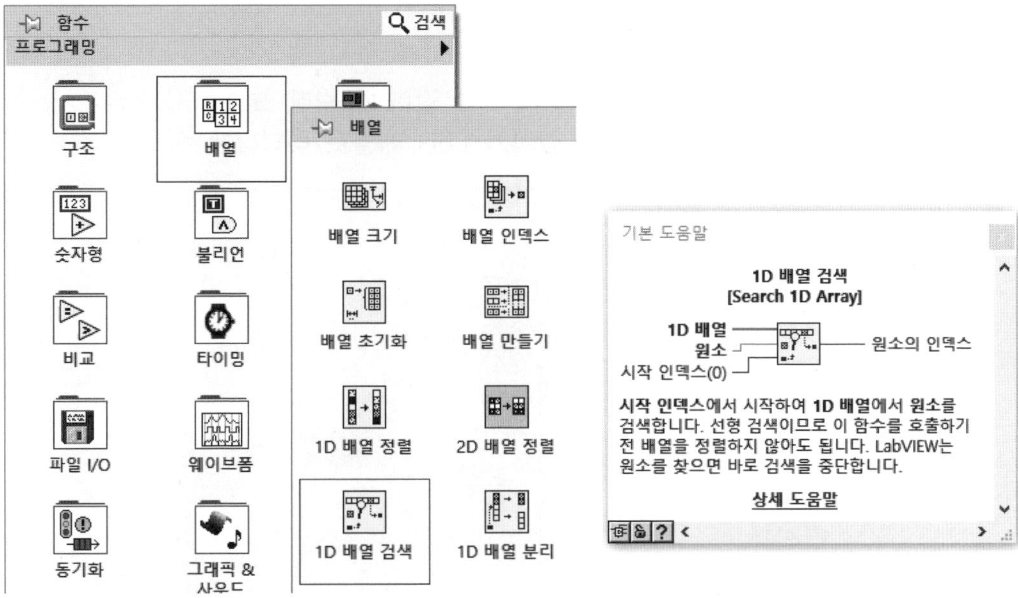

그림 10.20 1D 배열 검색 함수 추가 방법과 기본 도움말

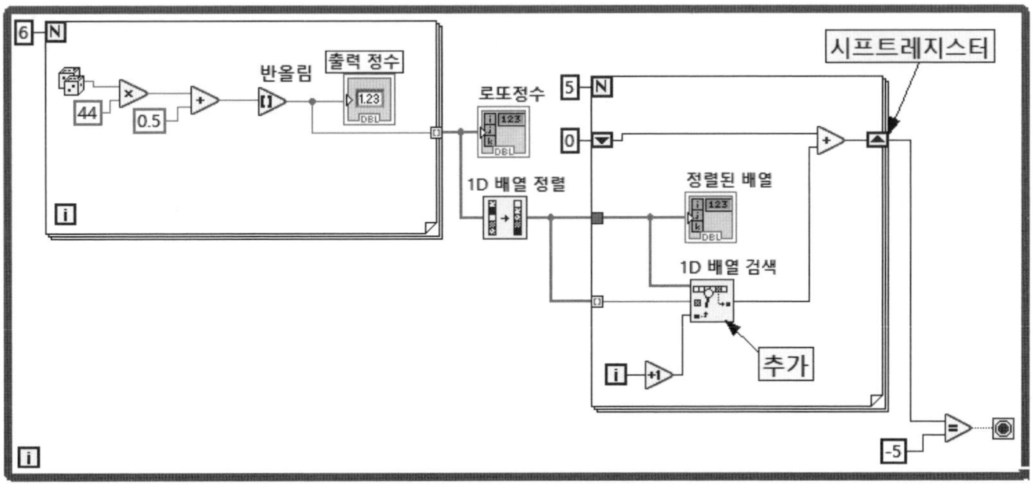

그림 10.21 최종 블록다이어그램 (프런트패널은 그림 10.19b와 동일)

연습문제 10.5

난수(0-1) 함수를 여섯 번 실행시켰을 때 난수 값이 0.5보다 크면 LED가 켜지게 하고, 이들 여섯 번의 LED on/off 결과가 LED 배열로 나타나게 하라.

(1) 그림 10.22와 같은 최종 프로그램을 작성한 후 실행시켜 보자.

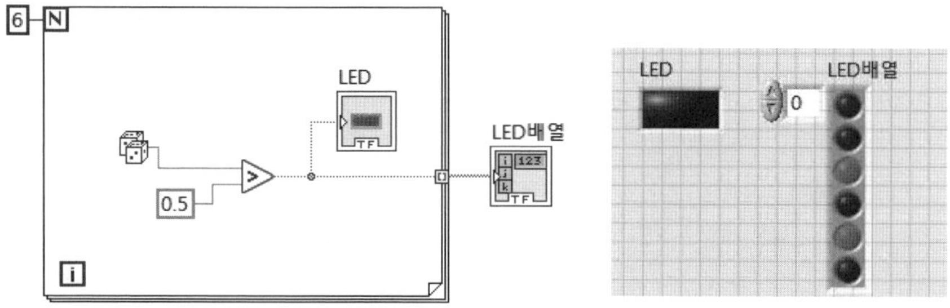

그림 10.22 최종 프로그램

11 예제

두 개의 숫자 a와 b를 입력받아서 a〉b이면 'LED 1'만 켜지고, a=b이면 'LED 2'만 켜지고, a〈b이면 'LED 3'만 켜지는 프로그램을 작성하라.

학|습|내|용|

1. 이중 케이스 구조
2. 로컬 변수
3. 병렬 While 루프
4. 메뉴 링, 텍스트 링

(1) 그림 11.1과 같이 프런트패널에 세 개의 LED를 추가한 후, 라벨은 'LED 1', 'LED 2', 'LED 3'으로 수정한다. 또, 프런트패널에 숫자형 컨트롤 2개를 추가한 후, 라벨은 'a'와 'b'로 수정한다.

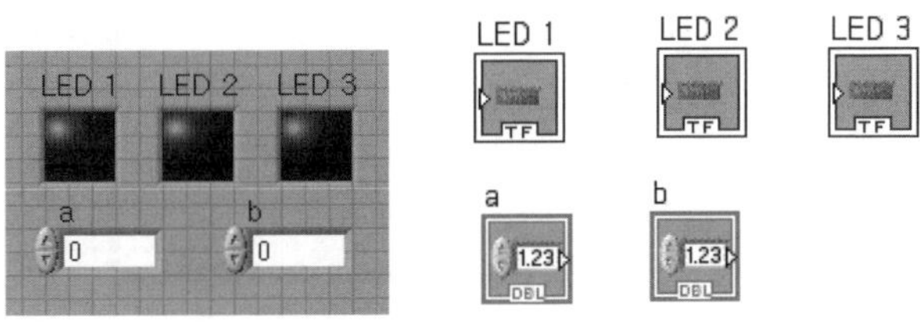

그림 11.1 프런트패널과 블록다이어그램

(2) 블록다이어그램에 보이는 아이콘들의 크기를 작게 하기 위하여, 그림 11.2(좌)와 같이, 아이콘 위에서 '마우스 우측버튼 클릭 〉 아이콘으로 보기'를 실행하여 체크를 해제한다. 그러면 결과는 그림 11.2(우)와 같이 된다.

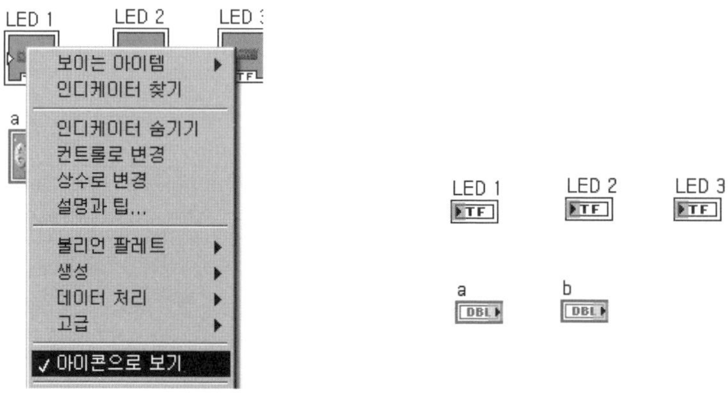

그림 11.2 아이콘의 크기를 작게 하기

(3) 그림 11.3과 같이 '보다 큼?' 함수와 케이스 구조를 추가한 후 와이어 연결을 한다.

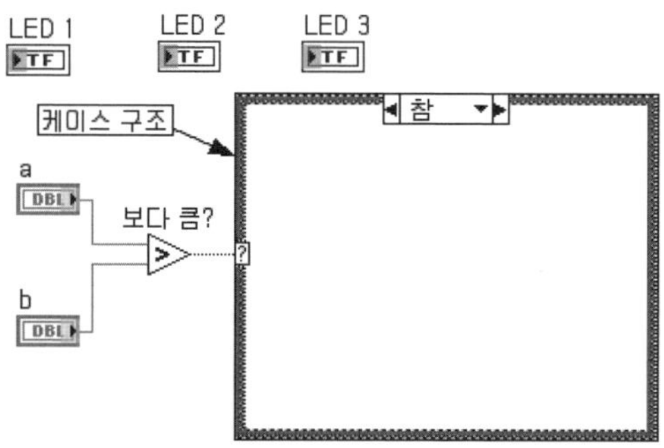

그림 11.3 수정된 블록다이어그램

(4) 그림 11.4와 같이, 'LED 1' 아이콘 위에서 '마우스 우측버튼 클릭 〉 생성 〉 로컬 변수'를 실행한 후, 로컬 변수를 그림 11.5와 같이 케이스 구조 안에 추가한다. 참고로 LED 1의 로컬변수는 LED 1과 같은 객체(쌍둥이)이다.

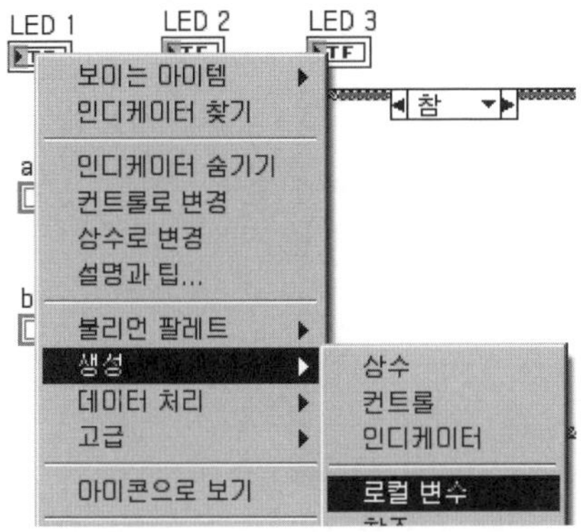

그림 11.4 로컬변수 추가 방법

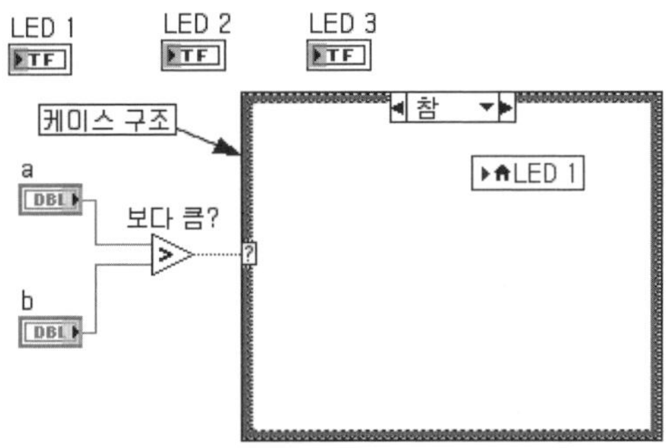

그림 11.5 로컬변수 추가

(5) LED 2와 LED 3의 로컬 변수도 같은 방법으로 추가한다. 결과는 그림 11.6과 같이 되게 한다.

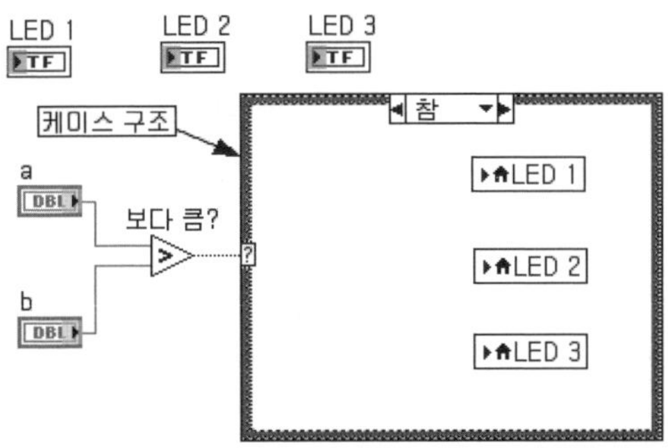

그림 11.6 LED 1, LED 2, LED 3 로컬변수 추가

(6) 그림 11.7과 같이, LED 1 로컬 변수의 좌측 입력단에서 '마우스 우측버튼 클릭 〉 생성 〉 상수'를 실행하여 그림 11.7과 같이 진리값 참을 입력한다. LED 2와 LED 3 로컬변수에는 진리값 거짓을 입력한다. LED 1의 로컬변수는 LED 1과 같은 객체(쌍둥이)이므로, LED 1 로컬변수로 참이 입력되면, LED 1이 켜지게 된다. LED 2와 LED 3의 경우도

마찬가지이다. 그림 11.7의 블록다이어그램을 분석해보면, 만약 a=5, b=3이라면 a〉b 이므로 와이어 1을 통하여 진리값 참이 전달된다. 결과적으로 케이스 구조 중에 참 케이스가 실행되므로 LED 1은 켜지고 나머지 LED는 꺼지게 된다.

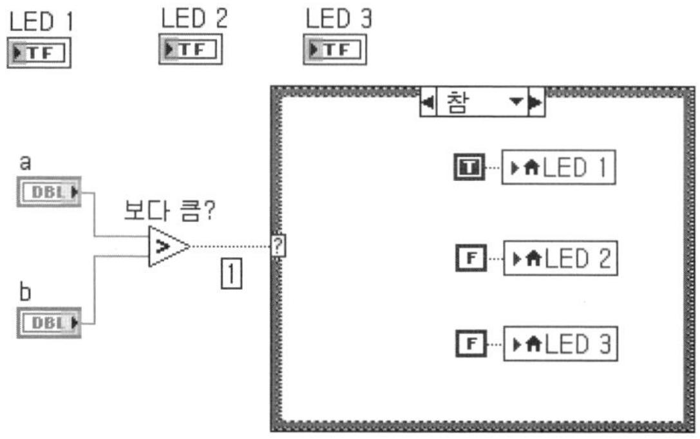

그림 11.7 LED 1만 켜지게 하는 로컬 변수 설정

(7) 이제, 케이스 구조의 거짓 케이스를 프로그래밍 하자. 그림 11.8과 같이 거짓 케이스 내부에 케이스 구조를 추가하라. 왜냐하면, a=b인 경우와 a〈b인 경우를 구분하기 위해서이다.

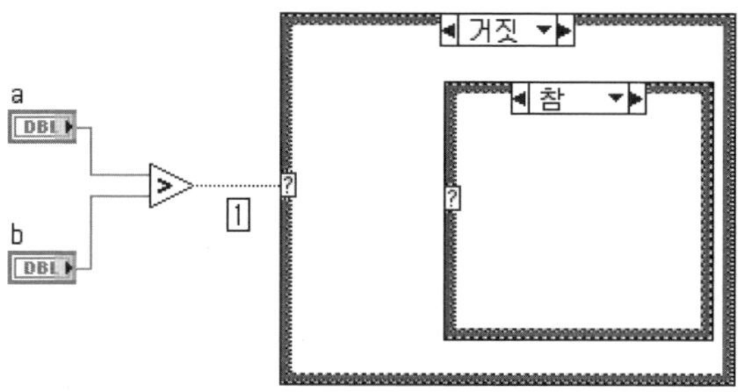

그림 11.8 케이스 구조 내부에 케이스 구조 추가

(8) 그림 11.9와 같이 '같음?' 함수를 추가한 후 와이어 연결을 하라. 만약 a=3, b=3이라면 a=b이므로, 와이어 1을 통해서는 거짓이 들어가므로 외부 거짓 케이스가 실행되고, 와이어 2을 통해서는 참이 들어가므로 내부 참 케이스를 실행하게 될 것이다. 그래서 내부 참 케이스에는 LED 2만 켜지는 프로그래밍을 그림 11.10과 같이 하면 된다.

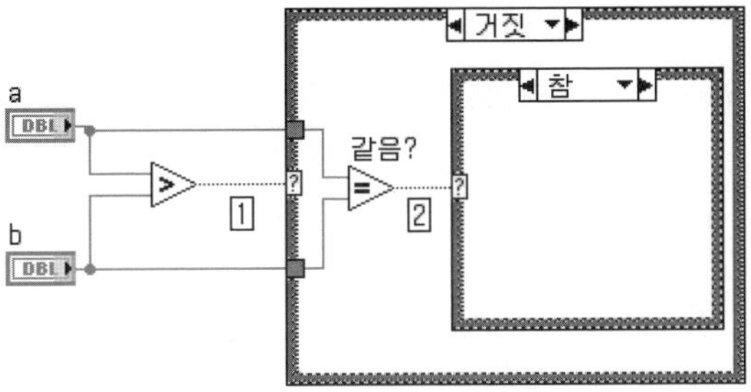

그림 11.9 '같음?' 함수 추가 및 와이어 연결

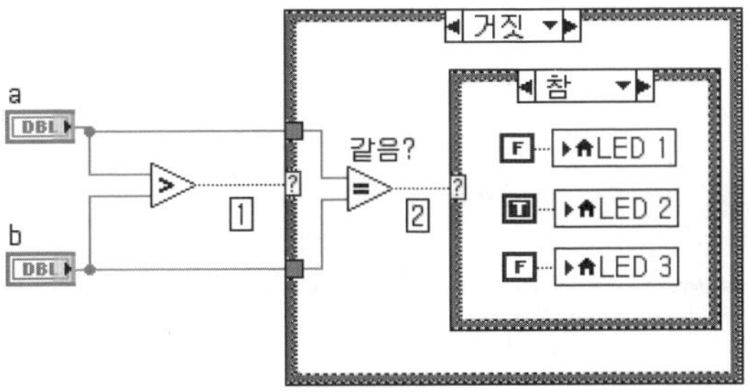

그림 11.10 LED 2만 켜지게 하는 로컬 변수 설정

(9) 마지막으로, a=3, b=5라면 a〈b이므로, 와이어 1을 통해서는 거짓이 들어가고 와이어 2를 통해서도 거짓이 들어가므로, 외부 및 내부 케이스 구조 모두 거짓 케이스가 실행되게 된다. 그래서 그림 11.11과 같이 내부 거짓 케이스에서 LED 3만 켜지게 하는 프로그래밍을 한다.

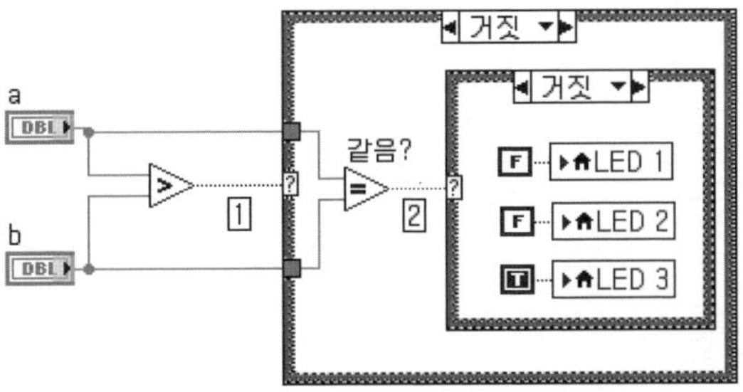

그림 11.11 LED 3만 켜지게 하는 로컬 변수 설정

(10) 그림 11.12와 같이 While 루프를 추가한 후, 파일명 '예제11.vi'로 저장한 후 프로그램을 실행한다. 컨트롤 a와 b에 다양한 숫자들을 입력했을 때 어떤 LED가 켜지는지 확인하라.

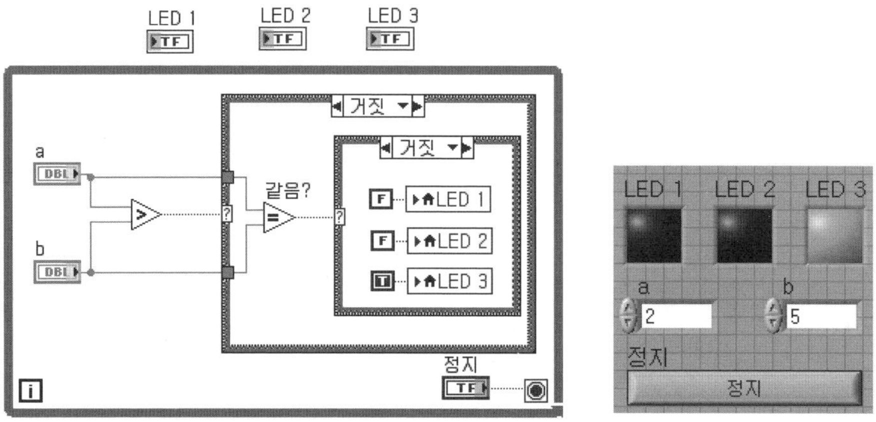

그림 11.12 최종 프로그램

연습문제 11.1

그림 11.13과 같이 두 개의 While 루프가 있는 미완성 프로그램을 수정하여, 좌측 While 루프에 있는 정지 버튼을 누르면 두 개의 While 루프가 동시에 정지되도록 하라.

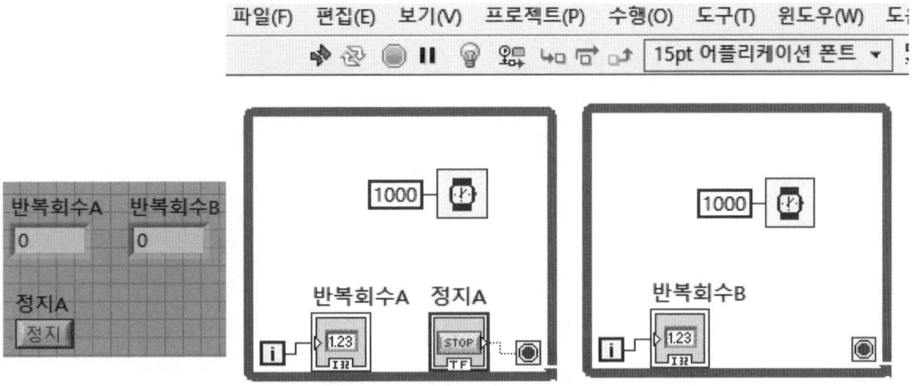

그림 11.13 미완성 프로그램

(1) 그림 11.14와 같이 블록다이어그램의 '정지A' 아이콘 위에서 '마우스 우측버튼 클릭 〉 생성 〉 로컬변수'를 실행하여 로컬 변수를 추가한 한 후 그림 11.15와 같이 로컬변수 위에서 '마우스 우측버튼 클릭 〉 읽기로 변경'을 실행한다. 그리고 와이어를 그림 11.16과 같이 연결한다.

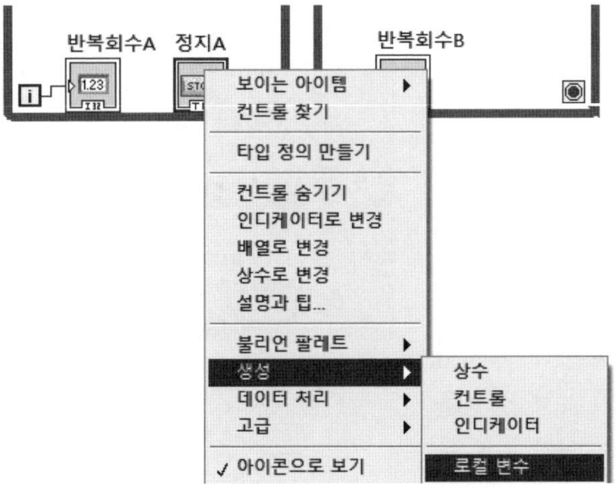

그림 11.14 로컬 변수 추가 방법

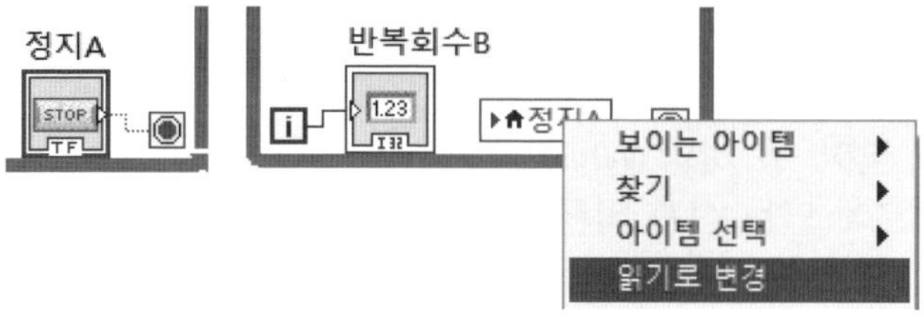

그림 11.15 '읽기로 변경' 설정 방법

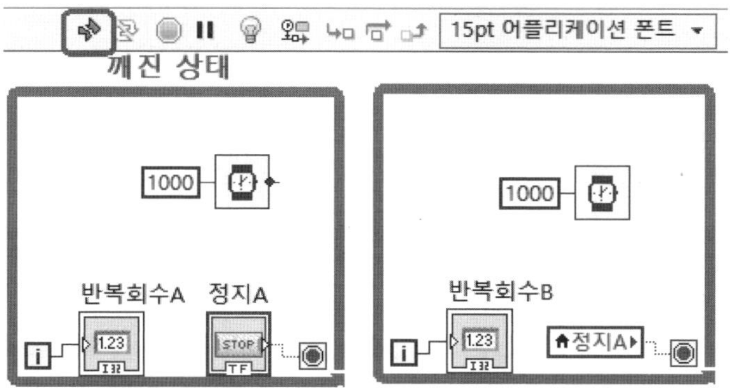

그림 11.16 로컬 변수 추가 (실행 버튼이 깨진 상태)

(2) 그림 11.16의 실행 버튼을 보면 깨진 상태인 것을 알 수 있을 것이다. 이를 해결하기 위해 그림 11.17과 같이 프런트패널에의 '정지A' 버튼 위에서 '마우스 우측버튼 클릭 > 기계적 동작 > 놓을 때 스위치'를 실행한다. 원래 '정지A' 버튼은 한번 눌러주면 자동으로 다시 복귀되는 기계적 동작을 가졌으나, 현재의 경우는 '놓을 때 스위치' 설정을 했기 때문에 한번 눌러주면 눌러진 상태를 계속 유지하게 된다.

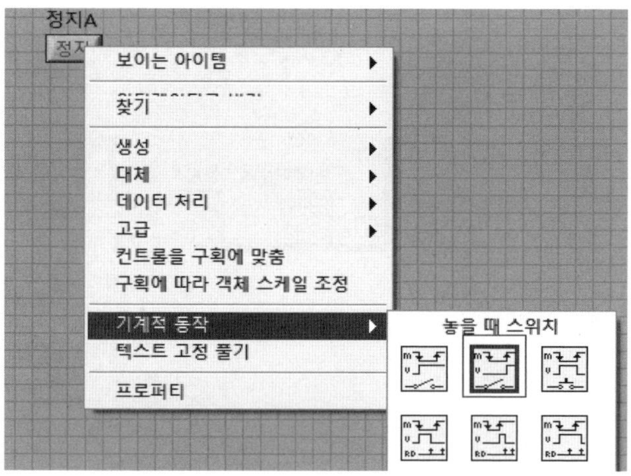

그림 11.17 버튼의 기계적 동작 방법 변경

(3) 파일명 '연습11.1.vi'로 저장한 후 실행시켜 보자. 실행 상태에서 '정지A' 버튼을 누르면 두 개의 While 루프가 모두 정지하는지 확인하라. 프로그램이 정지된 후 '정지A' 버튼이 어떤 상태인지 확인하라. 아마 눌러져 있는 상태에 있을 것이다. 그림 11.18과 같이 프런트패널의 눌러진 '정지A' 버튼 위에서 '마우스 우측버튼 클릭 〉 데이터 처리 〉 거짓값으로 변경'을 실행하면 버튼이 다시 올라올 것이다.

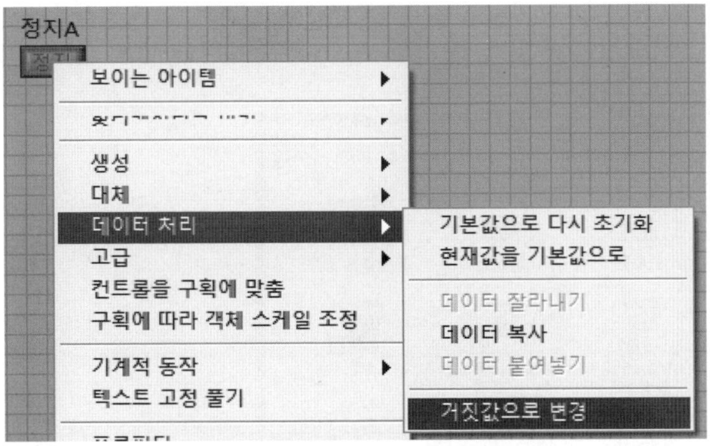

그림 11.18 눌러진 버튼을 복귀시키기

연습문제 11.2

메뉴 링 컨트롤을 이용하여 입력 받은 두 수를 더하거나, 빼거나, 곱한 결과를 출력해주는 프로그램을 작성하라.

(1) 프런트패널에서 그림 11.19와 같이 '컨트롤 〉 일반 〉 링 & 열거형(3*1) 〉 메뉴 링(1*2)'을 실행하여 메뉴 링 컨트롤을 추가한 후, 라벨은 '연산 방법'으로 수정한다.

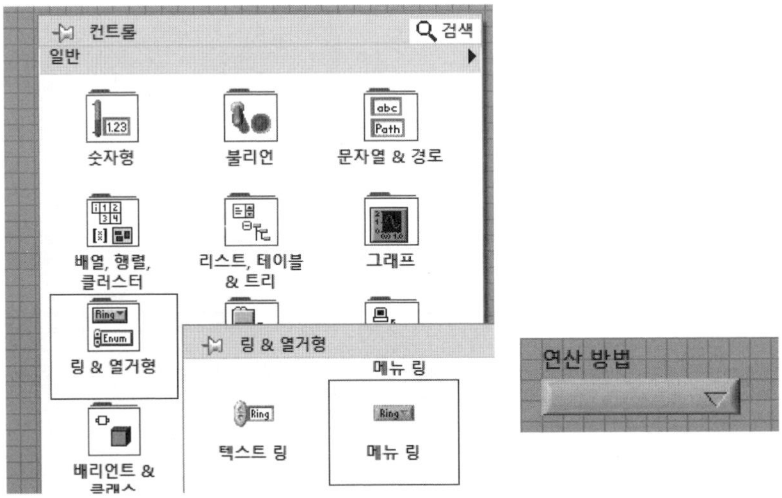

그림 11.19 메뉴 링 추가 방법

(2) 그림 11.20과 같이 두 개의 숫자형 컨트롤(라벨은 'a'와 'b')과 하나의 숫자형 인디케이터(라벨은 'Result'로 수정)를 추가한다.

그림 11.20 프런트패널과 블록다이어그램

(3) 다음으로 그림 11.21과 같이 케이스 구조를 추가한 후, 연산 방법 메뉴링의 출력단과 케이스 선택자(?)를 와이어 연결하면, 케이스 구조의 거짓과 참 케이스가 0과 1 케이스로 자동으로 각각 변경된다.

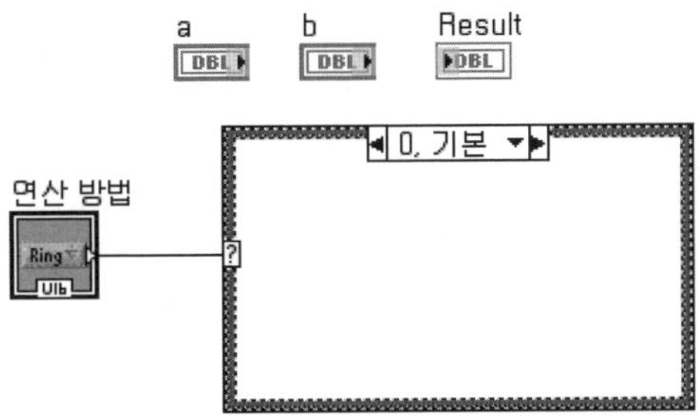

그림 11.21 케이스 구조 추가와 와이어 연결

(4) '연산 방법' 메뉴 링 위에서 '마우스 우측버튼 클릭 〉 프로퍼티'를 실행하여 그림 11.22와 같은 창을 연 후, 상단 탭에서 '아이템 편집' 탭을 선택한다.

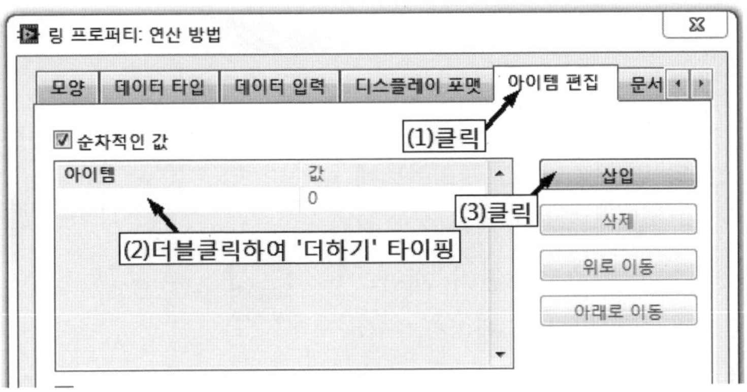

그림 11.22 링 프로퍼티 설정 창

(5) 그림 11.22와 같이 아이템 칸을 더블 클릭해서 '더하기'를 입력하고, 삽입 버튼을 누른다. 이런 방법으로 '빼기'와 '곱하기'를 입력하여 그림 11.23과 같이 설정한 후 하단에 있는 확인 버튼을 클릭한다.

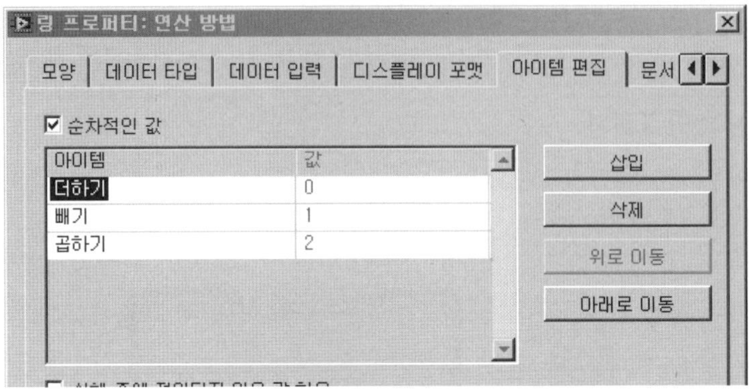

그림 11.23 링 프로퍼티 설정

(6) 블록다이어그램의 케이스 구조의 선택자 라벨 위에서 그림 11.24와 같이 '마우스 우측버튼 클릭 〉 다음 케이스 추가'를 실행한다. 이제 0, 1, 2 케이스가 생성되었음을 확인할 수 있을 것이다.

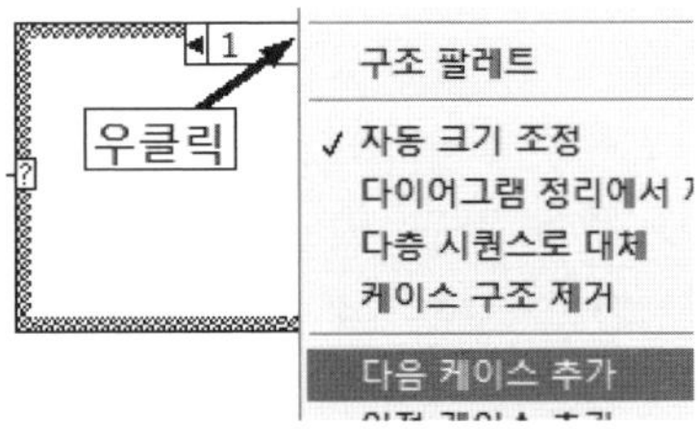

그림 11.24 케이스 추가 방법

(7) 앞의 그림 11.23의 링 프로퍼티 설정에서 더하기 아이템의 값은 0이므로, 프런트패널의 '연산 방법' 링 메뉴에서 더하기가 선택되어진다면, 그림 11.25와 같이 케이스 선택자(?)로 0이 입력되어 0 케이스가 실행되게 된다. 그래서 0 케이스에는 a와 b를 더해주는 프로그램을 작성한다. 이를 위해 그림 11.25와 같이 컨트롤 'a'와 'b'와 인디케이터 'Result'에 대한 로컬 변수들을 생성한다.

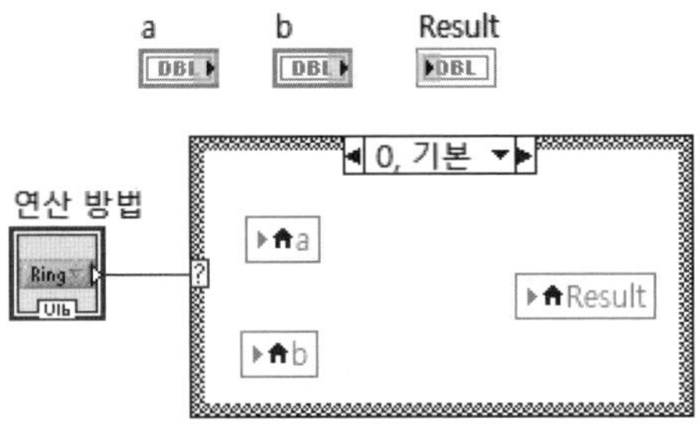

그림 11.25 로컬 변수 3개 생성

(8) 그림 11.26과 같이 로컬 변수 'a' 위에서 '마우스 우측 버튼 클릭 〉 읽기로 변경'을 수행한다. 로컬변수 'b'에 대해서도 마찬가지 과정을 수행한 후 와이어를 연결하면 그림 11.27과 같이 된다.

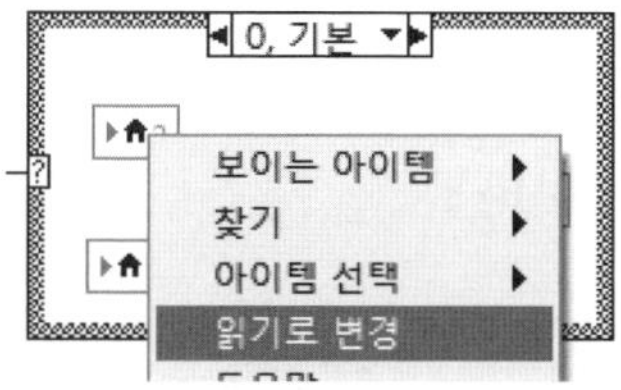

그림 11.26 읽기로 변경 실행

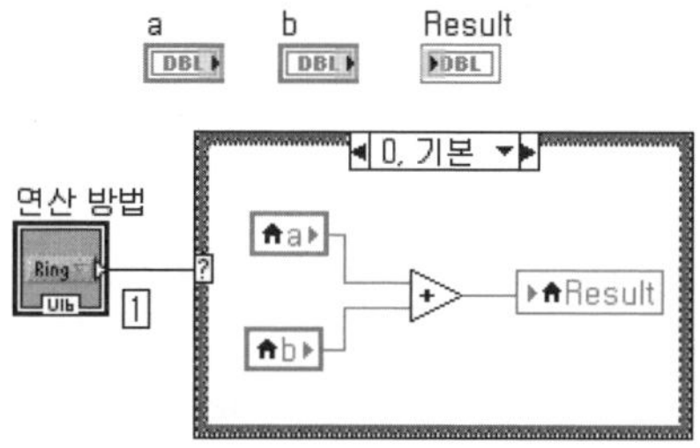

그림 11.27 0 케이스 완성

(9) 1 케이스와 2 케이스에 대해서도 그림 11.18과 같이 작성하면 된다.

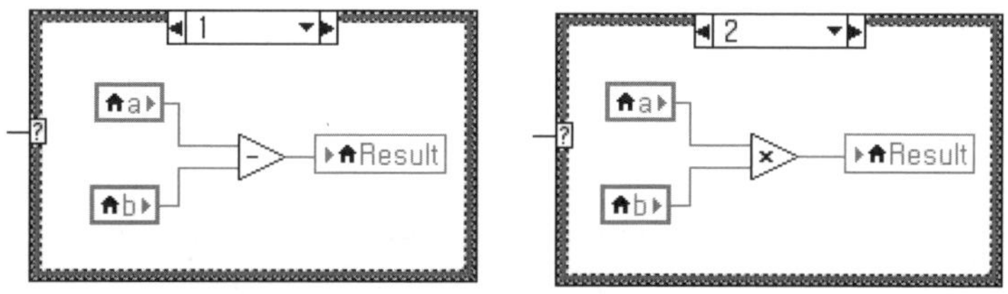

그림 11.28 1 케이스와 2 케이스 프로그래밍

(10) 마지막으로 그림 11.29와 같이 While 루프를 추가한 후, 파일명 '연습11.2.vi'로 저장하라. 프로그램을 실행시킨 상태에서 '연산 방법' 링 메뉴를 클릭해서 변경시켜 보아라. 'Result' 값이 생각한 바와 같이 출력되는지도 확인하라.

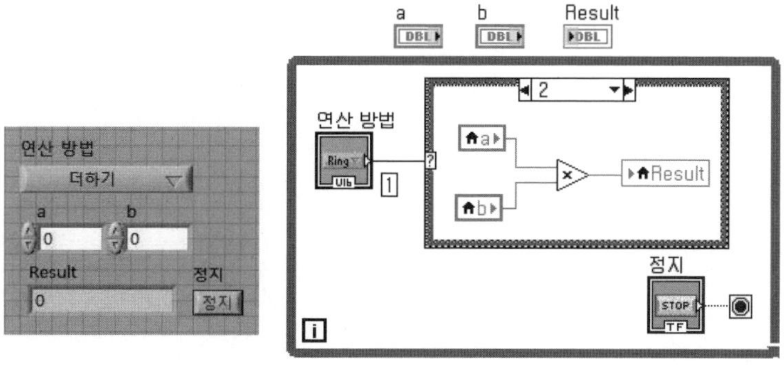

그림 11.29 최종 블록다이어그램

연습문제 11.3

연습문제 11.2를 로컬 변수를 사용하지 않고 작성하라.

(1) 그림 11.30과 같이 숫자형 컨트롤 a와 b, 그리고 숫자형 인디케이터 Result를 케이스 구조 외부에 위치시킨 후, 나머지 프로그램을 완성하라.

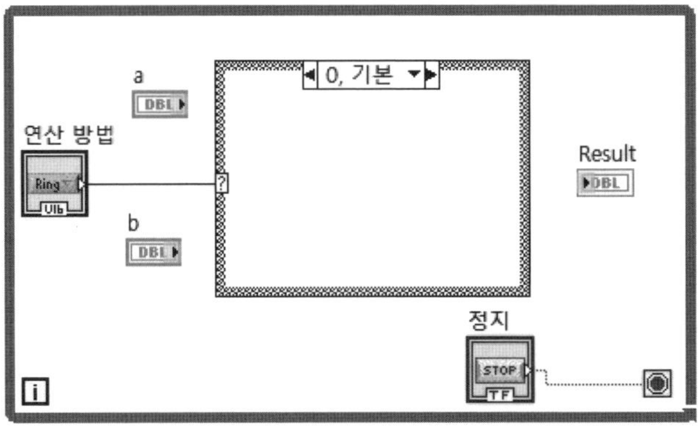

그림 11.30 미완성 블록다이어그램

연습문제 11.4

메뉴 링 컨트롤 대신에 텍스트 링 컨트롤 이용하여 연습문제 11.2를 작성하라.

(1) 그림 11.31처럼 연산 방법 '메뉴 링' 위에서 '마우스 우측버튼 클릭 〉 대체 〉 링 & 열거형 (3*1) 〉 텍스트 링(1*1)'을 실행하라.

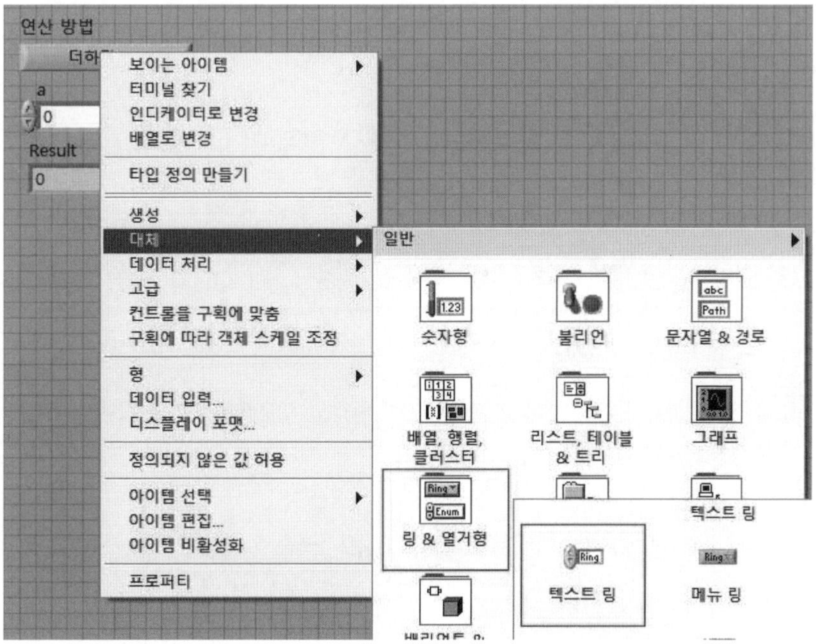

그림 11.31 텍스트 링으로 대체하는 방법

12

예 제

"연예인 김태희와 신민아 중 더 좋아하는 사람은 누구입니까?"라는 질문을 대화 상자를 통해 하고, 둘 중 한 사람을 선택하면, 선택한 사람의 사진이 프런트패널에 나타나게 하라.

학|습|내|용|

1. 사용자 정의 컨트롤
2. 대화상자 & 사용자 인터페이스 함수
3. visible 프로퍼티 노드
4. 시퀀스 구조

(1) 그림 12.1과 같이 프런트패널에 LED를 추가하고 라벨을 '김태희'로 입력한다.

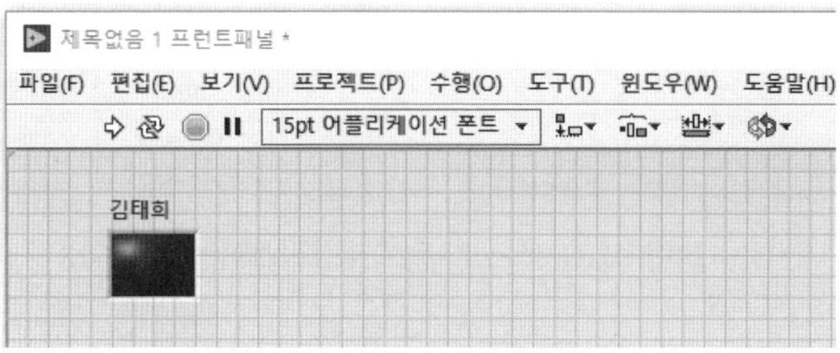

그림 12.1 LED 추가 및 라벨 입력

(2) 그림 12.2와 같이 '김태희' LED 위에서 '마우스 우측버튼 클릭 〉 고급 〉 사용자정의'를 실행하여, 그림 12.3과 같은 컨트롤 편집 창을 연다.

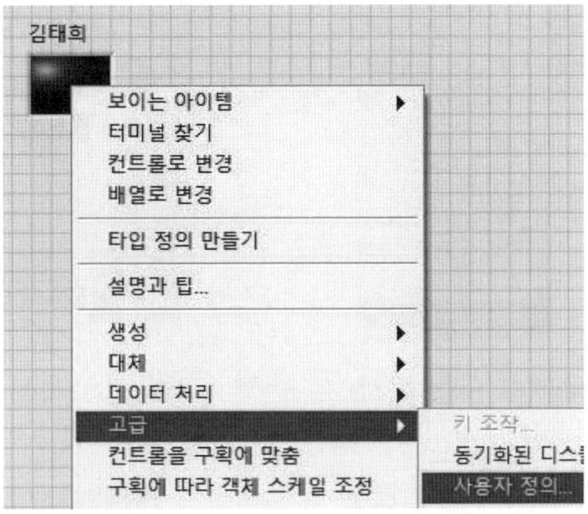

그림 12.2 컨트롤 편집 창 열기

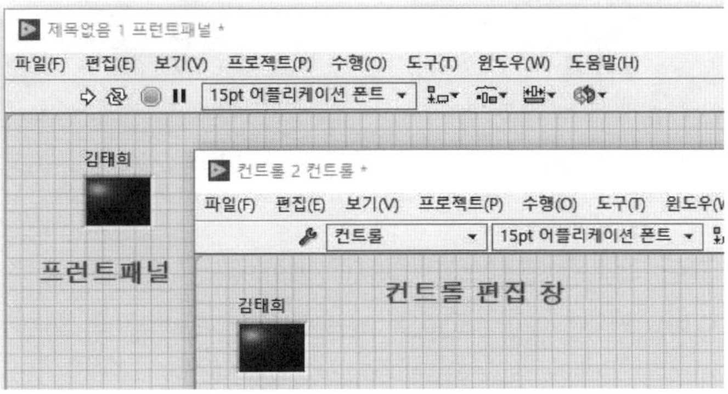

그림 12.3 컨트롤 편집 창

(3) 네이버(www.naver.com)에 인터넷 접속하여, 검색어로 '김태희'를 입력해서 김태희 사진을 찾는다. 그림 12.4와 같이 사진 위에서 '마우스 우측버튼 클릭 〉 복사'를 실행하여 사진을 복사한다. 다음으로, 그림 12.5와 같이 컨트롤 편집 창의 '편집' 메뉴에서 '붙여넣기'를 실행하면, 그림 12.6과 같이 사진이 복사된다. 그림 12.7과 같이 사진을 드래그(이동)해서 LED가 보이지 않도록 이동한다. 사진을 미세하게 이동하기 위해선 사진이 선택된 상태에서 키보드 화살표 버튼을 사용하면 된다.

그림 12.4 김태희 사진 복사

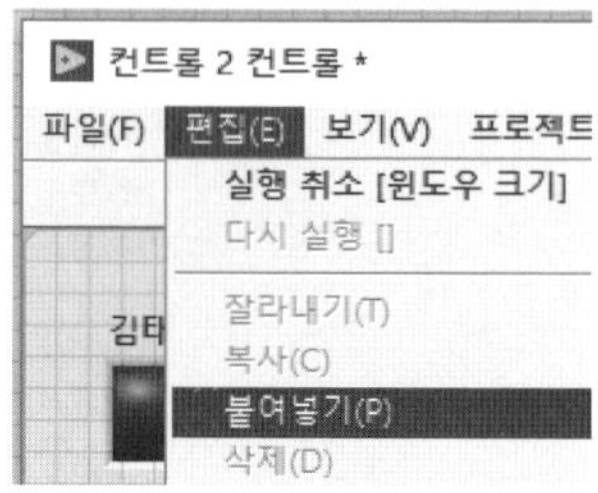

그림 12.5 사진 붙여넣기 실행

그림 12.6 복사된 결과

그림 12.7 사진 이동하기

(4) 그림 12.8과 같이 컨트롤 편집 창의 '파일' 메뉴에서 '저장'을 실행한다. 그리고 그림 12.9와 같은 대화 창에서 파일 이름을 '김태희'라고 입력한 후 확인 버튼을 클릭한다.

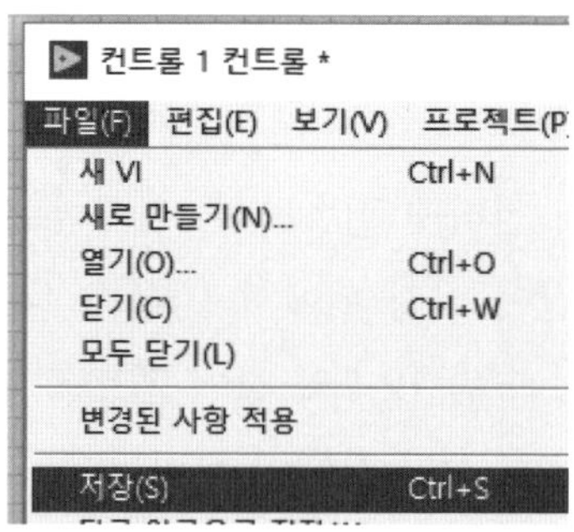

그림 12.8 사용자가 직접 만든 '김태희' 컨트롤 저장

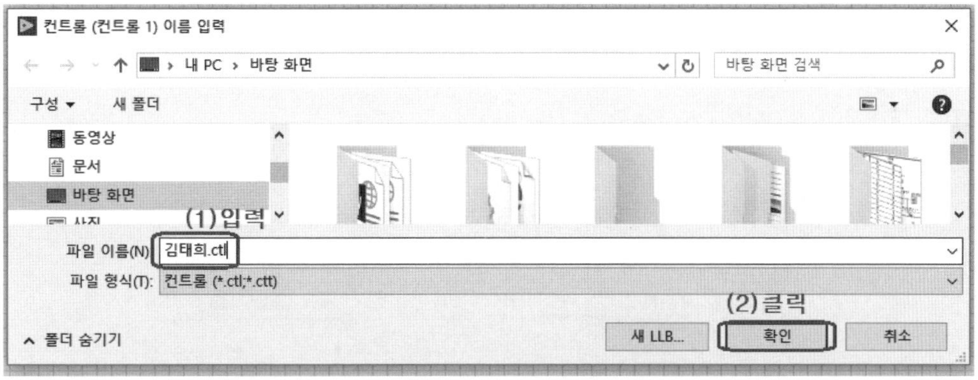

그림 12.9 사용자가 직접 만든 컨트롤 이름 지정

(5) 이제 열려 있는 컨트롤 편집 창과 프런트패널을 닫는다. 닫는 과정에서 그림 12.10과 그림 12.11과 같은 대화 창이 나타나면, ‘아니오’와 ‘저장 안함’ 버튼을 클릭한다. 그러면, 방금 만든 ‘김태희’ 컨트롤은 파일명 ‘김태희.ctl’로 저장되어진다. 나중에 불러와서 사용해야 되니, 그림 12.9에서 저장된 폴더를 기억하길 바란다.

그림 12.10 사용자 정의 컨트롤 대체 여부 묻는 대화창

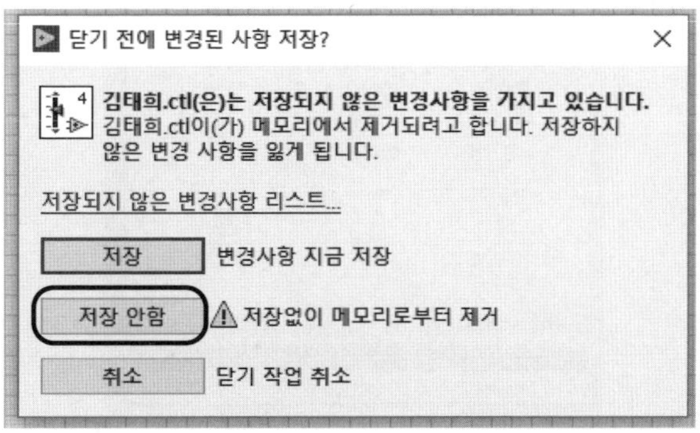

그림 12.11 프런트패널 저장 여부 묻는 대화 창

(6) 새로운 프런트패널을 열고, 그림 12.12와 같이 LED를 추가하고 라벨을 '신민아'로 입력한다. '신민아' LED에 대해서도 (1)~(5)의 과정을 반복해서, 파일명 '신민아.ctl'로 저장한다.

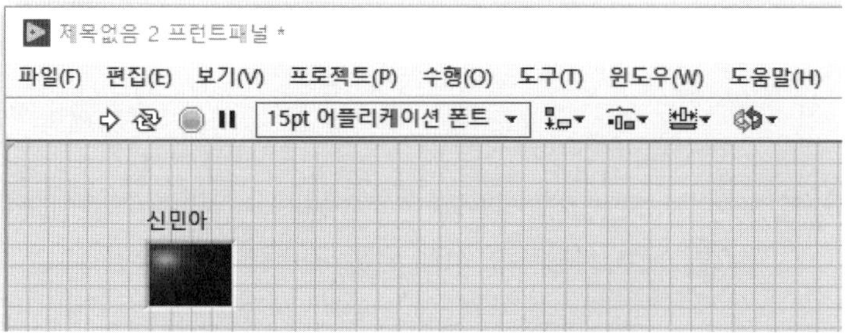

그림 12.12 LED 추가 및 라벨 입력

(7) 새로운 프런트패널에서 그림 12.13과 같이 '컨트롤 〉 일반 〉 컨트롤 선택...'을 실행한 후, 컨트롤 선택...을 클릭한다. 그러면 그림 12.14와 같은 대화창이 나타난다. 대화창에서 '김태희.ctl'을 선택하고 '확인' 버튼을 클릭한 후, 바로 프런트패널 위를 클릭해서 '김태희.ctl'을 추가한다.

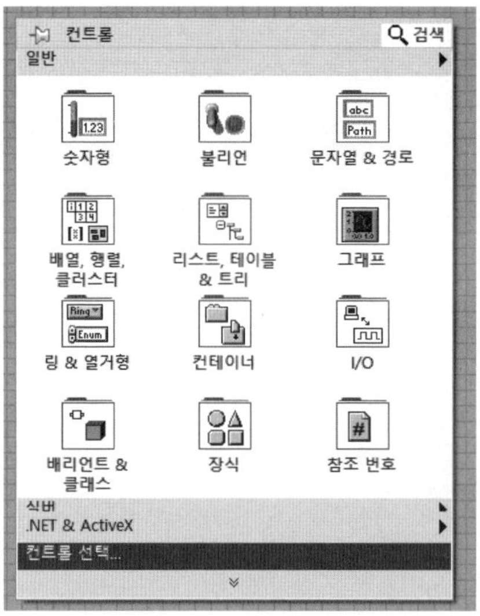

그림 12.13 '컨트롤 선택' 클릭

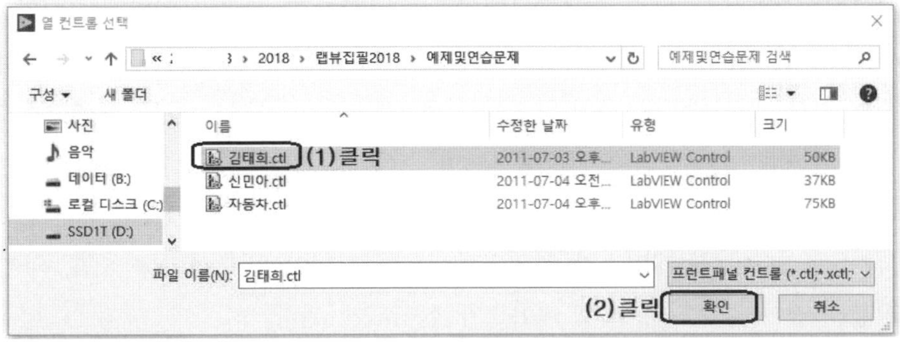

그림 12.14 김태희 컨트롤 불러오는 대화창

(8) '신민아.ctl'도 같은 방식으로 추가한다. 그 결과는 그림 12.15와 같이 된다.

그림 12.15 사용자 정의 김태희 컨트롤과 신민아 컨트롤 추가

(9) 그림 12.15의 프런트패널을 파일명 '예제12.vi'로 저장한다. 그림 12.16과 같이 블록다이어그램에서 신민아 아이콘 위에서 '마우스 우측버튼 클릭 〉 아이콘으로 보기'를 실행해 아이콘의 크기를 작게 만든다. 같은 방식으로 김태희 아이콘의 크기도 줄여라.

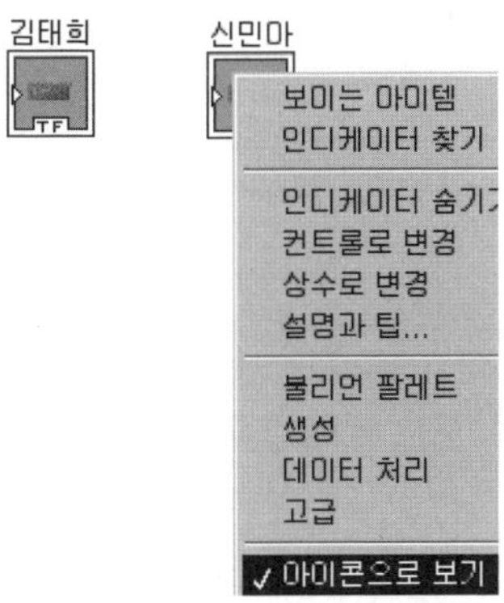

그림 12.16 아이콘 크기 줄이기

(10) 블록다이어그램에서 '함수 〉 프로그래밍 〉 대화상자 & 사용자 인터페이스(3*3) 〉 두 버튼 대화 상자(1*2)'를 실행하여 두 버튼 대화상자를 그림 12.17과 같이 추가한 후, 우측 입력단 세 군데에 문자열 상수들을 추가한다. 또, 케이스 구조도 추가하고 와이어도 연결하라. 프로그램을 실행시켜보면, 그림 12.18과 같은 대화상자가 나타난다. 대화상자에서 '김태희' 버튼을 클릭하면, 블록다이어그램(그림 12.17)의 와이어 1로 진리값 참이 출력되어 참 케이스가 실행되게 된다. '신민아' 버튼을 클릭하면, 와이어 1로 진리값 거짓이 출력되어 거짓 케이스가 실행되게 된다.

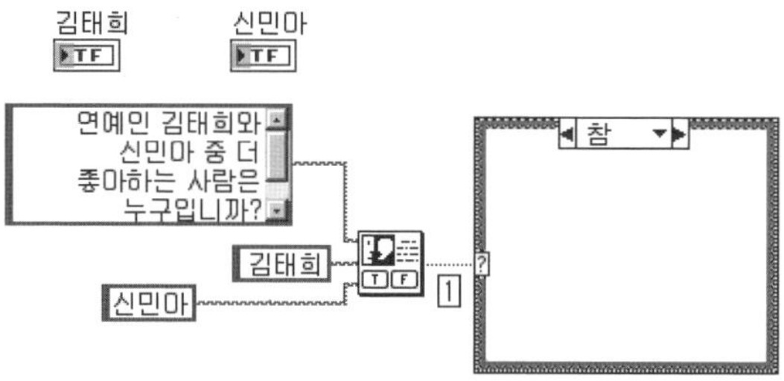

그림 12.17 대화 상자 및 구조 케이스 추가

그림 12.18 대화 상자

(11) 그림 12.19와 같이 블록다이어그램에서 '김태희' 아이콘 위에서 '마우스 우측버튼 클릭 〉 생성 〉 프로퍼티 노드 〉 보이기'를 실행하여 그림 12.20과 같이 추가한다. '신민아' 아이콘에 대해서도 프로퍼티 노드 '보이기'를 추가한다.

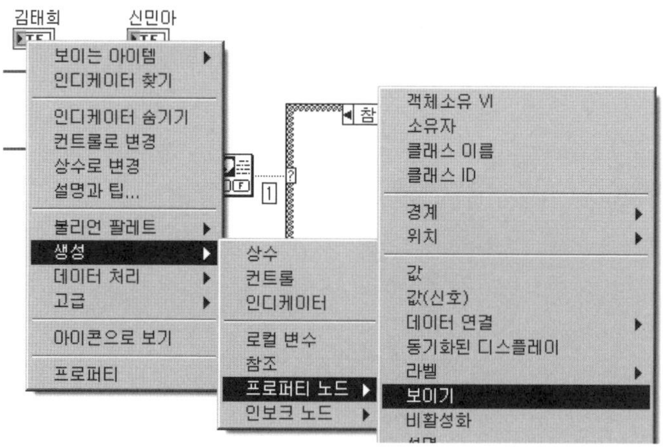

그림 12.19 프로퍼티 노드 '보이기' 추가 방법

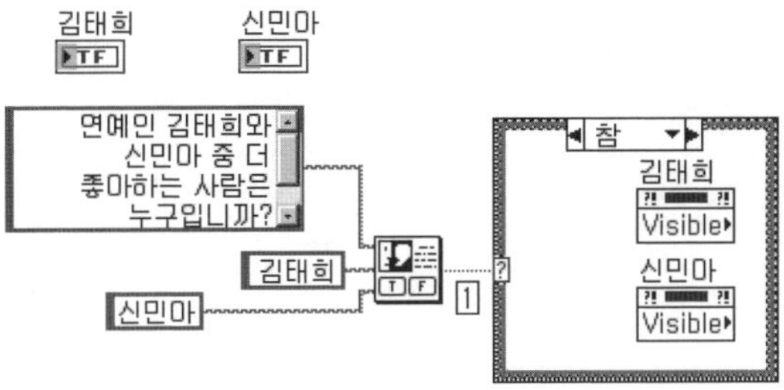

그림 12.20 프로퍼티 노드 '보이기' 추가

(12) 그림 12.21과 같이 '김태희' 프로퍼티 노드 위에서 '마우스 우측버튼 클릭 〉 쓰기로 변경'을 실행한다. '신민아' 프로퍼티 노드 위에서도 '마우스 우측버튼 클릭 〉 쓰기로 변경'을 실행한다. 다음으로, 두 프로퍼티 노드에 진리값 상수를 그림 12.22와 같이 입력한다. 또한, 케이스 구조를 거짓 케이스로 변경한 후 프로퍼티 노드를 추가하고 진리값을 반대로 입력한다. 그림 12.22에서 참 케이스가 실행되면, '김태희' 프로퍼티 노드(보이기)에 참이 입력되므로 프런트패널에 있는 '김태희' 컨트롤은 보이게 되고, '신민아' 프로퍼티 노드(보이기)에 거짓이 입력되므로 프런트패널에 있는 '신민아' 컨트롤은 보이지 않게 된다. 거짓 케이스가 실행되면 반대 경우가 발생한다.

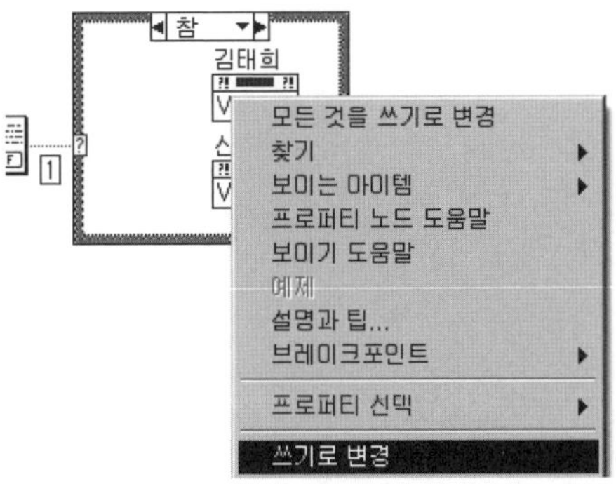

그림 12.21 '쓰기로 변경' 설정

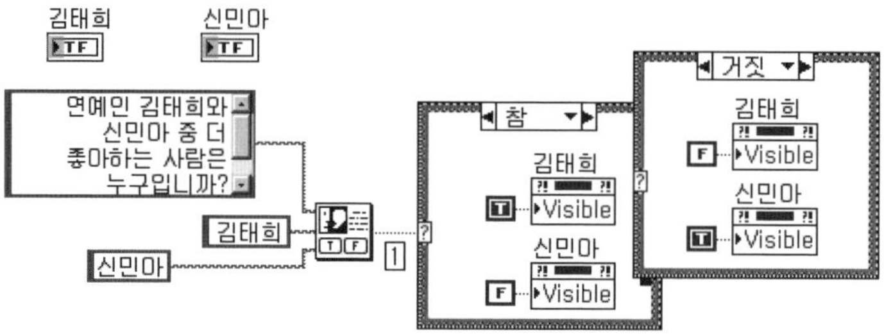

그림 12.22 참 케이스와 거짓 케이스에 프로퍼티 노드 추가

(13) 프로그램을 저장한 후 실행시켜보자. 대화 상자에서 김태희를 선택했다면, 프런트패널에 '김태희' 사진만이 나타날 것이다. 신민아를 선택한 경우도 제대로 작동하는지 확인하라.

연습문제 12.1

예제 12에서 프로그램을 실행하면 김태희와 신민아 사진 중 하나만 프런트패널에 나타나 있는데, 프로그램 처음 실행 시 두 사진 모두 다 나타나도록 프로그램을 수정하라.

(1) 파일 '예제12.vi'을 파일명 '연습12.1.vi'로 저장한 후 연다.

(2) 블록다이어그램에서 그림 12.23과 같이 '함수 〉 프로그래밍 〉 구조(1*1) 〉 플랫 시퀀스 구조(3*1)'을 실행하여, 그림 12.24(좌)와 같이 좌상단에서 우하단 방향으로 드래그하여 플랫 시퀀스 구조를 그림 12.24(우)와 같이 추가한다.

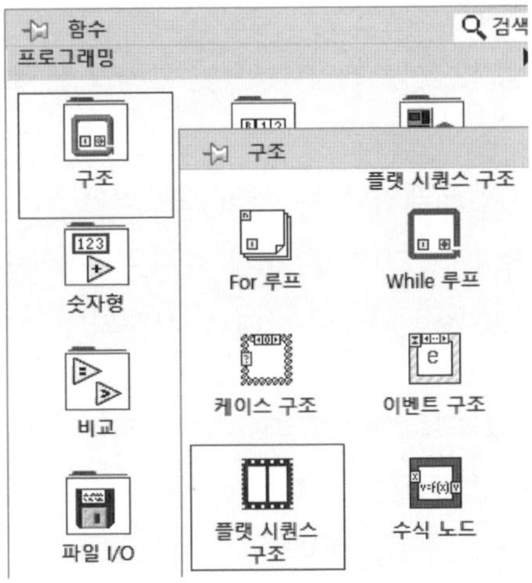

그림 12.23 플랫 시퀀스 구조 추가 방법

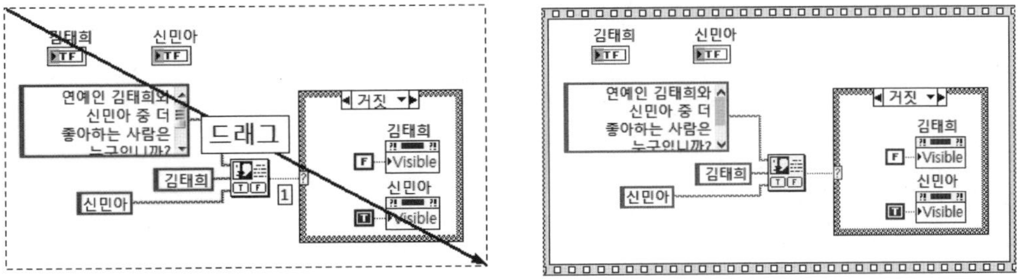

그림 12.24 플랫 시퀀스 구조 추가

(3) 그림 12.25(좌)와 같이 플랫 시퀀스 구조의 좌측 수직 경계에서 '마우스 우측버튼 클릭 〉 이전에 프레임 추가'를 실행한다. 그림 12.25(우)와 같이 프레임을 드래그해서 프레임 폭을 크게 한다.

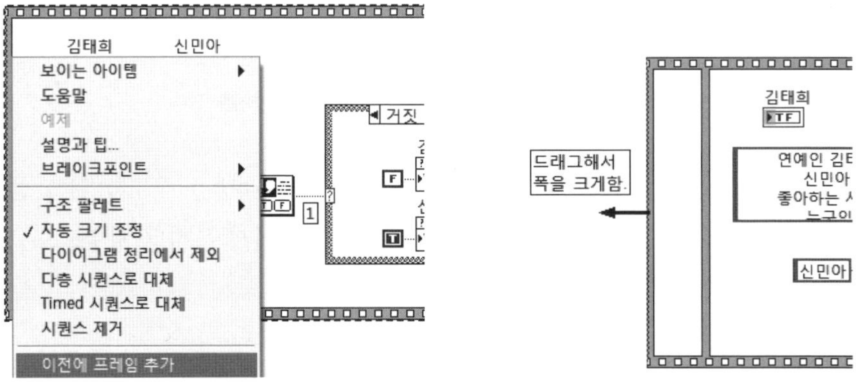

그림 12.25 프레임 추가 및 프레임 폭 확대

(4) 그림 12.26과 같이 첫 번째 프레임에 두 개의 프로퍼티 노드를 추가한 후 적당한 진리값 상수를 연결하면 된다. 참고로, 그림 12.26과 같이 두 개의 프레임을 가진 시퀀스 구조는 두 개의 프레임이 좌측 프레임부터 순서대로 실행되게 하는 역할을 한다.

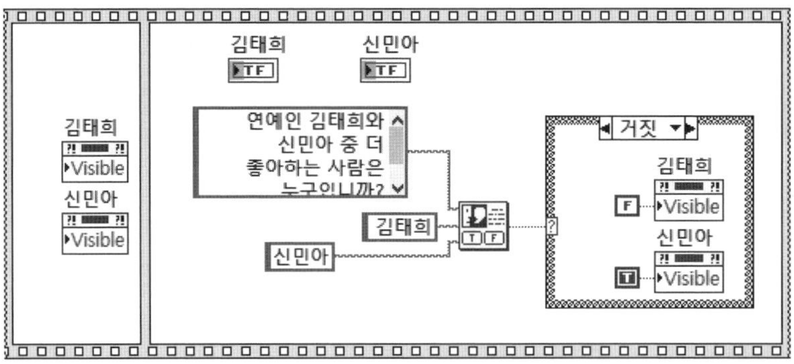

그림 12.26 미완성 블록다이어그램

연습문제 12.2

좋아하는 유명인 4명 A, B, C, D에 대한 사용자 정의 컨트롤을 만들고, 이들 4명 중 누구를 좋아하는지 질문해서 최종 승자 사진만 프런트패널에 나타나게 하는 프로그램을 작성하라. 단, 먼저 A와 B 중 한 명을 선택하게하고, 다음으로 C와 D 중 한 명을 선택하게 하고, 마지막으로 앞의 두 질문에서 이긴 두 승자 중 한 명을 선택하게 하라.

(1) 그림 12.27과 같이 5개의 프레임으로 구성된 시퀀스 구조를 만들고, 첫 번째 프레임에서는 4명 모두 보이게 하고, 두 번째 프레임에서는 A와 B 중 한 명을 선택하는 프로그램을 작성하고, 세 번째 프레임에서는 C와 D 중 한 명을 선택하는 프로그램을 작성하라.

(2) 그림 12.27의 네 번째 프레임에서 최종 승자를 선택하는 프로그램을 작성하라.

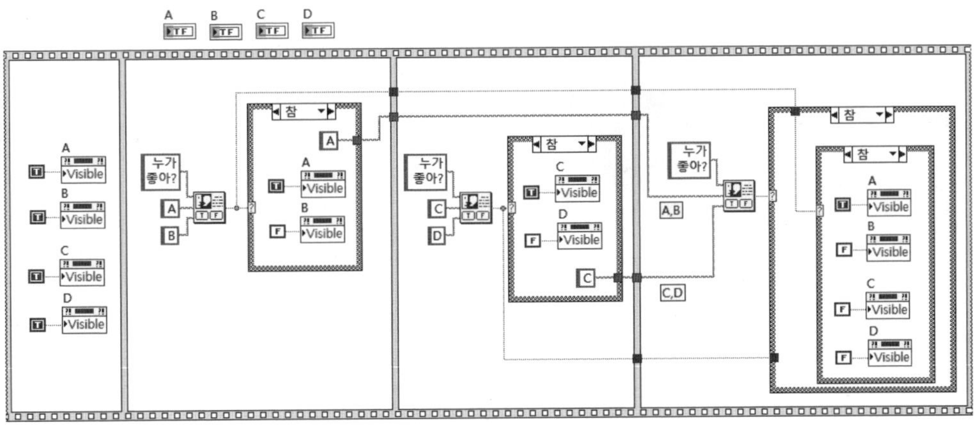

그림 12.27 최종 완성된 블록다이어그램

13 예제

수직 토글 스위치 2개와 LED 1개를 만들고, 이들 스위치의 on/off에 의해 LED의 위치와 크기가 변경되게 하는 프로그램을 작성하라.

학|습|내|용|

1. 다양한 프로퍼티 노드
2. 프로퍼티 노드 활용

(1) 그림 13.1과 같이 프런트패널에 수직 토글 스위치 2개와 LED 1개를 추가하라.

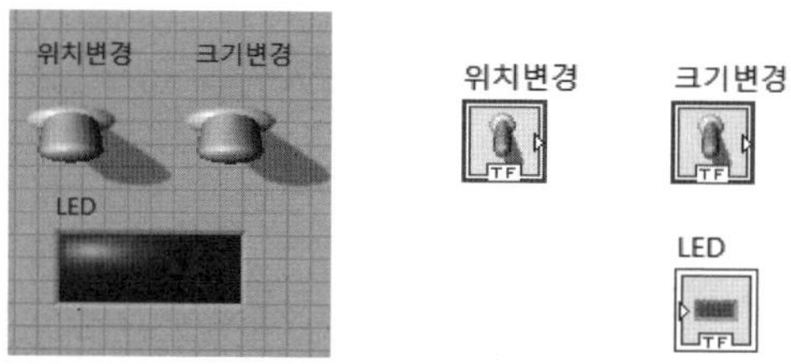

그림 13.1 프런트패널과 블록다이어그램

(2) 블록다이어그램에 있는 아이콘 위에서 그림 13.2와 같이 '마우스 우측버튼 클릭 〉 아이콘으로 보기'를 실행하여 아이콘 사이즈를 줄여라.

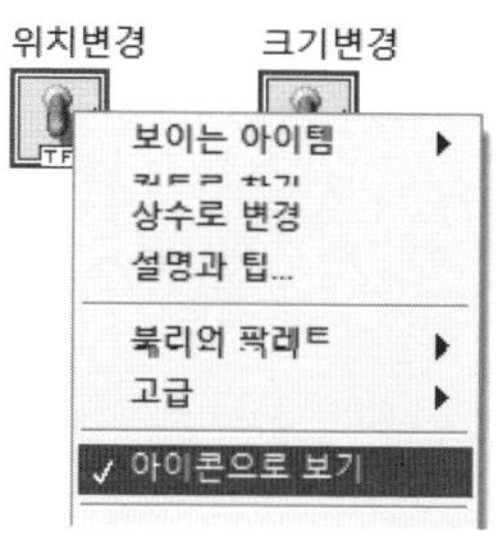

그림 13.2 아이콘 사이즈 줄이기

(3) 그림 13.3과 같이 'LED' 아이콘 위에서 '마우스 우측버튼 클릭 〉 생성 〉 프로퍼티 노드 〉 위치 〉 모든 원소'를 실행하여 'Position' 프로퍼티 노드를 추가하라. 그림 13.4와 같이 'Position' 프로퍼티 노드 위에서 '마우스 우측버튼 클릭 〉 모든 것을 쓰기로 변경'을 실행하라. 그러면 그림 13.5와 같이 된다.

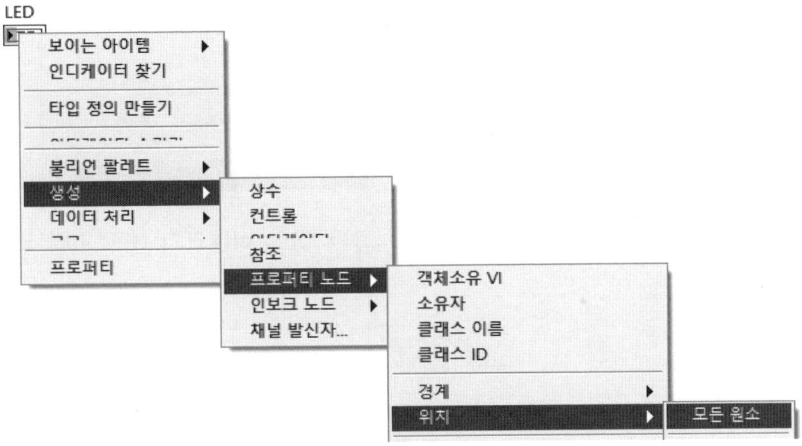

그림 13.3 'Position' 프로퍼티 노드 추가 방법

그림 13.4 쓰기로 변경 실행

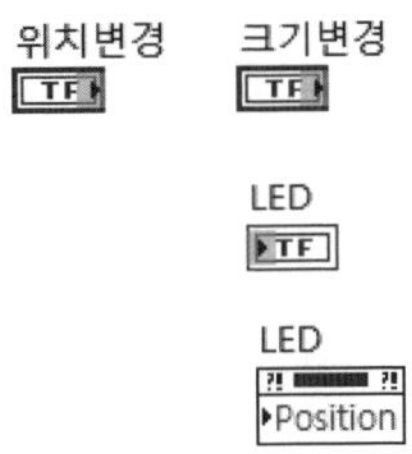

그림 13.5 'Position' 프로퍼티 노드 추가

(4) 키보드의 Ctrl 버튼을 누른 상태에서 'Position' 프로퍼티 노드를 마우스로 드래그해서 그림 13.6과 같이 하나 더 복사하라. 그림 13.7과 같이 마우스로 클릭하여 '버튼 크기 〉 모든 원소'를 실행하여 'Btn Size' 프로퍼티 노드로 변경하라. 그러면 그림 13.8과 같이 된다.

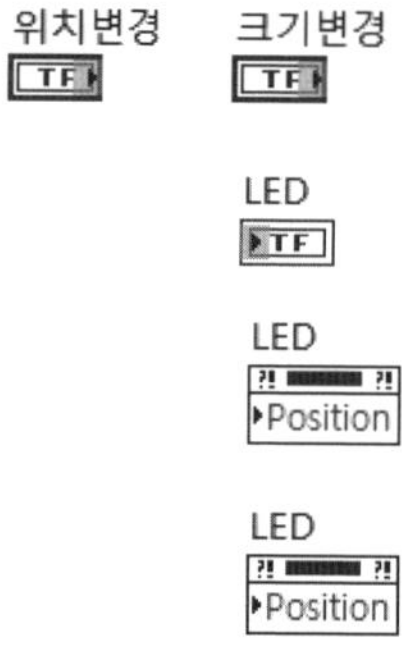

그림 13.6 프로퍼티 노드 복사

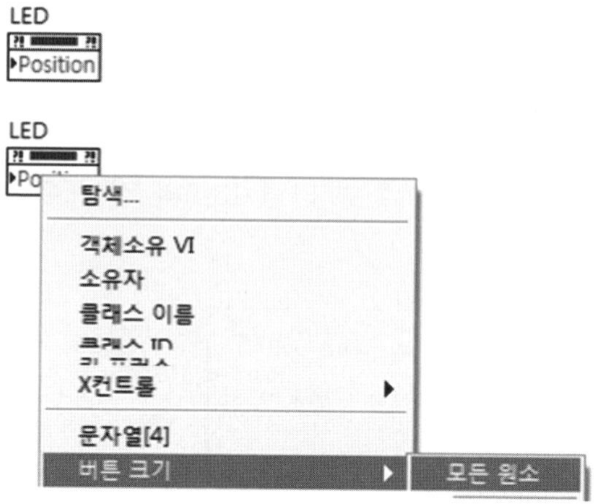

그림 13.7 '버튼크기' 프로퍼티 노드 설정

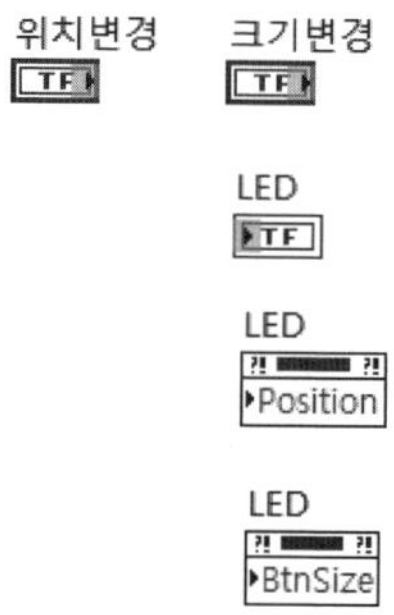

그림 13.8 'Btn Size' 프로퍼티 노드 추가

(5) 이제 그림 13.9와 같이 케이스 구조를 추가하고 아이콘들을 재배치하라.

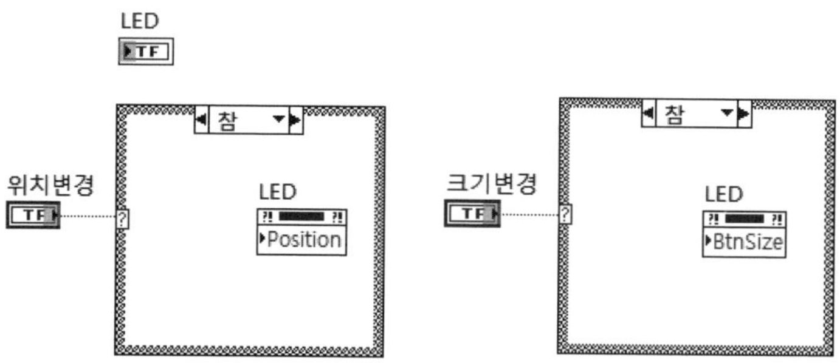

그림 13.9 케이스 구조 추가 및 아이콘 재배치

(6) 참 케이스 내부에 있는 'Position'과 'Btn Size' 프로퍼티 노드의 좌측 입력단에서 '마우스 우측버튼 클릭 > 생성 > 상수'를 실행한 후, 그림 13.10과 같이 상수값을 입력하라. 입력된 상수 값의 단위는 픽셀이며, 현재 사용되고 있는 모니터의 화면 해상도와 같은 단위이다. 일반적으로 모니터의 가로 폭은 1920픽셀, 세로 폭은 1080픽셀이다.

(7) 그림 13.10과 같이 'Position' 프로퍼티 노드로 (300, 200)이 입력될 경우, LED의 위치는 그림 13.11과 같이 결정된다. 프런트패널에 있는 LED의 기준점은 그림 13.11.과 같이 라벨 LED의 좌측 상단이다. 프런트패널의 좌측 상단에 있는 작은 원(◈)으로 표시된 위치가 원점 (0,0)이 된다.

(8) 그림 13.10과 같이 'Btn Size' 프로퍼티 노드로 (60, 40)이 입력될 경우, LED의 크기는 그림 13.11과 같이 결정된다.

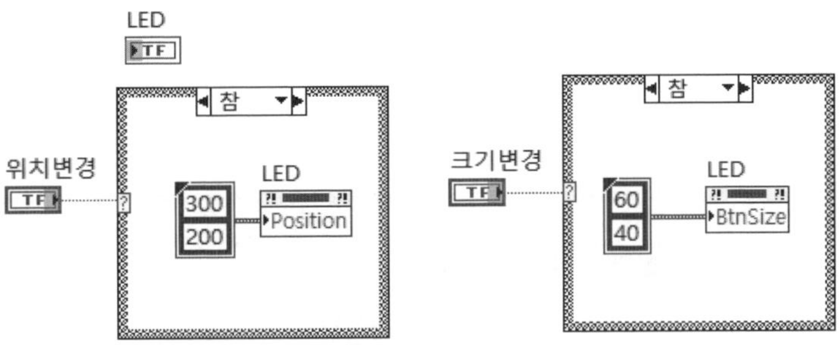

그림 13.10 프로퍼티 노드 상수값 입력

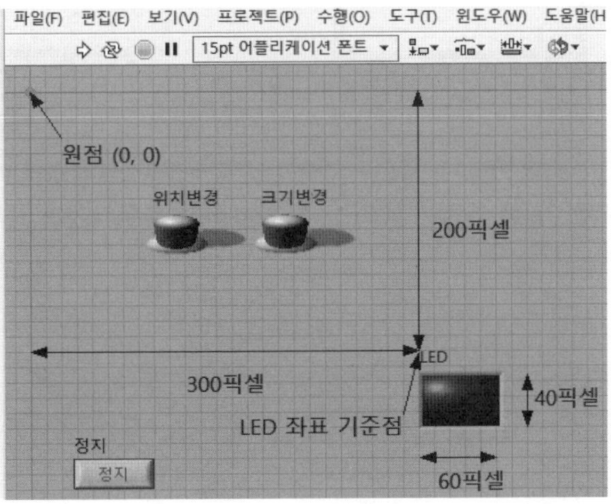

그림 13.11 '위치' 및 '버튼 크기' 프로퍼티 노드 입력 값들의 의미

(9) 그림 13.12와 같이 거짓 케이스 두 곳을 프로그래밍하라.

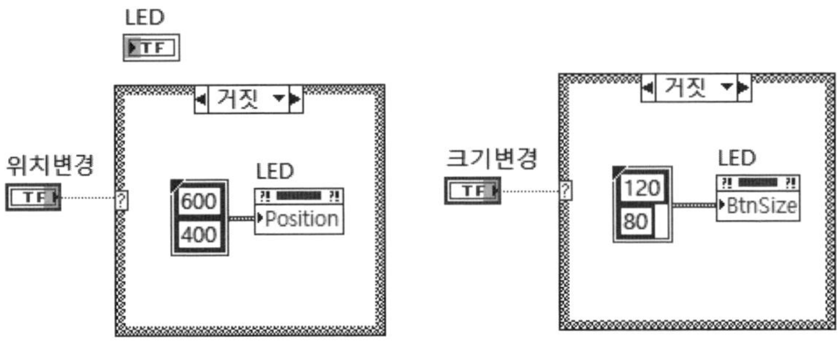

그림 13.12 거짓 케이스 프로그래밍

(10) 마지막으로 그림 13.13과 같이 While 루프를 추가한 후 파일명 '예제13.vi'로 저장하라. 프로그램을 실행 시켜서 본인이 예상한 바와 같이 동작하는지 확인하라.

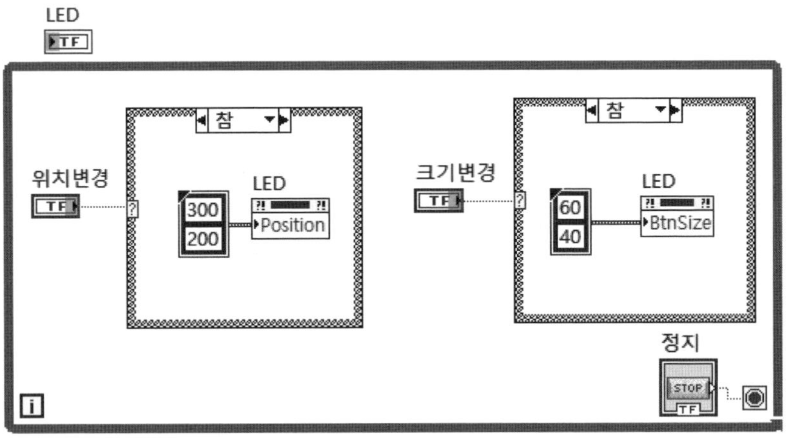

그림 13.13 While 루프가 추가된 최종 블록다이어그램

연습문제 13.1

프로퍼티 노드를 이용하여, 토글 스위치로 LED를 켜거나 끌 수 있는 프로그램을 작성하라.

(1) 그림 13.14와 같이 블록다이어그램과 프런트패널을 작성하라.

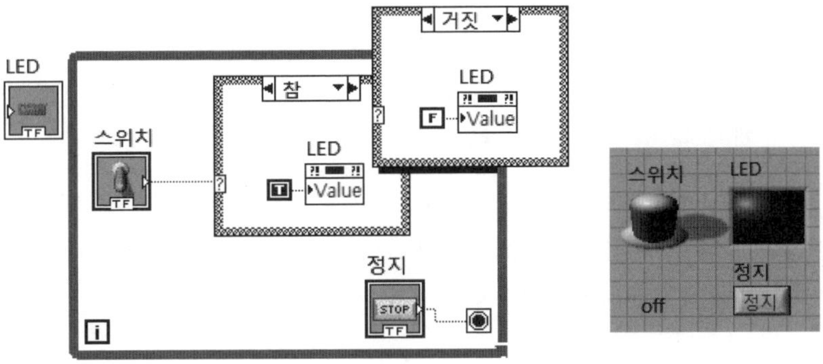

그림 13.14 최종 프로그램

(2) 참 케이스 내부에 들어 있는 LED의 'Value' 프로퍼티 노드를 생성하기 위해선, 블록다이어그램의 'LED' 아이콘 위에서 '마우스 우측버튼 클릭 〉 생성 〉 프로퍼티 노드 〉 값'을 실행하면 된다.

연습문제 13.2

프로퍼티 노드를 이용하여, 토글 스위치를 켜면 차트의 Y축 라벨이 '온도'로 나타나게 하고, 토글 스위치를 끄면 Y축 라벨이 '습도'로 나타나게 하라.

(1) 그림 13.15와 같은 블록다이어그램과 프런트패널을 작성하라.

(2) 케이스 구조 안에 있는 'YScale.NameLbl.Text' 프로퍼티 노드를 생성하기 위해선, 블록다이어그램의 웨이브폼 차트 아이콘 위에서 '마우스 우측버튼 클릭 〉 생성 〉 프로퍼티 노드 〉 Y 스케일 〉 이름 라벨 〉 텍스트'를 실행하라.

(3) 파일명 '연습13.2.vi'로 저장하고 프로그램을 실행했을 때, 스위치의 on/off 상태에 따라 차트의 Y축 라벨 값이 어떻게 바뀌는지 확인하라.

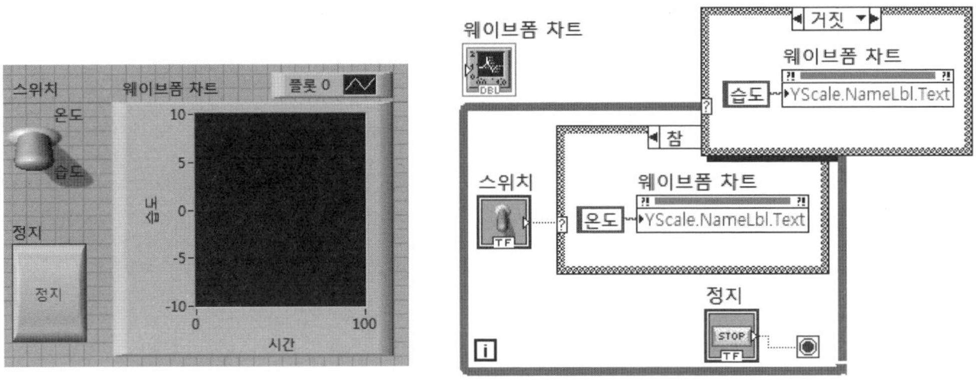

그림 13.15 프런트패널과 블록다이어그램

14

예 제

프런트패널에 있는 버튼 두 개로 사용자 정의 자동차 컨트롤을 좌우로 움직이게 하는 프로그램을 작성하라.

학|습|내|용|

1. 이벤트 케이스 구조
2. 프런트패널 좌표계
3. 키보드에 반응하는 이벤트 케이스

(1) 그림 14.1과 같이 '마우스 우측버튼 클릭 〉 일반 〉 불리언(1*2) 〉 확인 버튼(4*1)'을 실행하여 그림 14.2와 같이 두 개의 확인 버튼을 추가한 후, 라벨을 '좌측'과 '우측'으로 수정하라.

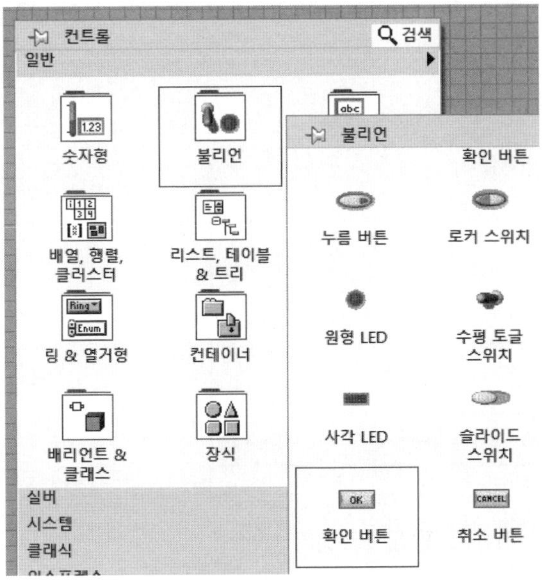

그림 14.1 확인 버튼 추가

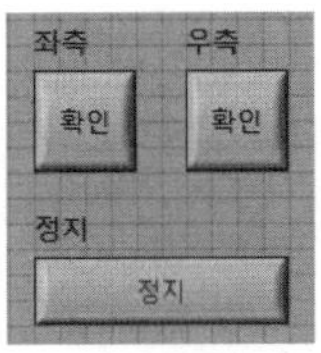

그림 14.2 버튼 3개 추가

(2) 그림 14.3과 같이 블록다이어그램에서 '함수 > 프로그래밍 > 구조(1*1) > 이벤트 구조(2*2)'를 실행하여 이벤트 구조를 그림 14.4와 같이 추가하라.

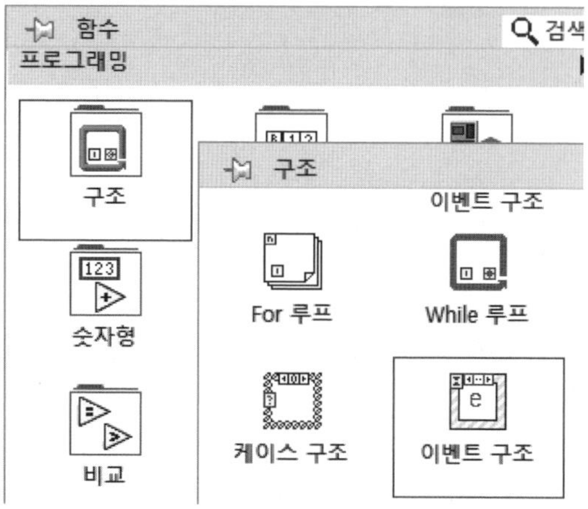

그림 14.3 이벤트 구조 추가 방법

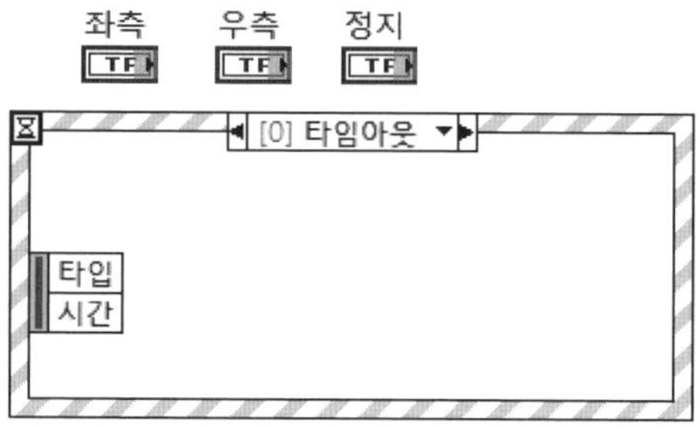

그림 14.4 이벤트 구조 추가

(3) 그림 14.5와 같이 이벤트 구조의 선택자 라벨('타임아웃') 위에서 '마우스 우측버튼 클릭 > 이 케이스에 의해 핸들되는 이벤트 편집'을 실행해서 그림 14.6과 같은 편집 창을 연다.

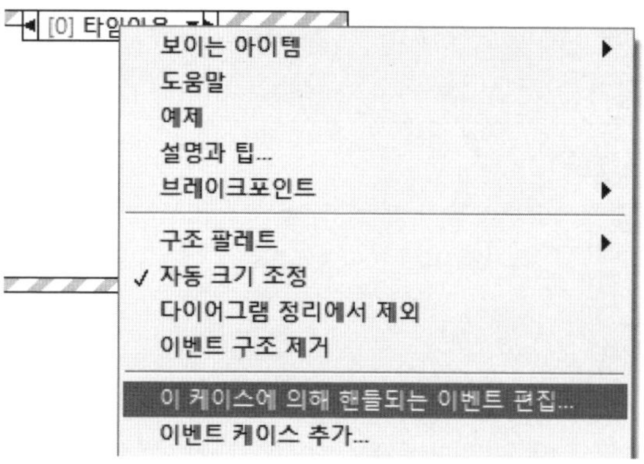

그림 14.5 이벤트 편집 창 열기

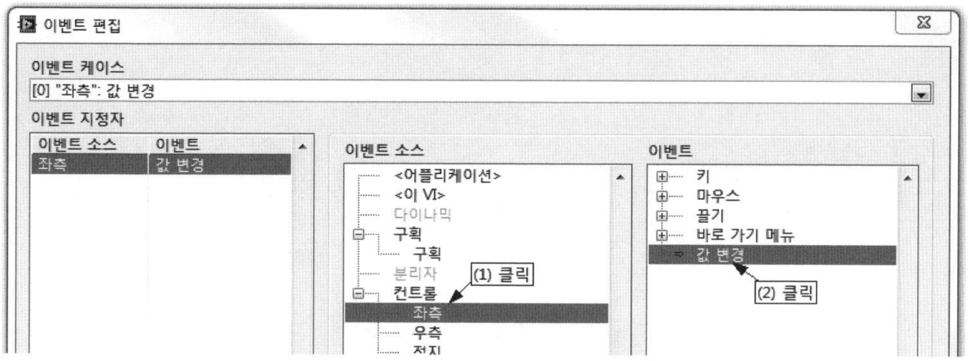

그림 14.6 '좌측' 버튼에 대한 이벤트 편집 창 설정 방법

(4) 그림 14.6과 같은 순서로 두 번 클릭한 후 '확인' 버튼을 클릭한다. 그러면 이벤트 구조가 그림 14.7과 같이 변경되었음을 확인 할 수 있다. 현재의 케이스는 '좌측' 버튼이 클릭되어 '값 변경'이 발생하면 실행되는 케이스이다. 프런트패널의 버튼이 클릭되면 진리값이 거짓에서 참으로 변경(값 변경)되어 출력된다는 사실을 이미 알고 있을 것이다.

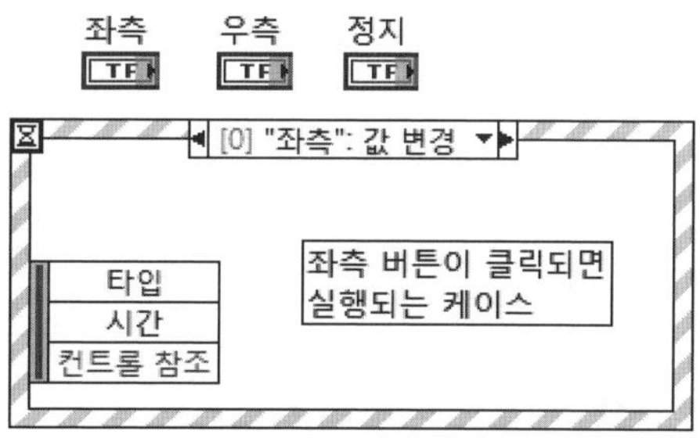

그림 14.7 좌측 버튼 클릭 시 실행되는 케이스 0 설정 완료

(5) '우측' 버튼 클릭 시 실행되는 케이스를 만들기 위해, 그림 14.8과 같이 선택자 라벨 위에서 '마우스 우측버튼 클릭 〉 이벤트 케이스 추가'를 실행한다. 그러면 그림 14.9와 같은 편집창이 열릴 것이다.

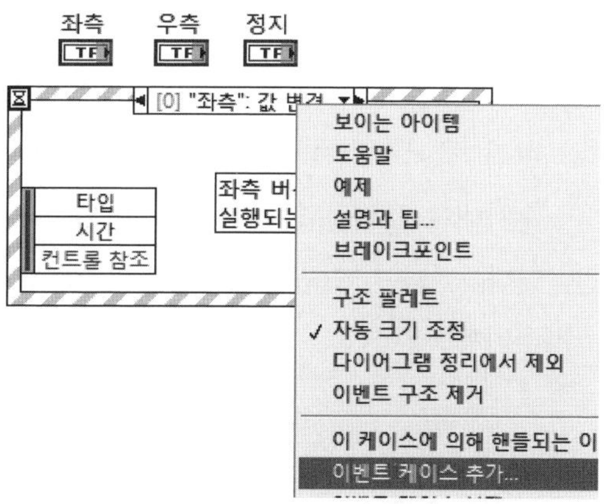

그림 14.8 이벤트 케이스 추가

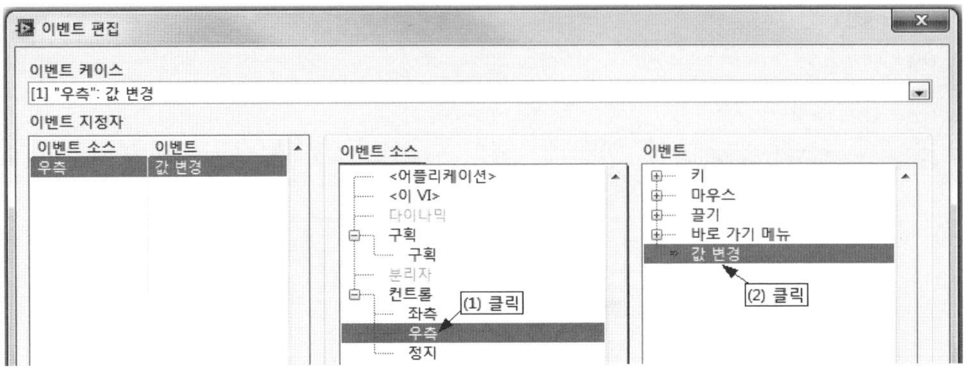

그림 14.9 '우측' 버튼에 대한 이벤트 편집 창 설정 방법

(6) 그림 14.9와 같은 순서로 클릭한 후 '확인' 버튼을 클릭하면 그림 14.10과 같은 케이스가 추가되었음을 확인할 수 있다. 방금 추가된 케이스는 '우측' 버튼이 클릭되면 실행되는 케이스이다.

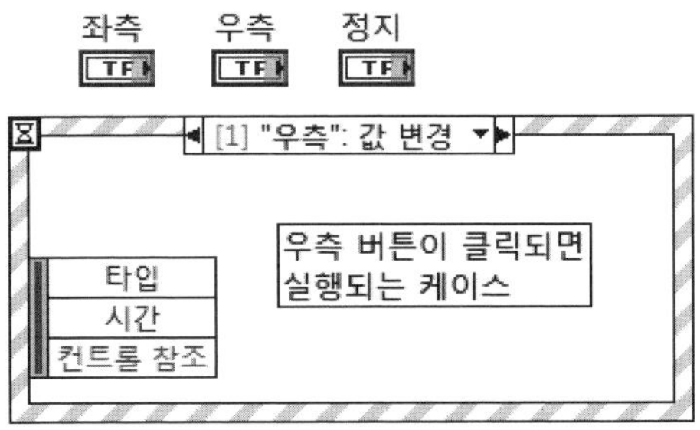

그림 14.10 우측 버튼 클릭 시 실행되는 케이스 1 설정 완료

(7) 그림 14.11과 같은 방식으로 케이스 하나를 더 추가한다. 그러면 그림 14.12와 같은 편집 창이 열린다. 편집 창에서 설명된 순서대로 클릭을 한 후 '확인' 버튼을 클릭한다. 그러면, 그림 14.13과 같은 케이스가 추가될 것이다.

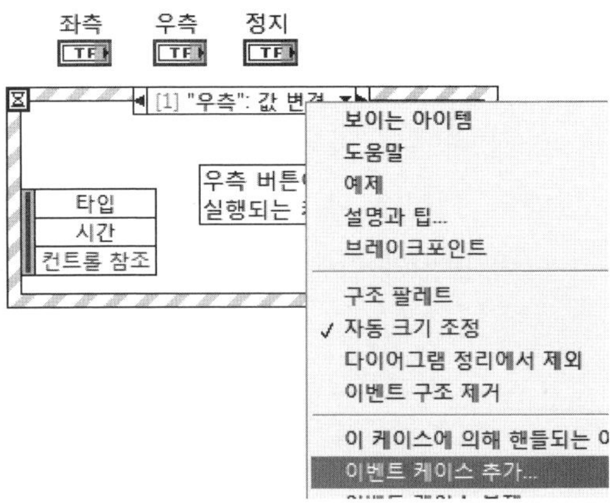

그림 14.11 이벤트 케이스 추가

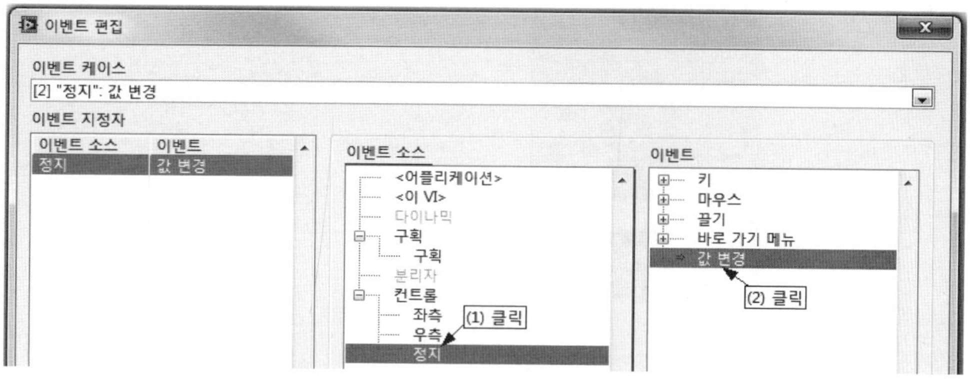

그림 14.12 이벤트 편집 창 설정 방법(정지 버튼)

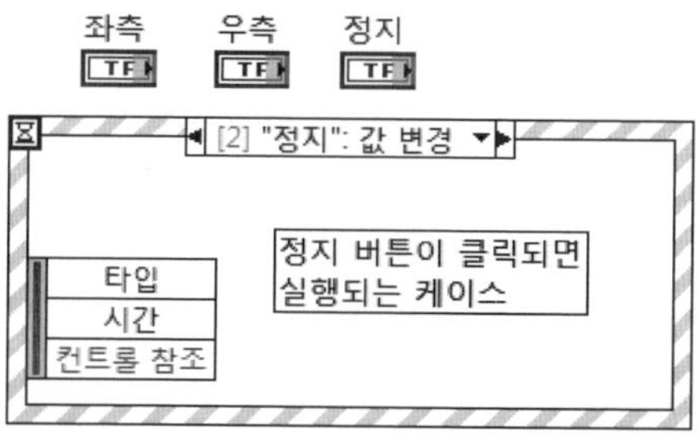

그림 14.13 정지 버튼 클릭 시 실행되는 케이스 2 설정 완료

(8) 그림 14.14와 같이 '컨트롤 〉 컨트롤 선택...'을 실행하여 프런트패널에 교재 CD에 있는 '자동차.ctl'을 그림 14.15와 같이 추가한다. 만약 교재 CD가 없는 경우, LED를 프런트패널에 추가한 후 라벨을 '자동차'로 수정한 후 예제 12와 같은 방식으로 자동차.ctl을 직접 만들어라.

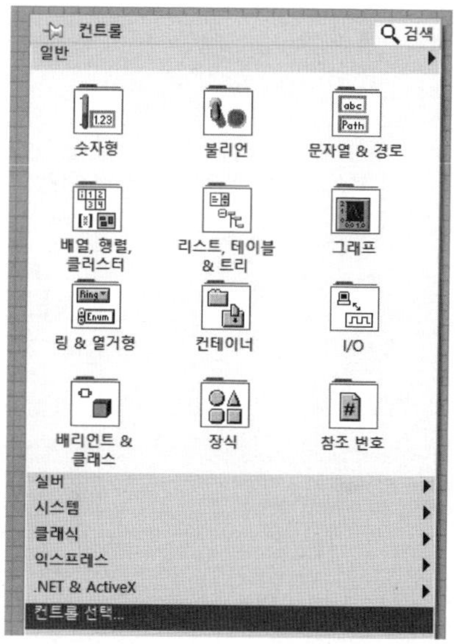

그림 14.14 '자동차.ctl' 추가 방법

그림 14.15 '자동차.ctl' 추가

(9) 그림 14.16과 같이 '자동차' 아이콘 위에서 '마우스 우측버튼 클릭 > 생성 > 프로퍼티노드 > 위치 > 왼쪽'을 실행한 후, 그림 14.17과 같이 'Left' 프로퍼티 노드를 케이스 0에 추가하라.

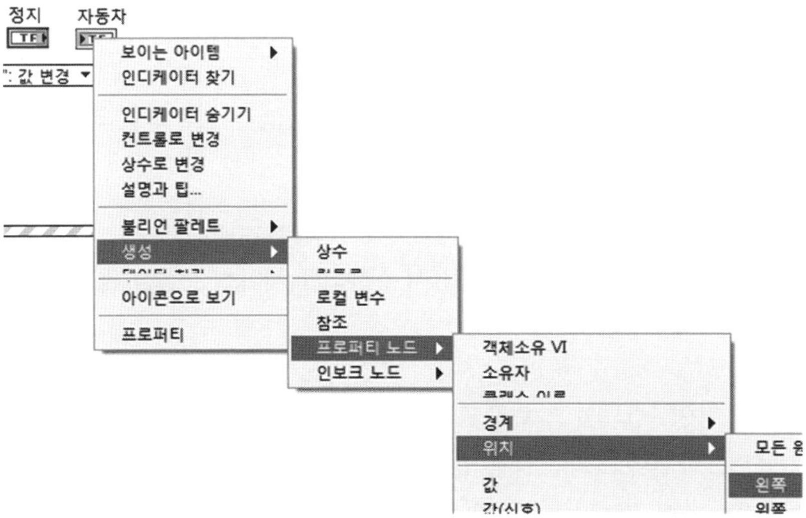

그림 14.16 자동차의 'Left' 프로퍼티 노드 생성 방법

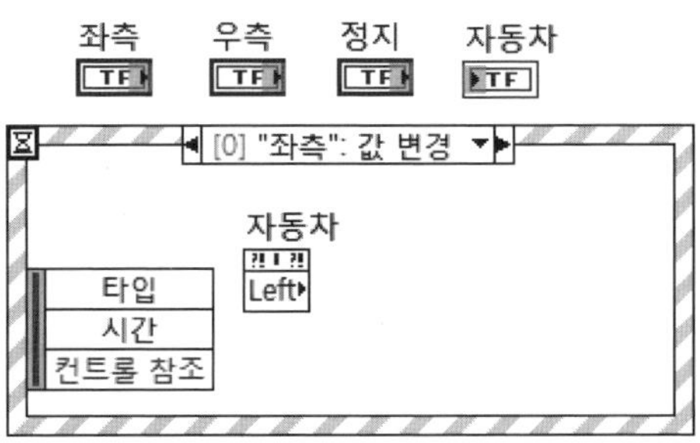

그림 14.17 케이스 0에 'Left' 프로퍼티 노드 추가

(10) 그림 14.17에 있는 자동차의 'Left' 프로퍼티 노드의 우측 출력단으로는 그림 14.18과 같이 자동차의 수평 좌표 값이 출력된다. 그림 14.18과 같은 경우에는 300이 출력될 것이다. 본 프로그램에서는 현재 수평 좌표 값에서 100픽셀을 뺀 값을 새로운 수평 좌표 값으로 부여하는 프로그램을 그림 14.19와 같이 작성하려고 한다. 구체적인 작성 과정은 그림 14.20에서 설명된다.

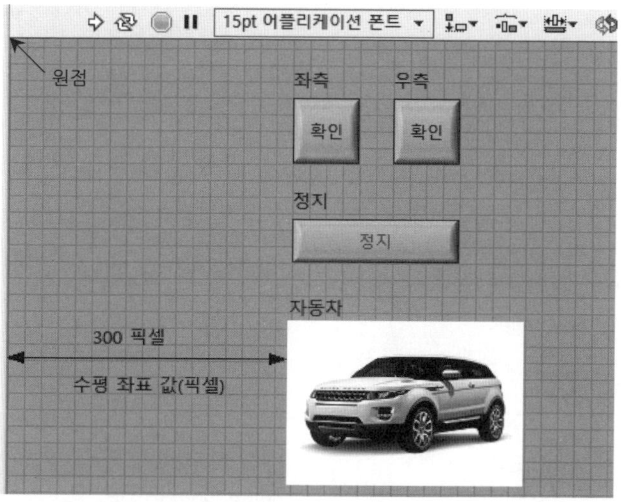

그림 14.18 'Left' 프로퍼티 노드의 출력 값 의미

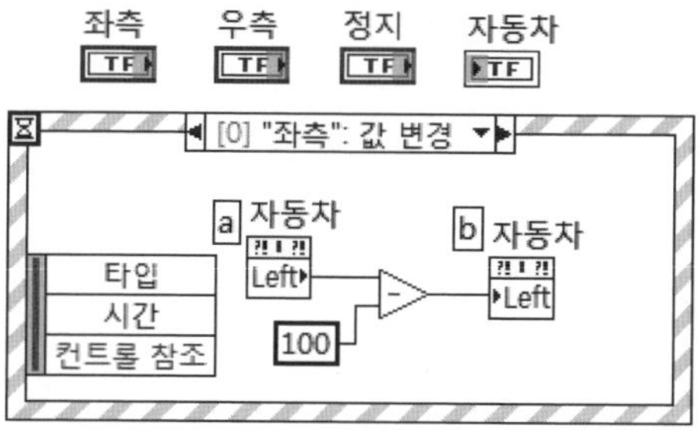

그림 14.19 자동차를 왼쪽으로 100픽셀 이동시키는 프로그램

(11) 그림 14.19의 케이스 0에 있는 프로퍼티 노드 a를 b의 형태로 변경하기 위해선, 그림 14.20과 같이 a를 하나 더 복사(키보드의 Ctrl 버튼을 누른 상태에서 마우스로 a를 드래그)한 후, b 위에서 '마우스 우측버튼 클릭 〉 모든 것을 쓰기로 변경'을 수행하면 된다.

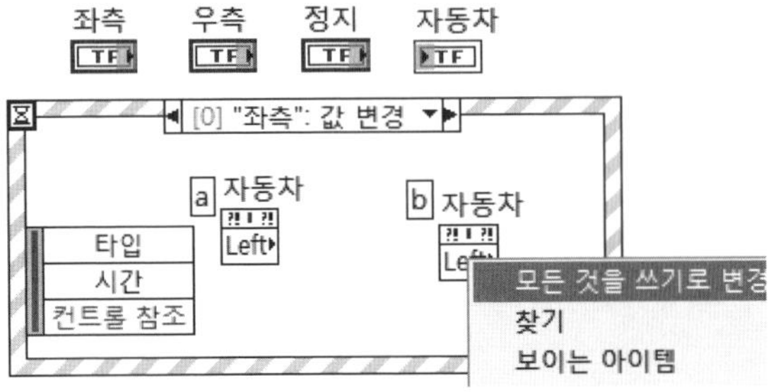

그림 14.20 읽기용 프로퍼티 노드를 쓰기용으로 변경

(12) 케이스 1에서는 자동차가 100픽셀씩 우측으로 이동하는 프로그램을 작성하기 위해, 그림 14.21과 같이 케이스 0 내부 프로그램을 선택한 후, 키보드의 Ctrl 버튼을 누른 상태에서 드래그해서 복사한다. 그러면 그림 14.22와 같이 된다.

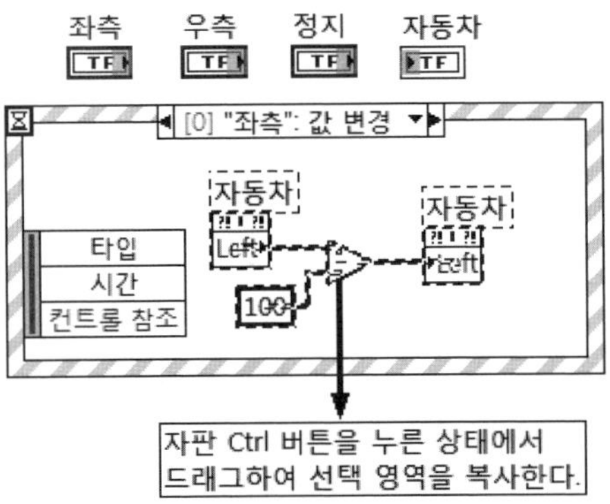

그림 14.21 선택 영역 복사 방법

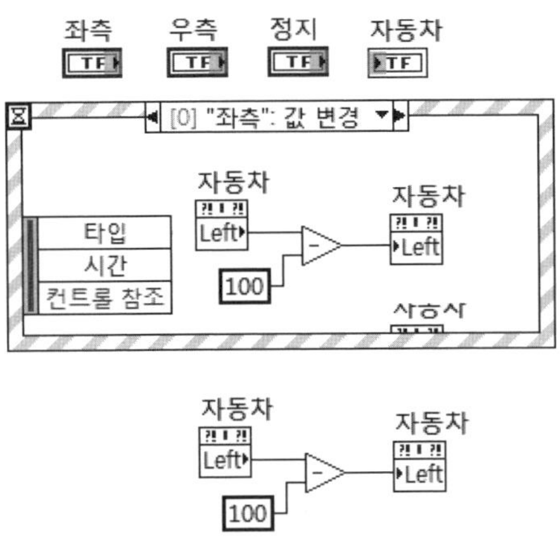

그림 14.22 선택 영역 복사 결과

(13) 그림 14.23과 같이 방금 복사한 부분 전체를 선택한 후 드래그해서 케이스 1로 이동시킨다. 그리고 그림 14.24와 같이 프로그램을 수정해서 우측 버튼이 클릭 시 자동차의 수평좌표가 100픽셀씩 증가되도록 해준다.

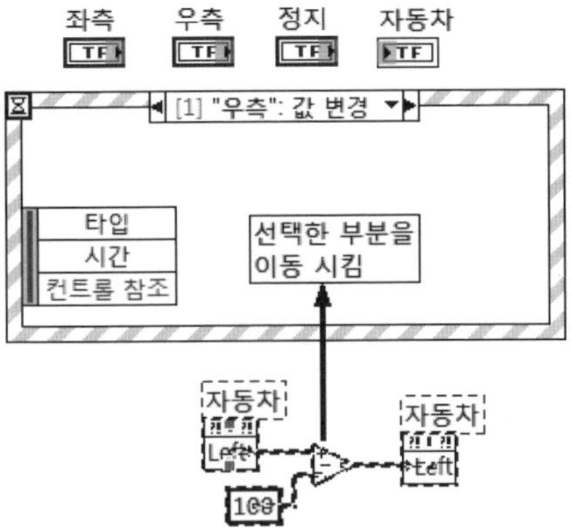

그림 14.23 선택한 영역 이동

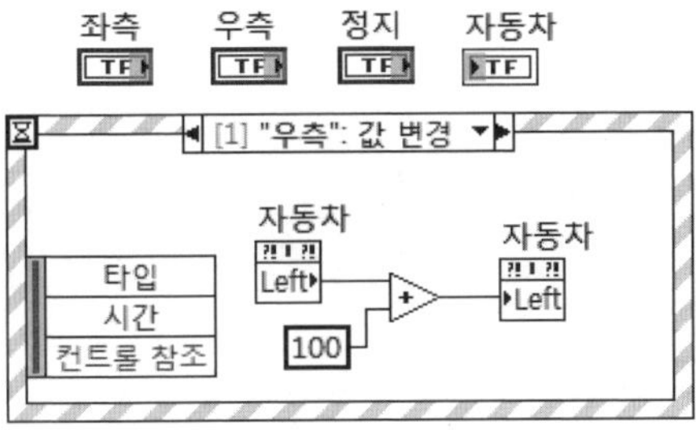

그림 14.24 자동차를 오른쪽으로 100픽셀 이동시키는 프로그램

(14) 다음으로, 그림 14.25와 같이 While 루프를 추가한다.

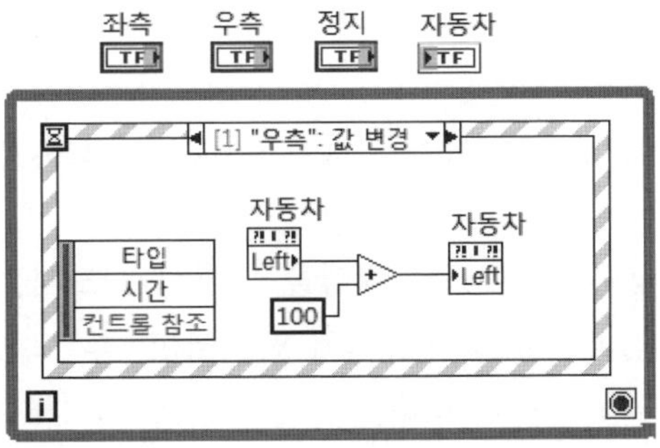

그림 14.25 While 루프 추가

(15) 그림 14.26과 같이 '함수 〉 프로그래밍 〉 불리언(2*2) 〉 참 상수(4*1)'를 실행하여 참 상수를 케이스 2 내부에 추가한 후, 그림 14.27과 같이 와이어 연결을 한다.

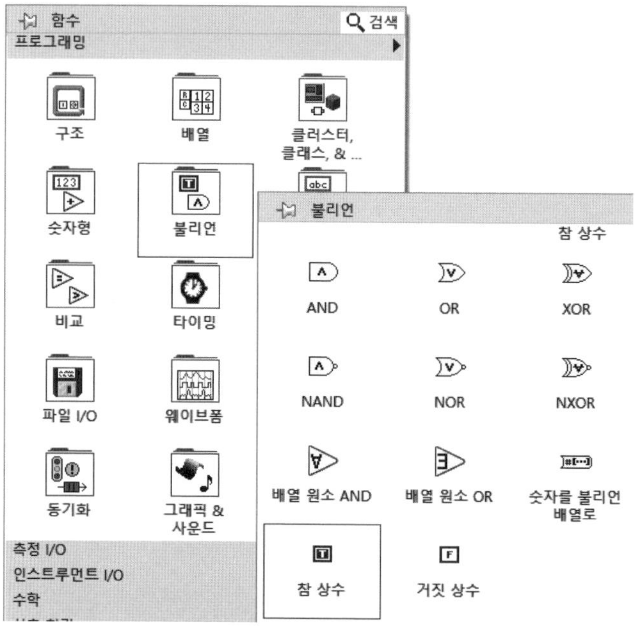

그림 14.26 진리값 상수 참 추가 방법

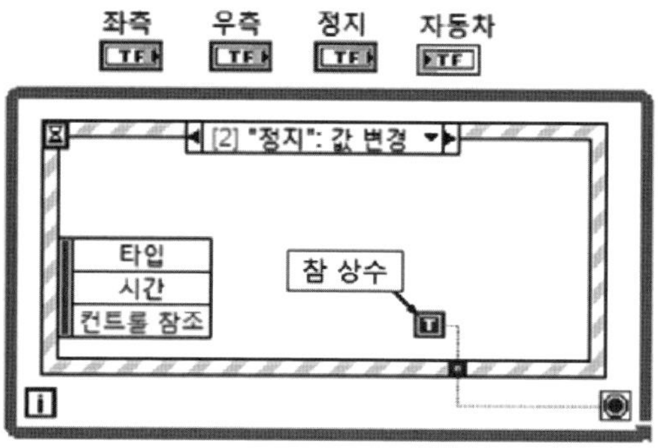

그림 14.27 케이스 2에서 와이어 연결 방법

(16) 파일명 '예제14.vi'로 저장한 후 프로그램을 실행시켜 보자. 좌측 버튼을 누를 때마다 자동차가 왼쪽으로 100픽셀씩 이동하는지 확인하라. 또, 우측 버튼을 누를 때마다 자동차가 오른쪽으로 100픽셀씩 이동하는지 확인하라. 마지막으로, 정지 버튼을 누르면 프로그램이 정지하는지 확인하라.

연습문제 14.1

키보드 왼쪽 화살표 버튼을 클릭하면 자동차가 왼쪽으로 이동하고, 키보드 오른쪽 화살표 버튼을 클릭하면 자동차가 오른쪽으로 이동하는 프로그램을 작성하라.

(1) 파일 '예제14.vi'를 파일 '연습14.1.vi'로 저장하라.

(2) 연습14.1.vi 파일을 연 후, 프런트패널에 있는 '좌측' 버튼과 '우측' 버튼을 삭제하라.

(3) 그림 14.28과 같이 케이스 1을 삭제한다.

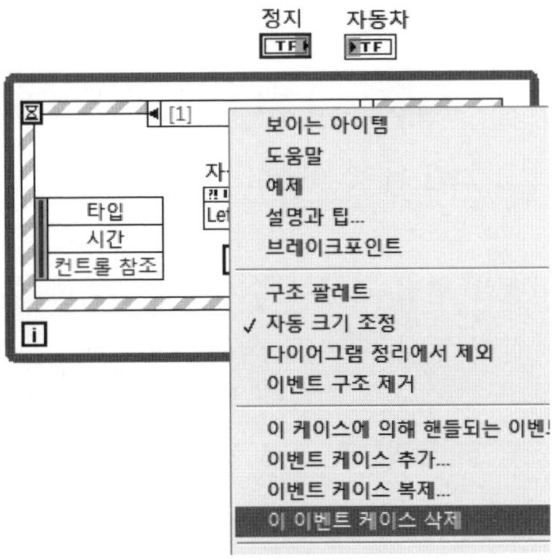

그림 14.28 케이스 1 삭제

(4) 그림 14.29와 같이 케이스 0 내부에 있는 프로그램을 밖으로 이동시킨다.

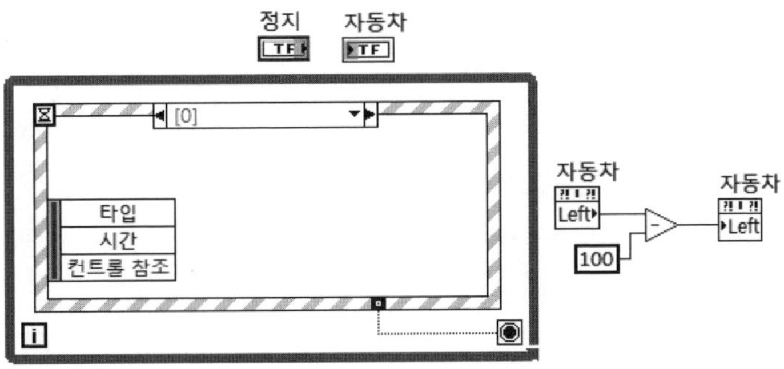

그림 14.29 케이스 0 수정

(5) 그림 14.30과 같이 이벤트 편집 창을 연다.

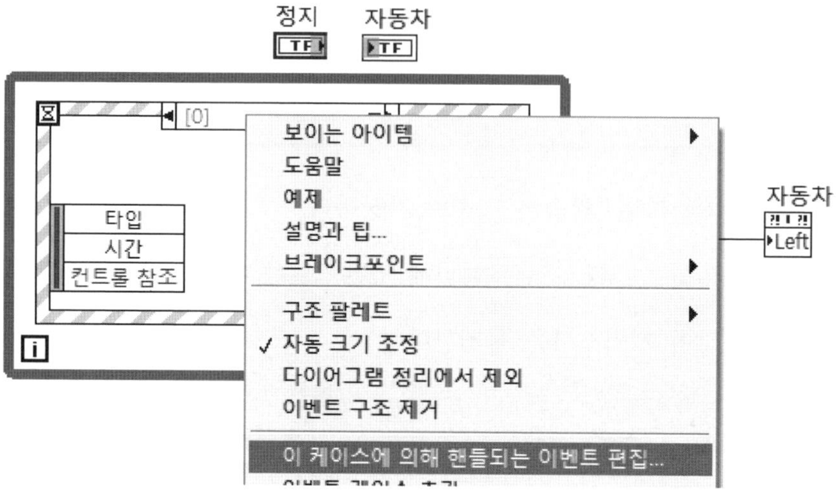

그림 14.30 이벤트 편집 창 열기

(6) 그림 14.31과 같이 이벤트 편집 창에서 순서대로 클릭한 후 '확인' 버튼을 클릭한다. 그러면 그림 14.32와 같이 된다.

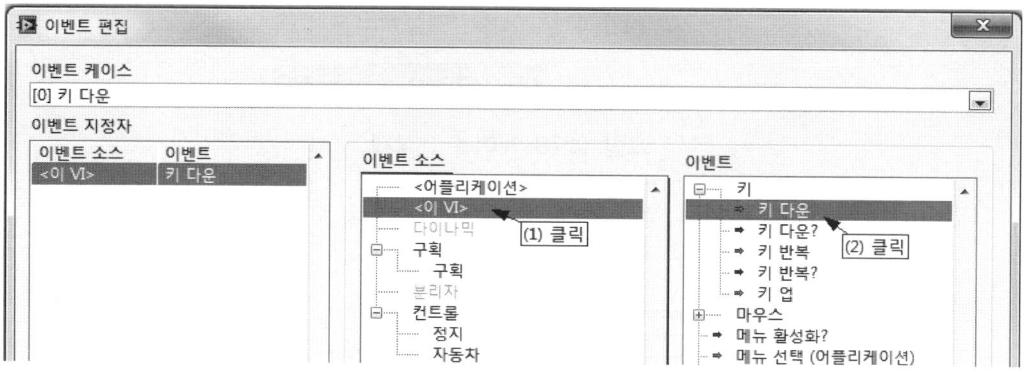

그림 14.31 이벤트 편집 창 편집 방법(키다운 이벤트 케이스)

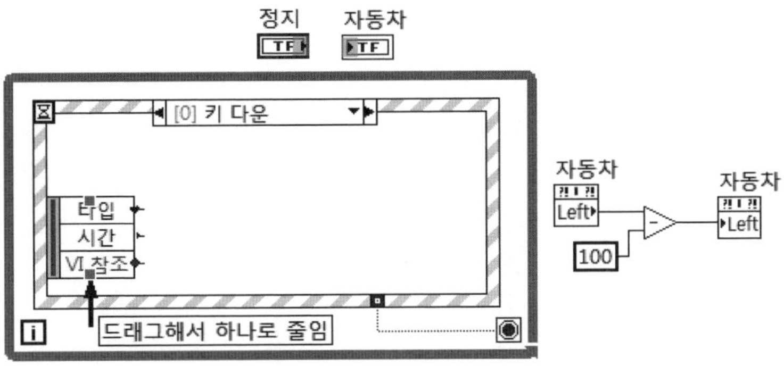

그림 14.32 '키 다운' 이벤트 케이스 설정

(7) 그림 14.33과 같이 '타입' 위에서 마우스를 클릭해서 'V 키'를 선택한다. 다음으로 그림 14.34와 같이 'V 키'의 출력단에서 '마우스 우측버튼 클릭 〉 생성 〉 상수'를 실행하면 그림 14.35와 같이 'ASCII' 상수가 생성된다. 다음으로 그림 14.35와 같이 'ASCII' 상수를 드래그해서 그림 14.36과 같이 이동시킨다.

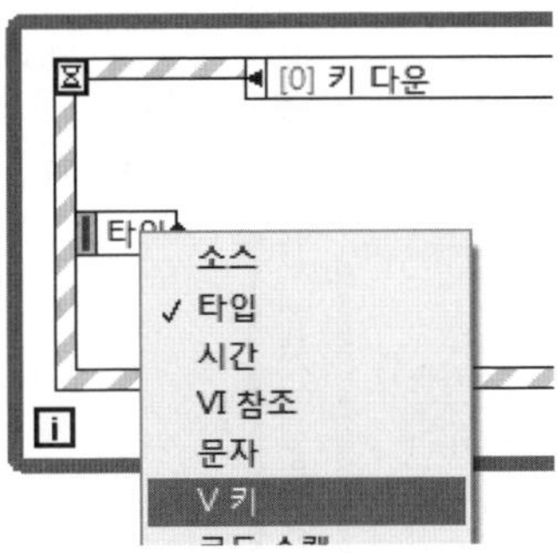

그림 14.33 'V 키' 선택

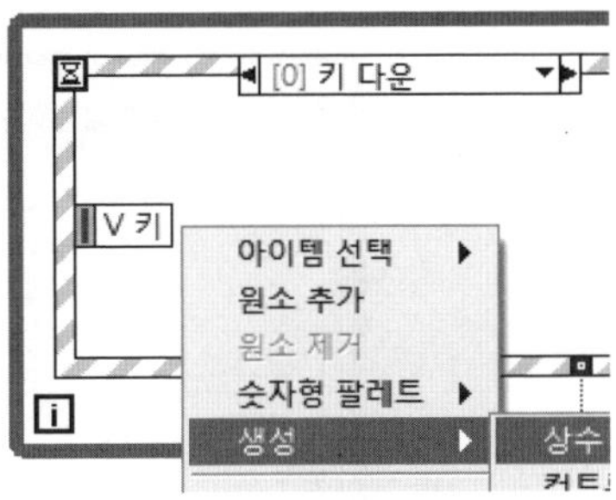

그림 14.34 'V 키' 상수 생성 방법

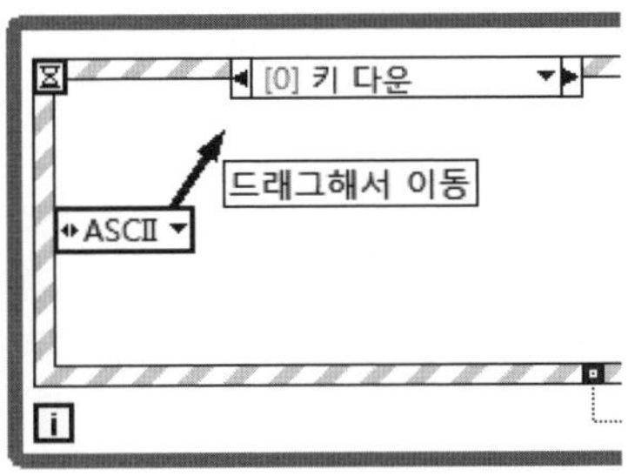

그림 14.35 'ASCII' 상수 추가

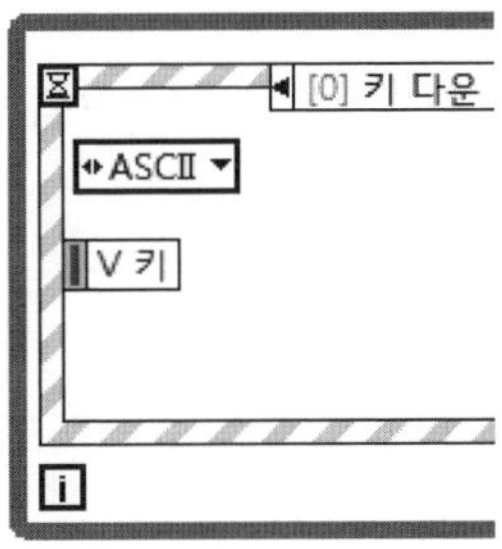

그림 14.36 'ASCII' 상수 이동 배치

(8) 다음으로 그림 14.37과 같이 'ASCII' 상수 위를 클릭하여 'Left'를 선택한다. 이 'Left'는 키보드의 왼쪽 화살표 버튼의 아스키 코드 값(정수)에 해당한다. (중요: 'Left' 프로퍼티 노드와는 완전히 다른 의미이다.)

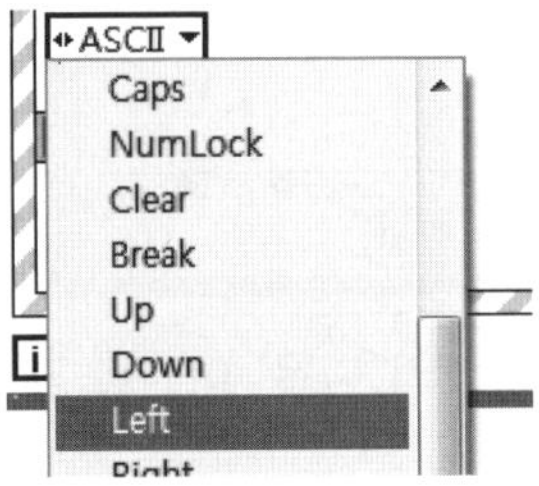

그림 14.37 'Left' 상수 설정

(9) 이제 그림 14.38과 같이 프로그램을 작성한 후 프로그램을 실행시켜보자. 키보드의 왼쪽 화살표 버튼을 클릭하면 자동차가 왼쪽으로 이동하는지 확인하라.

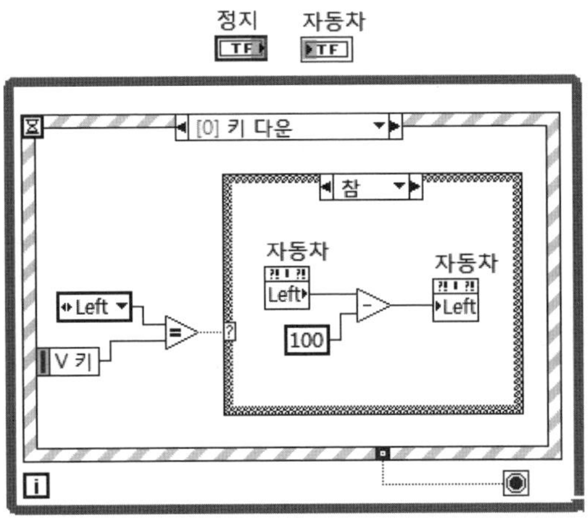

그림 14.38 블록다이어그램

(10) 키보드의 오른쪽 화살표 버튼을 클릭하면 자동차가 오른쪽으로 이동되게 하기 위해, 그림 14.39와 같이 프로그램을 작성하라.

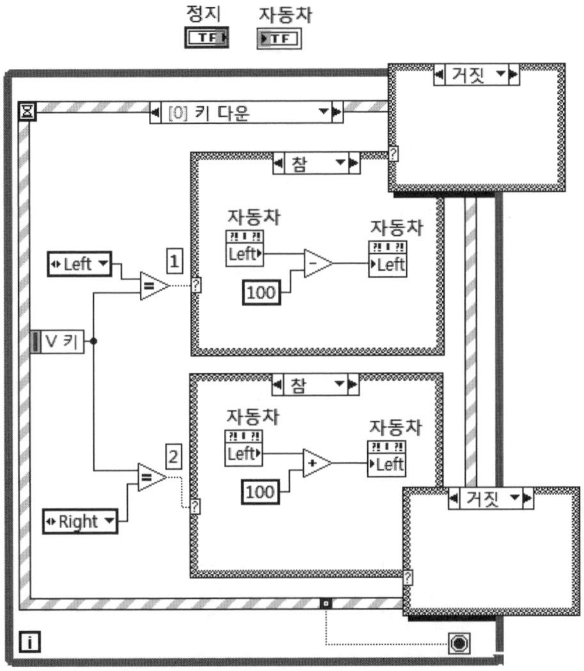

그림 14.39 최종 프로그램

(11) 그림 14.39를 분석해보면 다음과 같다. 키보드 왼쪽 화살표 버튼을 클릭하면, 왼쪽 화살표 버튼의 아스키 코드 값이 V 키 출력단에서 나온다. 결과적으로 와이어 1로는 참이 나오고 와이어 2로는 거짓이 나와서 상단 케이스 구조는 참 케이스가 실행되고, 하단 케이스 구조는 거짓 케이스가 실행된다.

(12) 키보드 오른쪽 화살표 버튼을 클릭하면, 오른쪽 화살표 버튼의 아스키 코드 값이 V 키 출력단에서 나온다. 결과적으로 와이어 1로는 거짓이 나오고 와이어 2로는 참이 나와서 상단 케이스 구조는 거짓 케이스가 실행되고, 하단 케이스 구조는 참 케이스가 실행된다.

(13) 파일을 저장한 후 실행시켜보아라.

연습문제 14.2

프런트패널에 있는 버튼 두 개로 사용자 정의 자동차 컨트롤을 상하로 움직이게 하는 프로그램을 작성하라.

(1) 파일 '예제14.vi'를 '연습14.2.vi'로 저장하라.

(2) 연습14.2.vi를 열어서 그림 14.40과 같이 프런트패널에서 '좌측'과 '우측' 버튼의 라벨을 '위로'와 '아래로'로 각각 수정하라.

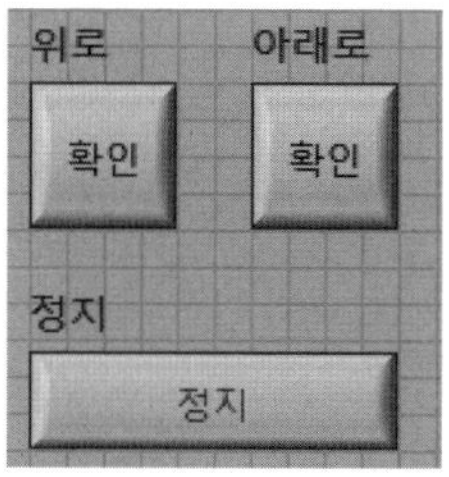

그림 14.40 라벨 수정

(3) 그림 14.41과 같이 케이스 0에서 프로퍼티 노드 a를 클릭해서, '위치 〉 위쪽'을 실행한다. 프로퍼티 노드 b도 똑같이 실행한다. 그러면 그림 14.42와 같이 된다. 프런트패널에 있는 '위로' 버튼이 클릭되면 그림 14.42의 케이스 0이 실행되게 된다. 'Top' 프로퍼티 노드 a에서 출력되는 값은 그림 14.43과 같이 수직 좌표에 해당하는 값(픽셀)이 출력 된다. 현재의 경우는 400이 출력될 것이다. 참고로 자동차가 더 위로 올라오면 수직 좌표 값은 작아지게 된다.

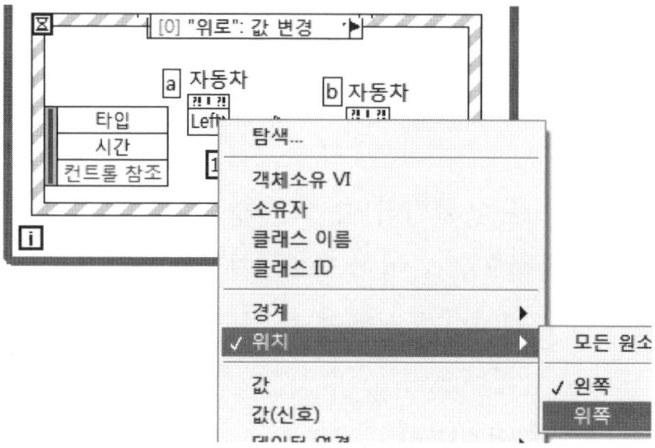

그림 14.41 'Top' 프로퍼티 노드로 설정 변경

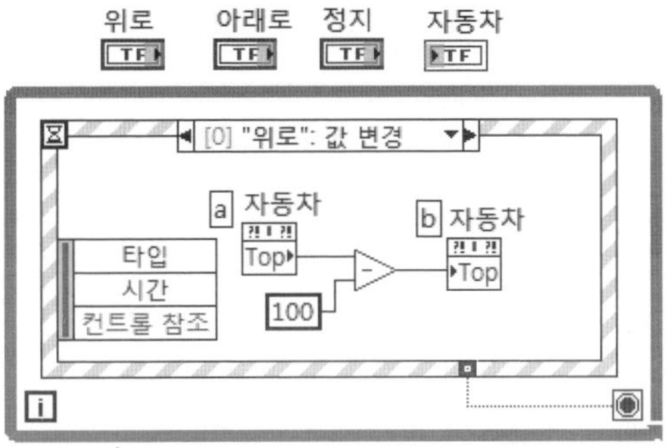

그림 14.42 '위로' 버튼 클릭시 실행되는 이벤트 케이스 0 완성

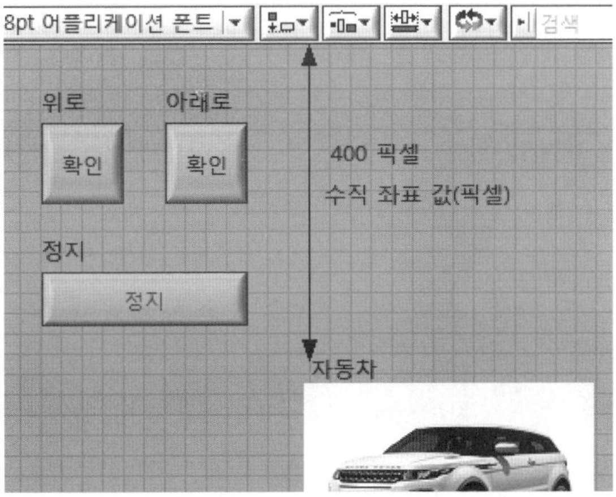

그림 14.43 'Top' 프로퍼티 노드 출력 값의 의미

(4) 케이스 0과 같은 방법으로 케이스 1도 그림 14.44와 같이 수정하라.

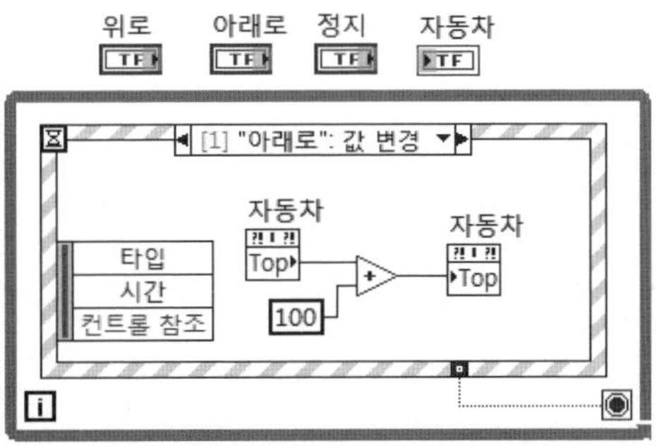

그림 14.44 '아래로' 버튼 클릭 시 실행되는 이벤트 케이스 1 완성

(5) 마지막으로 케이스 2가 그림 14.45와 같은지 확인하라.

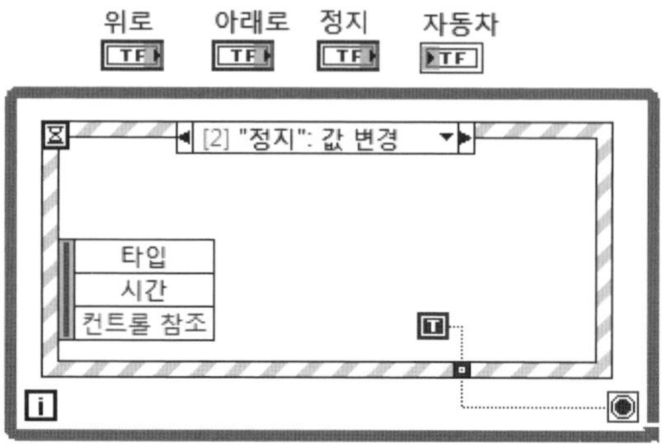

그림 14.45 '정지' 버튼 클릭시 실행되는 이벤트 케이스 2

(6) 파일을 저장 후 실행시켜보자. '위로' 버튼을 클릭하면 자동차가 위로 이동하고, '아래로' 버튼을 클릭하면 밑으로 이동하는지 확인하라.

연습문제 14.3

예제 14에서 프로그램을 처음 시작했을 때, 그림 14.46과 같이 자동차가 좌표 (150, 100)에 위치하도록 하라.

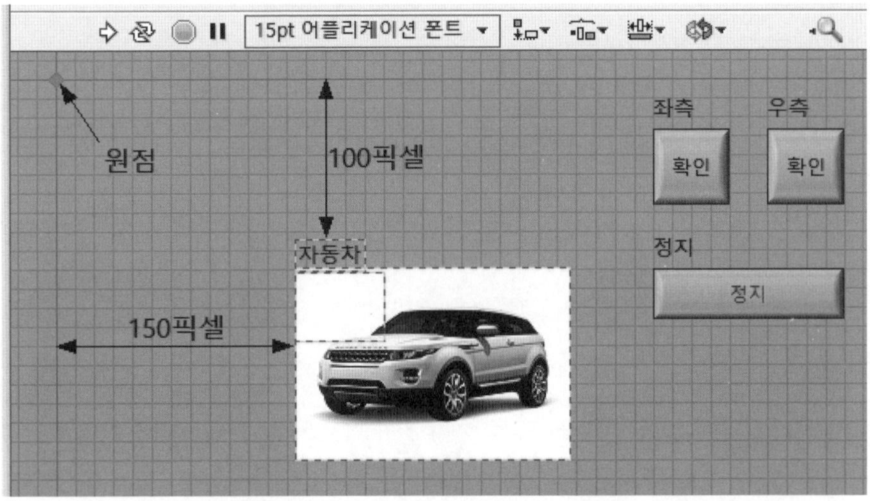

그림 14.46 자동차 초기 좌표

(1) '예제14.vi' 파일을 '연습14.3.vi'로 저장한 후, 그림 14.47과 같이 플랫 시퀀스 구조를 추가해서 첫 번째 프레임에 초기 좌표 값을 부여하는 'Left' 및 'Top' 프로퍼티 노드를 추가하라.

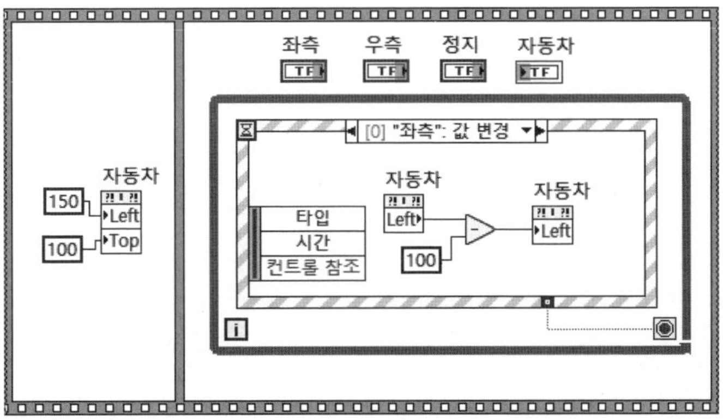

그림 14.47 초기 좌표 값 부여하는 프로그램 추가

연습문제 14.4

버튼 네 개로 사용자 정의 자동차 컨트롤을 상하 좌우로 움직이게 하는 프로그램을 작성하라.

(1) 예제 14와 연습 14.2를 이용하라.

(2) 그림 14.48과 같이 네 개의 버튼을 프런트패널을 배치하라.

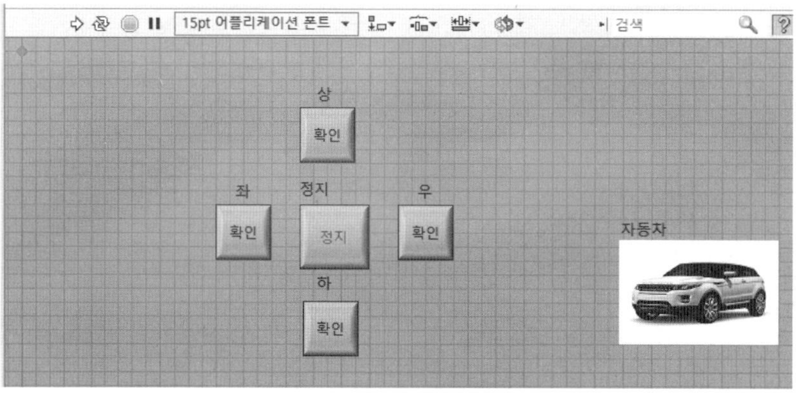

그림 14.48 프런트패널

(3) 프로그램을 완성한 후 파일명 '연습14.4.vi'로 저장하라.

15
예 제

자동차가 마우스 커서를 따라 움직이게 하는 프로그램을 작성하라.

학|습|내|용|

1. 마우스에 반응하는 이벤트 케이스
2. 프런트패널 모양 변경

(1) 블록다이어그램에 그림 15.1과 같이 이벤트 케이스 구조를 추가한다.

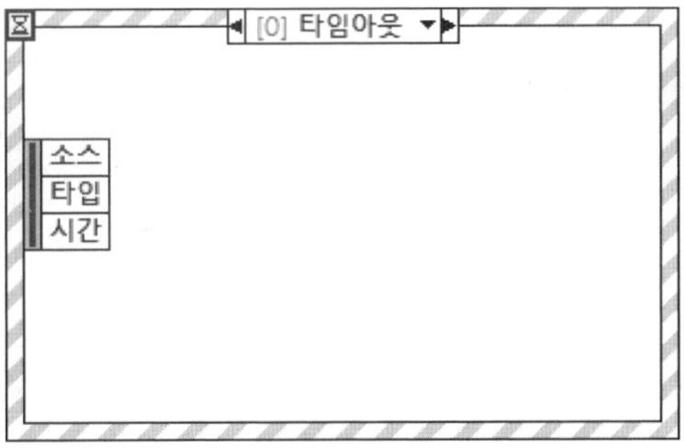

그림 15.1 이벤트 케이스 추가

(2) 그림 15.2와 같이 '타임아웃' 글자 위에서 마우스 우측버튼을 클릭해서 이벤트 편집 창을 연다.

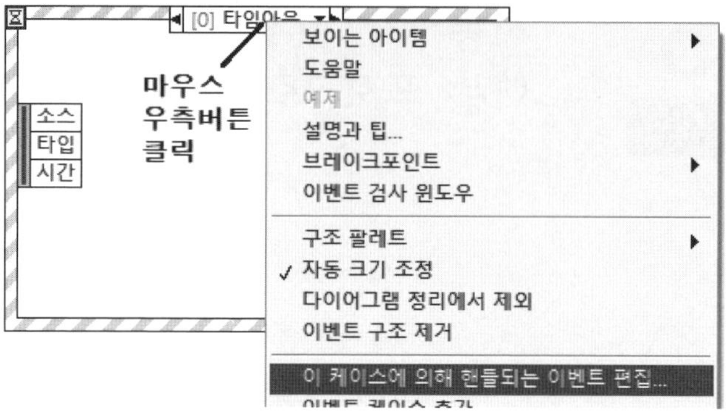

그림 15.2 이벤트 편집 창 열기

(3) 그림 15.3과 같이 이벤트 편집을 설정한 후 확인 버튼을 클릭해서 창을 닫으면 그림 15.4와 같이 된다.

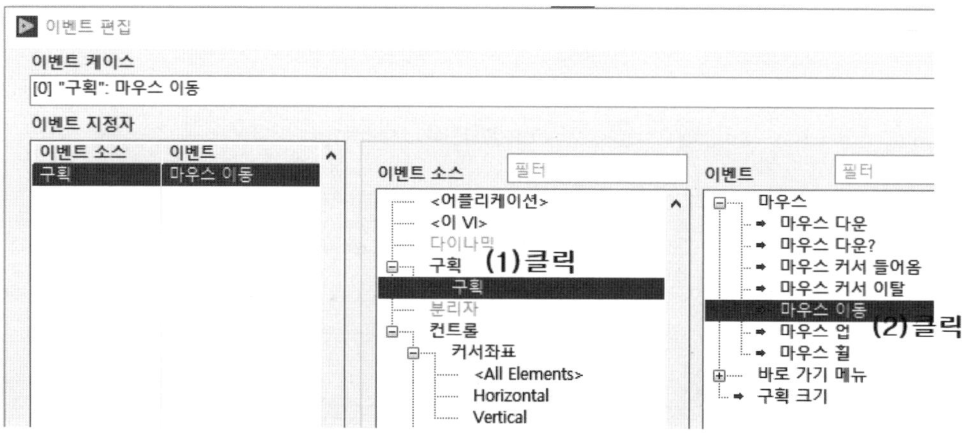

그림 15.3 이벤트 편집 창 설정

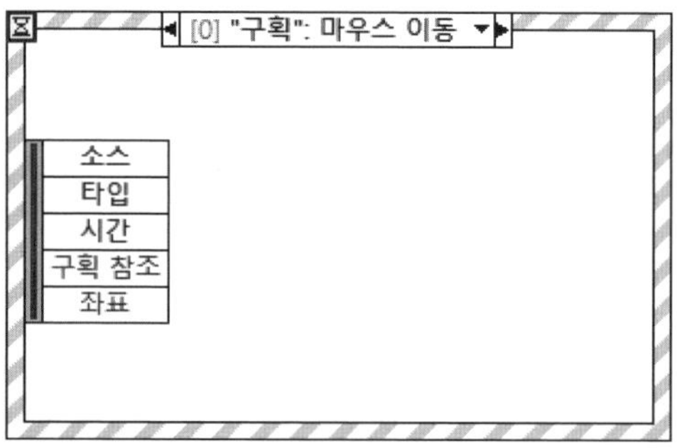

그림 15.4 변경된 이벤트 케이스

(4) 그림 15.5와 같이 이벤트 케이스 아이템의 상단 가운데 부분을 아래로 드래그하여, 아이템 '소스', '타입', '시간', '구획 참조'를 닫는다. 다음으로, 그림 15.6과 같이 아이템 '좌표'의 위치를 위로 옮긴다.

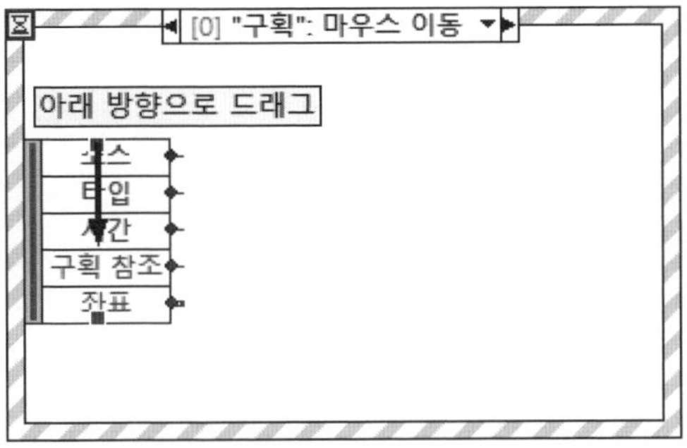

그림 15.5 이벤트 케이스 아이템 닫기

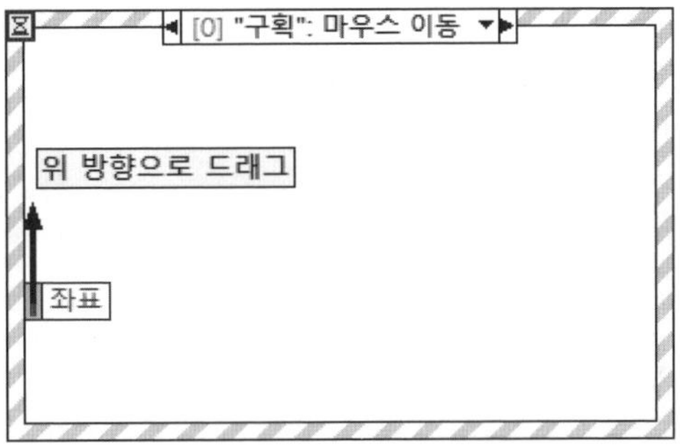

그림 15.6 아이템 '좌표' 옮기기

(5) 그림 15.7과 같이 커서 위치를 나타내는 '좌표' 클러스터를 생성한 후, 라벨을 '커서좌표'로 수정한다. 참고로, 클러스터는 배열과 마찬가지로 여러 원소들의 묶음을 뜻하며, 배열과 달리 다른 종류의 원소들이 묶일 수 있다. 예를 들면, 숫자형 인디케이터와 LED 인디케이터가 묶여서 하나의 클러스터가 될 수 있다.

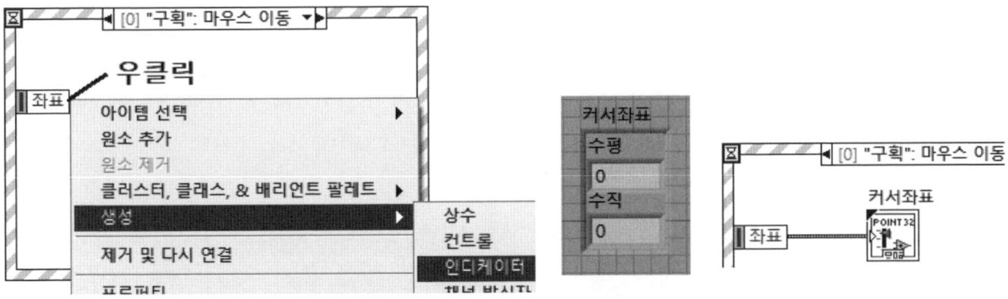

그림 15.7 '커서좌표' 인디케이터 만들기

(6) 그림 15.8과 같이 정지 버튼과 While 루프를 추가한 후, 정지 버튼이 클릭되었을 때 실행되는 이벤트 케이스 1을 추가한다.

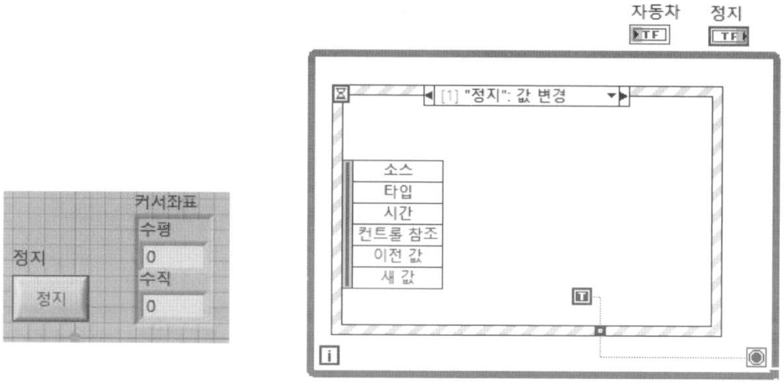

그림 15.8 케이스 1 추가

(7) 프로그램을 실행시킨 상태에서 프런트패널 내부에서 마우스 커서를 움직이면 마우스 커서의 좌표가 프런트패널의 '커서좌표' 인디케이터에 나타남을 확인할 수 있다. 마우스 커서가 프런트패널 위에 있을 때에만 커서 좌표 값이 출력됨을 확인할 수 있을 것이다.

(8) 커서가 프런트패널의 우측 하단으로 이동할수록 수평 및 수직 좌표가 증가됨을 확인하라. 마우스 커서가 움직이는 이벤트가 발생하면(즉, 마우스 커서가 움직이면), 블록 다이어그램의 케이스 0이 실행되면서 '좌표' 아이템의 출력단에서 커서의 좌표가 출력되어 '커서좌표' 인디케이터에 나타나게 된다.

(9) 그림 15.9와 같이 교재 CD에 있는 자동차.ctl을 추가한다. 만약 교재 CD가 없다면 예제 12에서와 같은 방식으로 자동차.ctl을 직접 만들면 된다.

그림 15.9 '자동차.ctl' 컨트롤 추가

(10) 그림 15.10과 같이 '자동차' 아이콘 위에서 '마우스 우측버튼 클릭 〉 생성 〉 프로퍼티노드 〉 위치 〉 모든 원소'를 실행해서 그림 15.11과 같이 'Position' 프로퍼티 노드를 추가한다.

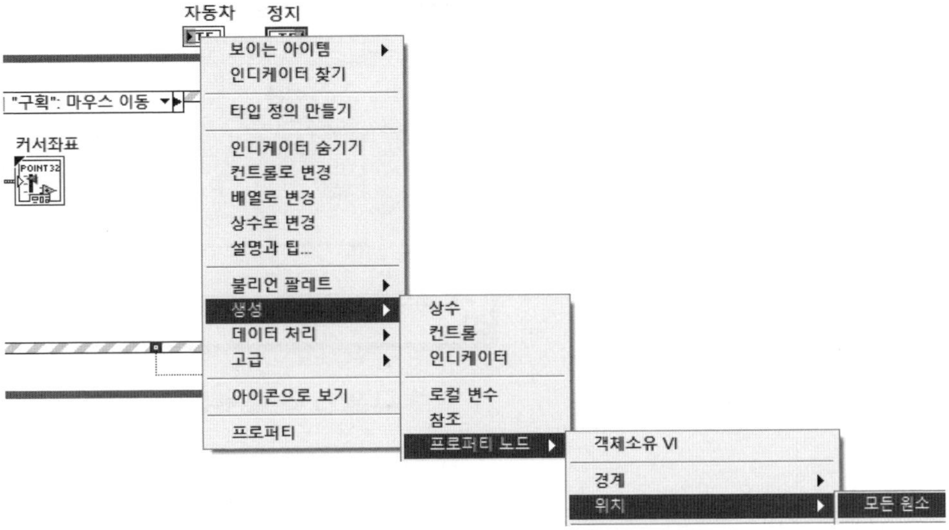

그림 15.10 'Position' 프로퍼티 노드 추가 방법

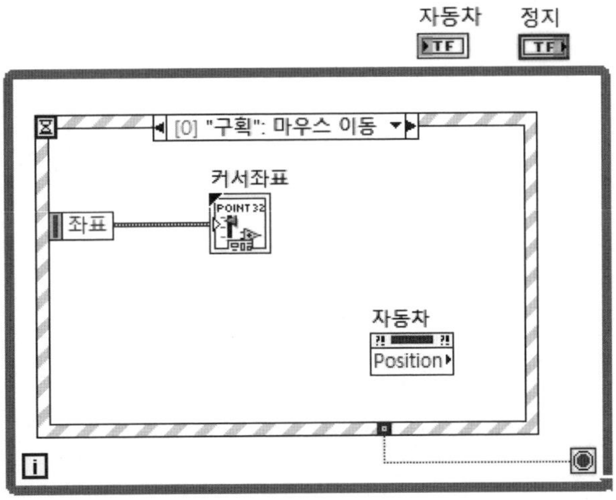

그림 15.11 'Position' 프로퍼티 노드 추가

(11) 그림 15.12와 같이 'Position' 프로퍼티 노드 위에서 '마우스 우측버튼 클릭 〉 모든 것을 쓰기로 변경'을 실행한 후 그림 15.13과 같이 와이어 연결을 한다.

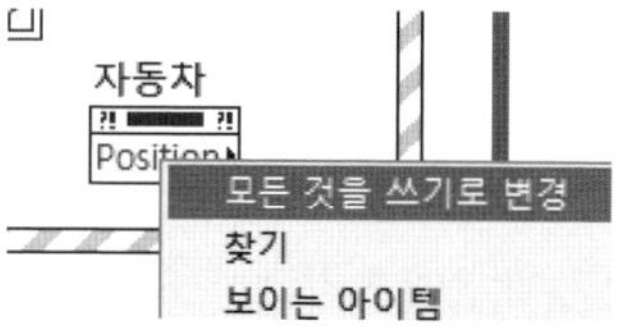

그림 15.12 '쓰기로 변경' 실행

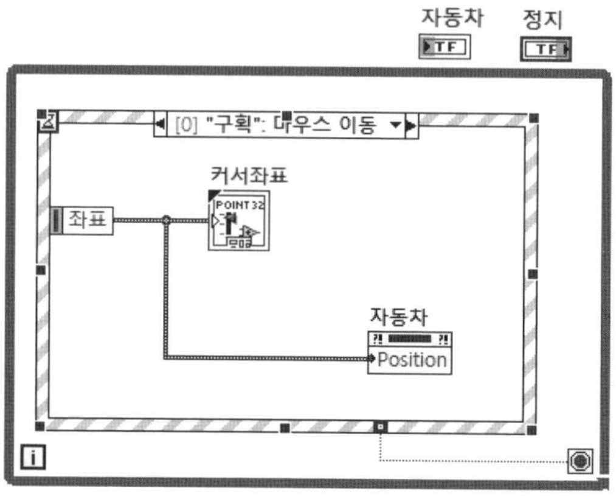

그림 15.13 블록다이어그램

(12) 작성한 프로그램을 저장한 후 실행시켜보자. 마우스 커서를 따라 자동차가 움직이는 것을 확인할 수 있을 것이다. 만약, 자동차가 마우스 커서를 따라 움직일 때 시간 지연을 주고 싶다면(일종의 관성 효과 부여), 그림 15.14와 같이 기다림(ms) 함수를 추가한 후 프로그램을 실행시켜라. 시간 지연 효과를 느낄 수 있는지 확인해보자.

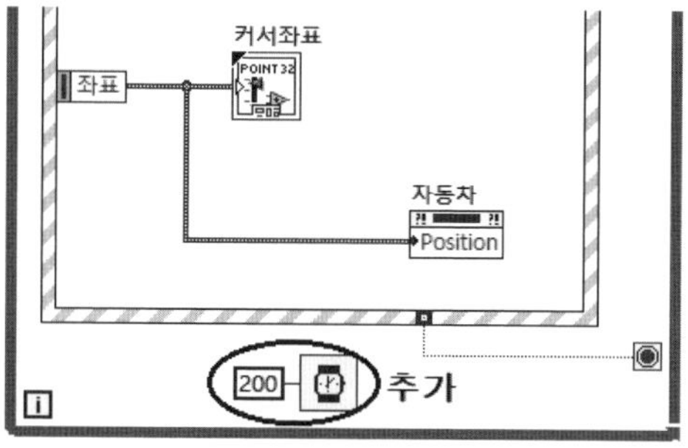

그림 15.14 기다림(ms) 함수 추가

(13) 프로그램을 정지시키기 위해서, 프런트패널에 정지 버튼을 눌러도 정지 버튼이 클릭되지 않음을 확인 할 수 있다. 그래서 그림 15.15와 같이 강제 종료 버튼을 클릭하여 프로그램을 정지시켜라.

그림 15.15 프로그램 강제 종료 방법

(14) 프런트패널에 있는 '정지' 버튼을 클릭하더라도 프로그램이 정지하지 않는 이유는, 마우스 커서가 '자동차' 아이콘 위에 있는 것으로 인식되기 때문이다. 그래서 '자동차' 아이콘이 마우스 커서 보다 수평과 수직 방향으로 1픽셀 만큼 우측 및 하단에 위치하도록 하기 위해, 그림 15.16과 같이 '증가' 함수를 추가하여 블록다이어그램을 수정한다.

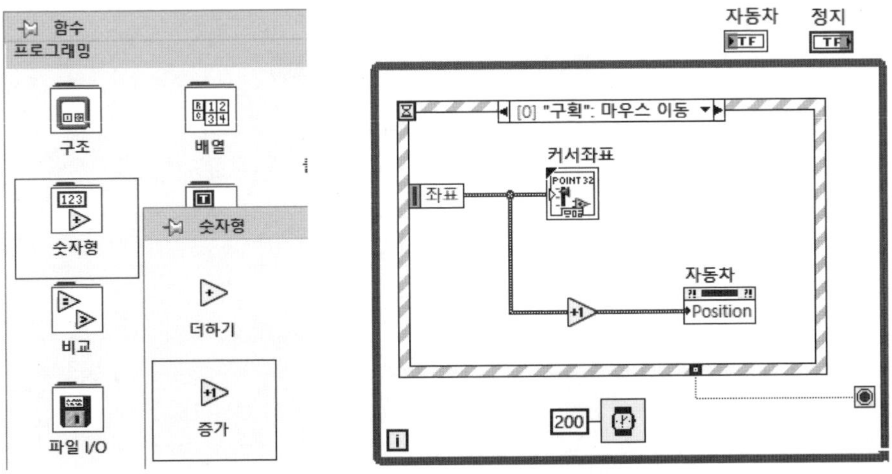

그림 15.16 '증가' 함수 추가와 최종 블록다이어그램

(15) 프로그램을 파일명 '예제15.vi'를 저장한 후 다시 실행시켜라. 프로그램을 실행 상태에서 프런트패널의 '정지' 버튼을 클릭하면 프로그램이 정지함을 확인할 수 있다. 참고로, 마우스 커서와 '자동차' 아이콘의 좌표 차이가 1픽셀이기 때문에 '증가' 함수 추가 효과를 눈으로 확인할 수가 없다.

(16) 이제 프런트패널 실행 화면의 모양을 변경해보자. 그림 15.17과 같이 '파일 〉 VI 프로퍼티'를 실행해서 VI 프로퍼티 창을 연 후 그림 15.18과 같이 VI 프로퍼티 설정을 한다. 프런트패널의 사이즈를 적당히 조절하고 파일을 저장한 후 실행을 시켜 보면 그림 15.19와 같은 실행 화면이 나타남을 확인할 수 있다. 어떤 차이가 있는 지 확인해보아라. 마지막으로 한번 더 프로그램을 저장한다.

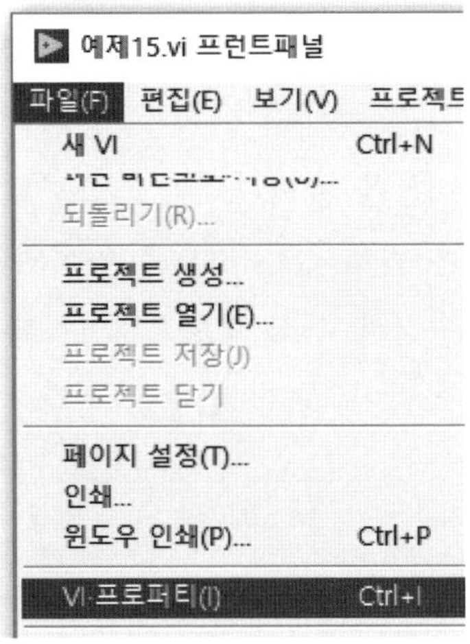

그림 15.17 VI 프로퍼티 창 열기

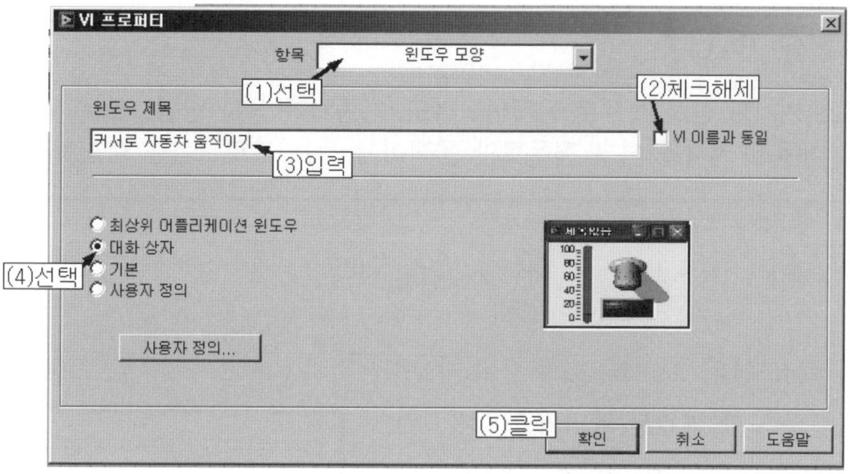

그림 15.18 프런트패널 실행 화면 모양 설정

그림 15.19 프런트패널 실행 화면

연습문제 15.1

마우스 커서가 상하 좌우로 움직이더라도, 자동차가 상하 방향으로는 움직이지 않고 마우스 커서를 따라 좌우로만 움직이게 하는 프로그램을 작성하라.

(1) 파일 '예제15.vi'를 '연습15.1.vi'로 저장한다.

(2) 블록다이어그램을 그림 15.20과 같이 자동차 프로퍼티 노드에 연결된 와이어를 삭제한다.

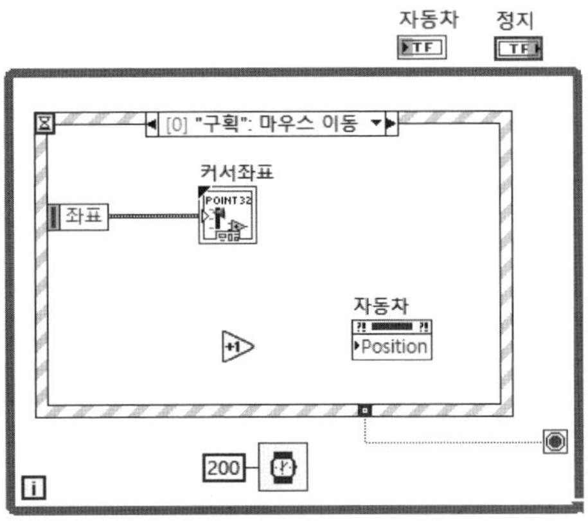

그림 15.20 와이어 삭제

(3) 자동차를 좌우 방향으로만 움직이게 하기 위해선, 자동차의 수평 좌표만 마우스 커서의 수평 좌표와 같도록 해주면 된다. 그래서 그림 15.21과 같이 'position' 프로퍼티 노드를 클릭하여 '위치 > 왼쪽'을 실행하여 'Left' 프로퍼티 노드로 변경한다.

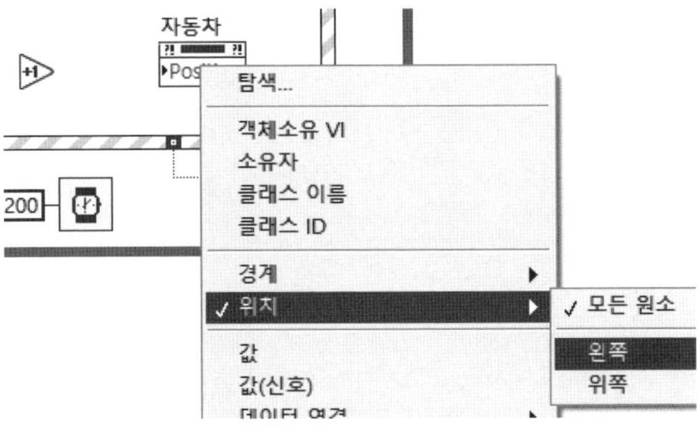

그림 15.21 'Left' 프로퍼티 노드로 변경

(4) 그림 15.22와 같이 '함수 〉 프로그래밍 〉 클러스터...(1*3) 〉 풀기(1*3)'을 실행하여 그림 15.23과 같이 풀기 함수를 추가한다.

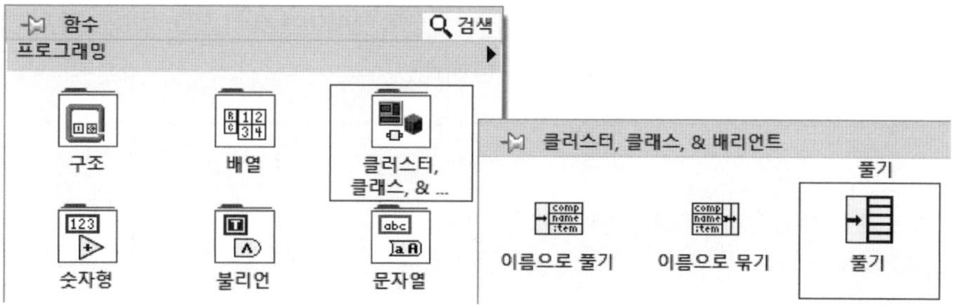

그림 15.22 '풀기' 함수 추가 방법

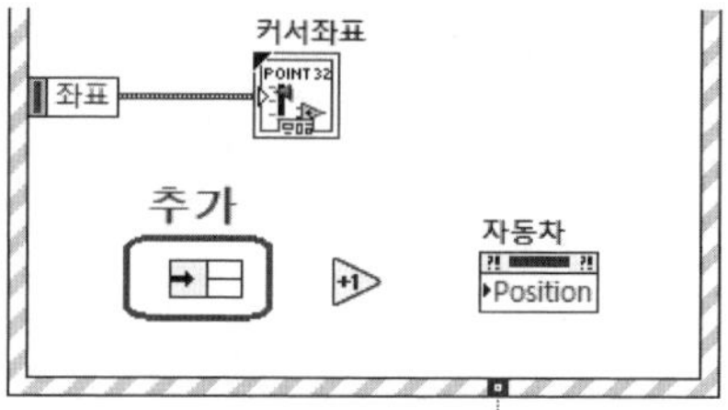

그림 15.23 '풀기' 함수 추가

(5) 그림 15.24와 같이 와이어를 연결한다. 풀기 함수의 우측 출력단들 중에 상단 출력단에서는 마우스 커서의 수평좌표가 출력되고 하단 출력단에서는 수직 좌표가 출력된다. 여기서는 상단 출력단만을 와이어 연결하였다.

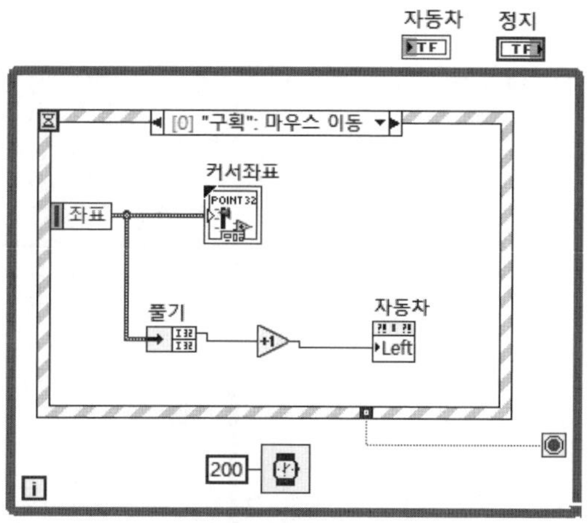

그림 15.24 최종 프로그램

(6) 프로그램을 저장한 후 실행시켜보아라. 마우스 커서를 움직이면 자동차가 좌우로만 움직이는지 확인하라.

연습문제 15.2

마우스 커서가 LED 위에 위치하면 LED가 켜지면서 'LED 안에 커서'라는 문장이 나타나고, 커서가 LED 밖에 있으면 LED가 꺼지면서 'LED 밖에 커서'라는 문장이 나타나게 하는 프로그램을 작성하라.

(1) 그림 15.25와 같이 프런트패널에 LED, 정지 버튼, '커서정보' 문자열 인디케이트를 추가하라.

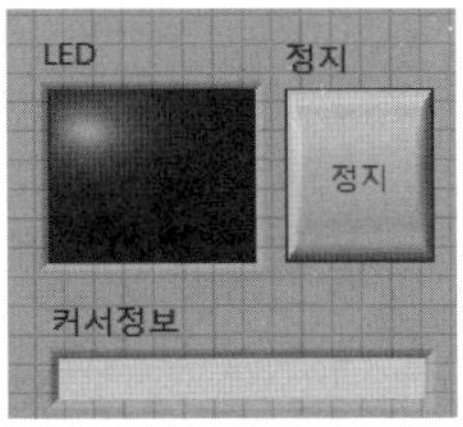

그림 15.25 프런트패널

(2) 그림 15.26과 같이 While 루프 내부에 이벤트 구조를 추가하라. 선택자 라벨(타임아웃) 위에서 '마우스 우측버튼 클릭 〉 이 케이스에 의해 핸들 되는 이벤트 케이스 편집'을 실행해서 이벤트 편집 창을 그림 15.27과 같이 열어라.

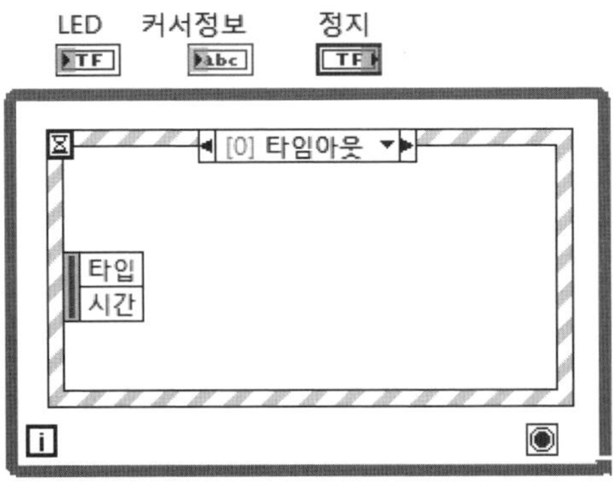

그림 15.26 블록다이어그램에 이벤트 구조 추가

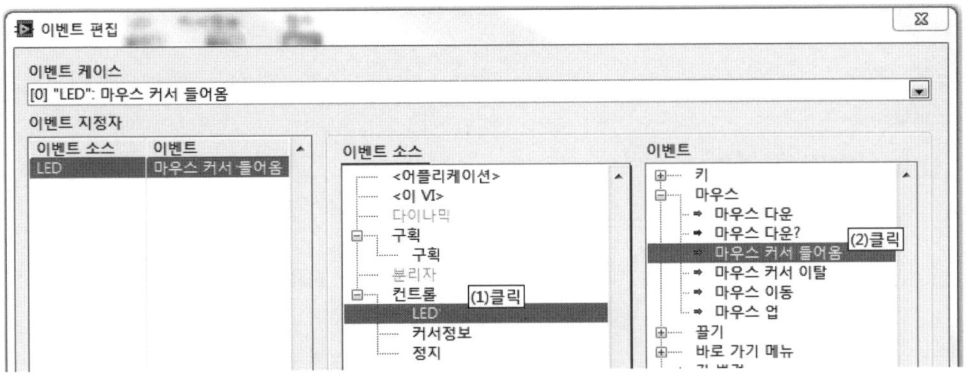

그림 15.27 이벤트 케이스 0 설정

(3) 그림 15.27의 이벤트 편집 창에서 순서대로 클릭을 한 다음, '확인' 버튼을 클릭하라. 그러면 그림 15.28과 같은 결과를 얻는다.

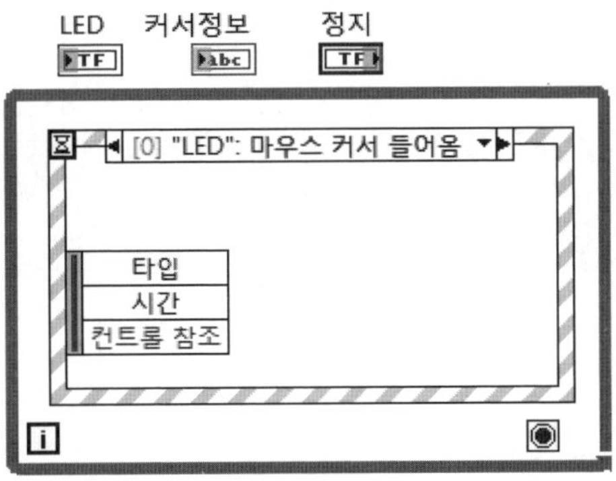

그림 15.28 LED 안으로 커서가 이동하면 실행되는 이벤트 케이스 0

(4) 이벤트 구조의 선택자 라벨 위에서 '마우스 우측버튼 클릭 〉 이벤트 케이스 추가'를 실행해서 이벤트 케이스를 추가하면, 그림 15.29와 같은 이벤트 편집 창이 나타난다. 이벤트 편집 창에서 지시된 순서대로 두 번 클릭을 한 후 '확인' 버튼을 클릭하라. 그러면 그림 15.30과 같이 된다.

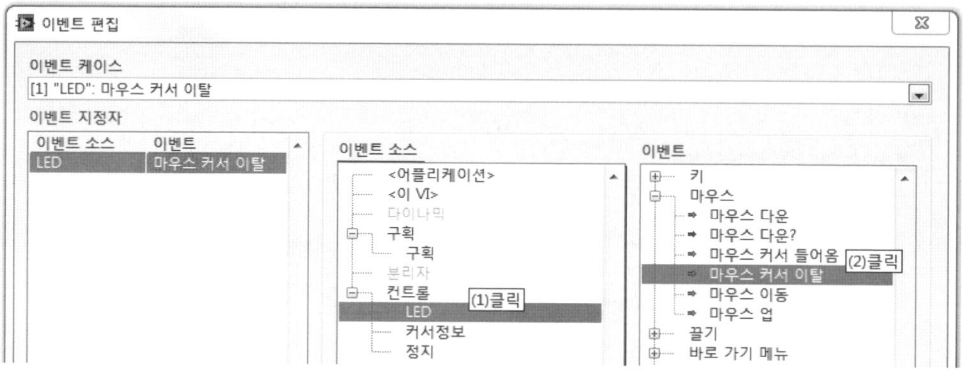

그림 15.29 이벤트 케이스 1 설정

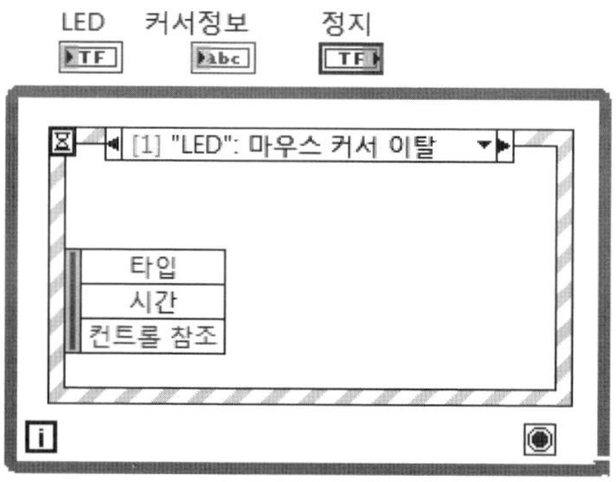

그림 15.30 LED 밖으로 커서가 이동하면 실행되는 이벤트 케이스 1

(5) 마찬가지 방식으로 이벤트 케이스를 하나 더 추가하여 그림 15.31과 같이 '정지' 버튼이 클릭되었을 때 실행되는 케이스 2를 완성하라.

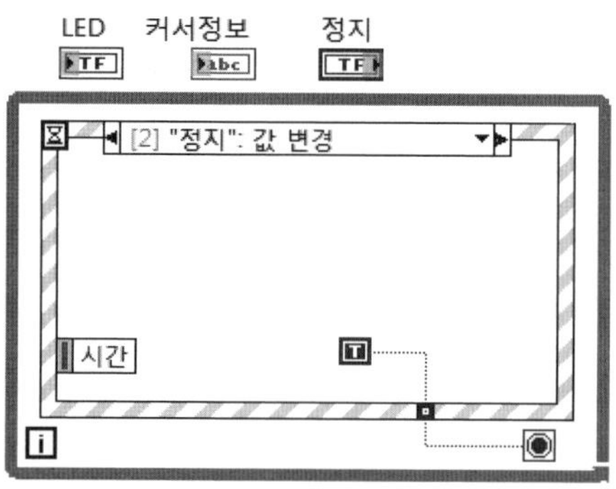

그림 15.31 정지 버튼 클릭 시 실행되는 이벤트 케이스 2

(6) 케이스 0은 그림 15.32와 같이 작성하라. 이를 위해 'LED' 아이콘과 '커서정보' 아이콘의 로컬변수를 생성하라.

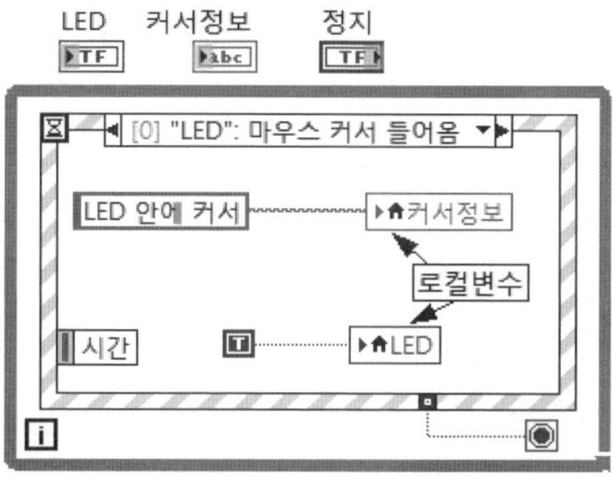

그림 15.32 이벤트 케이스 0 프로그래밍

(7) 케이스 1은 그림 15.33과 같이 작성하라. 이를 위해 케이스 0에 있는 'LED'과 '커서정보' 로컬변수들을 복사해서 이용하라.

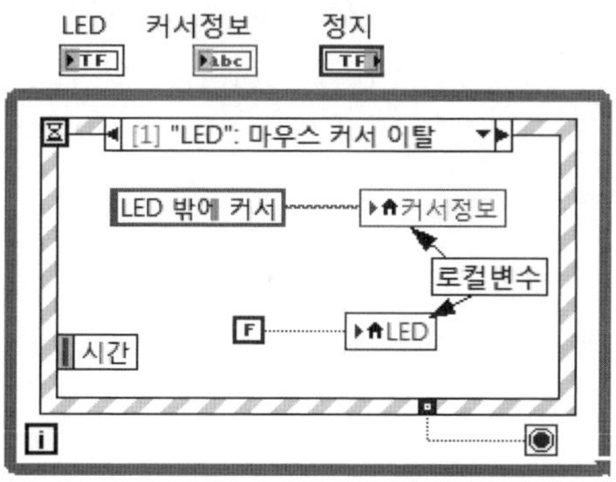

그림 15.33 이벤트 케이스 1 프로그래밍

(8) 파일명 '연습15.2.vi'로 저장한 후 실행시켜 보아라. 마우스 커서를 LED 안으로 이동시키면 LED가 켜지면서 'LED 안에 커서'라는 문장이 나타나는지 확인하라. 또한, 마우스 커서를 LED 밖으로 이동시키면 LED가 꺼지면서 'LED 밖에 커서'라는 문장이 나타나는지도 확인하라.

연습문제 15.3

마우스 좌측 버튼을 누르면 자동차가 왼쪽으로 이동하고, 우측 버튼을 누르면 자동차가 오른쪽으로 이동하는 프로그램을 작성하라.

(1) 블록다이어그램에서 이벤트 케이스 구조를 추가한 후, 그림 15.34와 같이 이벤트 편집 창을 연다.

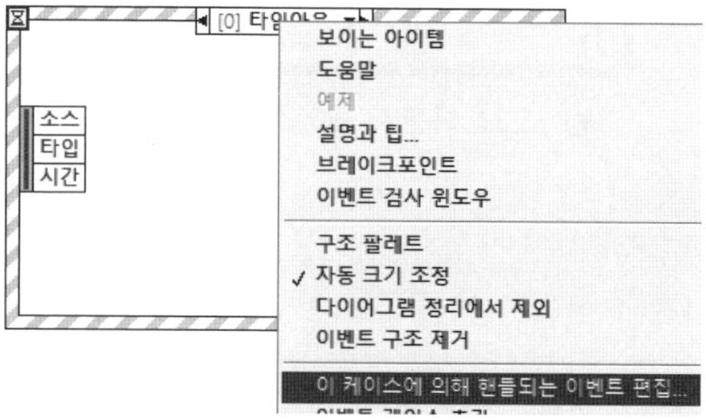

그림 15.34 이벤트 편집 창 열기

(2) 그림 15.35와 같이 이벤트 편집 창을 설정한 후, 확인 버튼을 클릭해서 편집 창을 닫으면, 그림 15.36과 같이 된다. 그림 15.36에 나타난 여러 아이템들 중에 마우스 버튼에 해당하는 '버튼' 아이템만 남기고, 나머진 상하로 드래그해서 모두 없애서 그림 15.37과 같이 되게 한다.

그림 15.35 이벤트 편집 창 설정

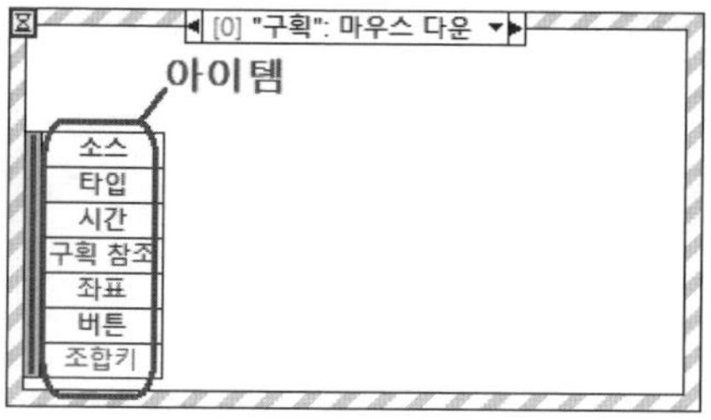

그림 15.36 이벤트 아이템 제거 전

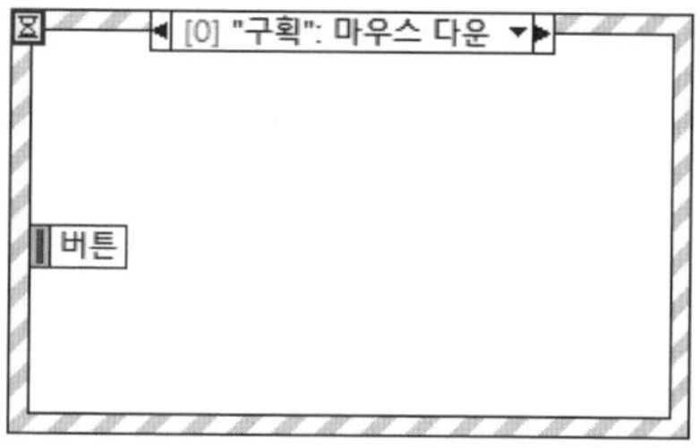

그림 15.37 이벤트 아이템 제거 후

(3) 프런트패널에 그림 15.38과 같이 정지 버튼과 자동차.ctl을 추가한다.

그림 15.38 프런트패널 구성

(4) 그림 15.39와 같이 케이스 구조를 추가하고, 아이템 '버튼' 출력단과 케이스 선택자(?)를 와이어로 연결한다.

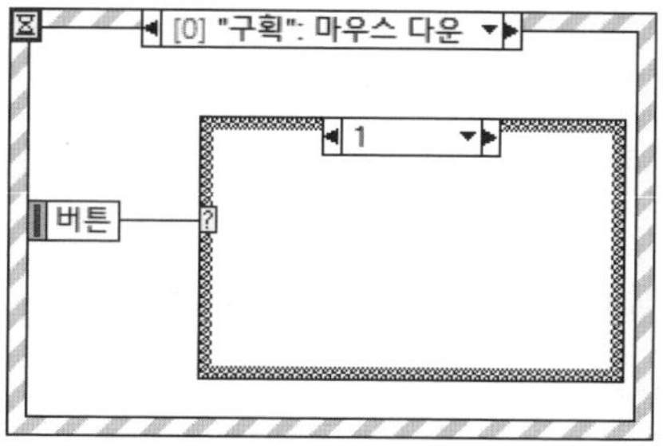

그림 15.39 케이스 구조 추가와 와이어 연결

(5) 케이스 1과 케이스 2는 그림 15.40과 같이 프로그래밍을 한다. 마우스 좌측 버튼을 클릭하면, '버튼' 아이템의 출력단에서 숫자 1이 출력되어 케이스 1이 실행되어, 자동차의 수평 좌표(Left 값)가 50만큼 작아진다. 반면에 마우스 우측 버튼을 클릭하면, '버튼' 아이템의 출력단에서 숫자 2가 출력되어 케이스 2가 실행된다.

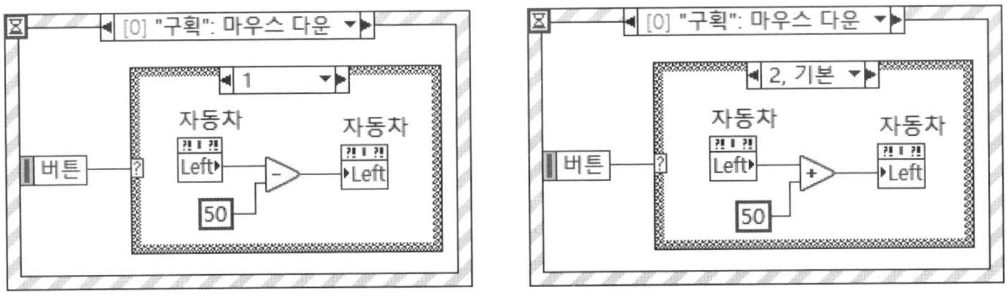

그림 15.40 케이스 1과 케이스 2 프로그래밍

(6) 마지막으로, 그림 15.41과 같이 이벤트 케이스를 추가한 후에, 그림 15.42와 같이 정지 버튼이 눌러지면 Whlie 루프가 정지되는 프로그래밍을 한다.

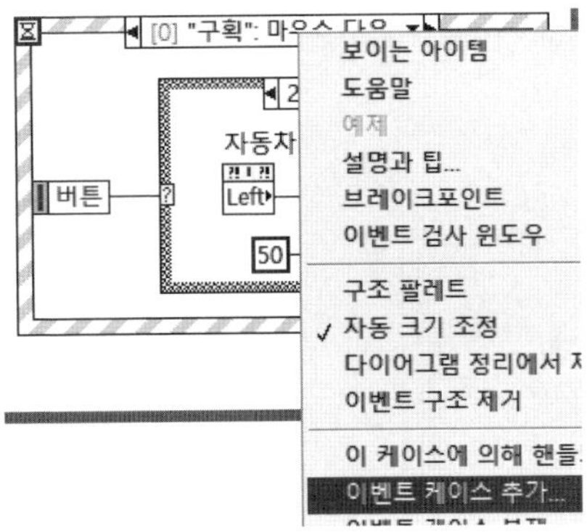

그림 15.41 이벤트 케이스 추가

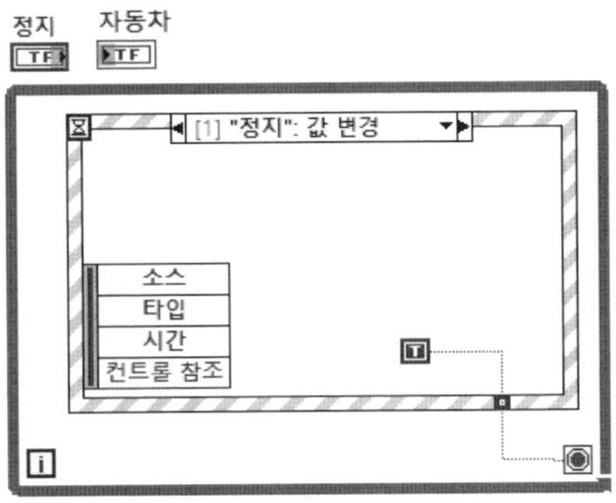

그림 15.42 이벤트 케이스 1 추가

(7) 파일명 '연습15.3.vi'로 저장한 후 실행시켜 보아라. 마우스 커서가 프런트패널 위에 있는 상태에서, 마우스 좌측 버튼을 클릭하면 자동차가 왼쪽으로 50픽셀 이동하고, 우측 버튼을 클릭하면 오른쪽으로 50픽셀 이동하는지 확인하라.

16
예 제

키보드 p 버튼과 q 버튼을 클릭하면 말 두 마리가 각각 움직이도록 해서, 결승선을 먼저 통과하면 이기는 2인용 말 경주 게임을 만들어라.

학 | 습 | 내 | 용 |

1. 키보드에 반응하는 이벤트 케이스 구조 활용
2. 아스키 코드

(1) Windows에서 제공하는 기본 프로그램인 '그림판'을 열어서 그림 16.1과 같이 그림판의 흰색 작업 전체 영역을 복사하라.

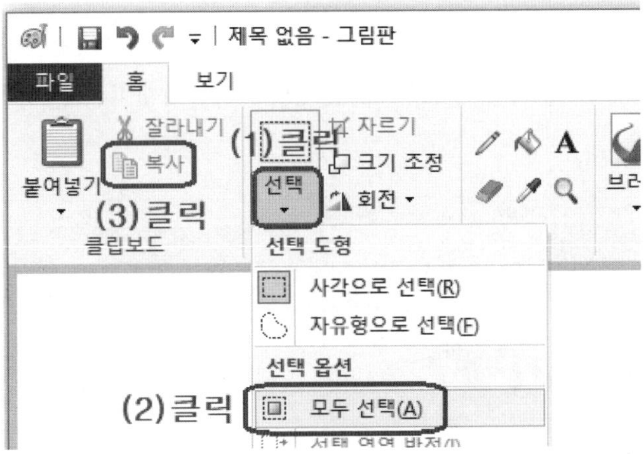

그림 16.1 흰색 작업 전체 영역 선택

(2) 그림 16.2와 같이 '편집 〉 붙여넣기'를 실행하여, 그림판에서 복사한 흰색 사각형 이미지를 프런트패널에 붙여넣기를 한다.

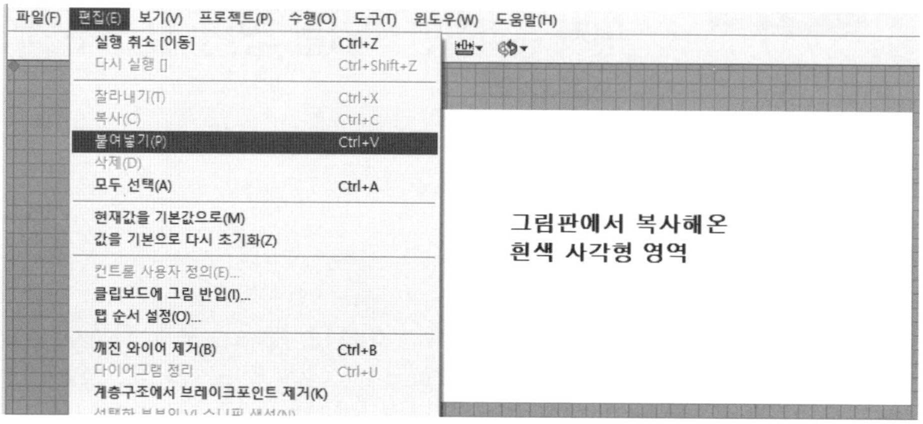

그림 16.2 프런트패널에 흰색 사각형 이미지 붙여넣기

(3) 그림 16.3과 같이, '출발' LED, 'p 승리' LED, 'q 승리' LED, '정지' 버튼을 추가하고, 교재 CD에 있는 말 1.ctl과 말 2.ctl을 추가한 후에 '마우스 우측버튼 클릭 〉 보이는 아이템 〉 라벨'을 실행하여 라벨(변수명)이 보이지 않게 한다. 그리고 앞부분에 있는 문자 라벨 p와 q는 프런트패널에서 '컨트롤 〉 일반 〉 장식(4*2) 〉 라벨(7*1)'을 실행한 후 문자 p 또는 q를 입력하면 된다. 이들 입력된 문자의 크기를 확대하기 위해서는, 그림 16.4와 같이 마우스로 문자를 선택한 후에, '15pt 어플리케이션 폰트 〉 크기 〉 더 크게'를 실행하면 된다.

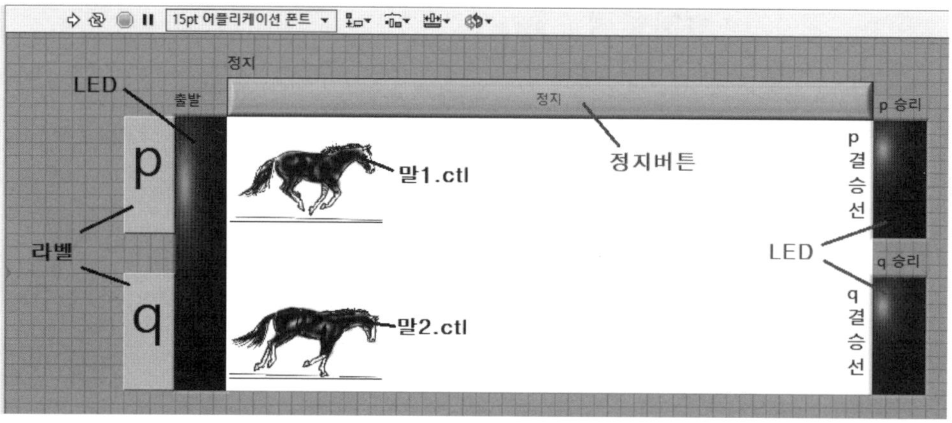

그림 16.3 최종 프런트패널

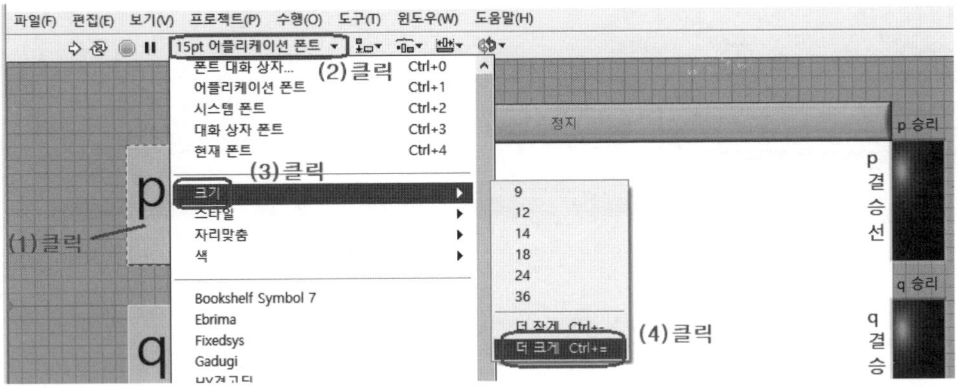

그림 16.4 라벨 크게 하기

(4) 그림 16.5와 같이 블록다이어그램에 이벤트 케이스를 추가한 후에 이벤트 편집 창을 연다.

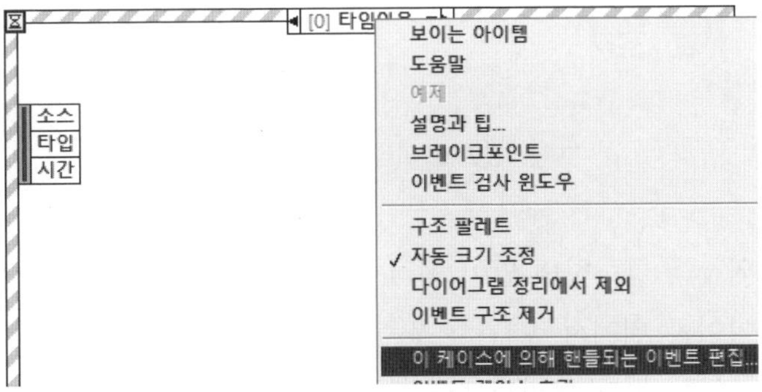

그림 16.5 이벤트 편집 창 열기

(5) 그림 16.6과 같이 이벤트 편집 창을 설정한 후 확인 버튼을 클릭해서 편집 창을 닫으면, 그림 16.7과 같이 된다. 그림 16.7에서 이벤트 케이스 아이템 중 '문자'만 남기고 나머지 아이템들은 마우스로 상하 드래그 하여 사라지게 한다.

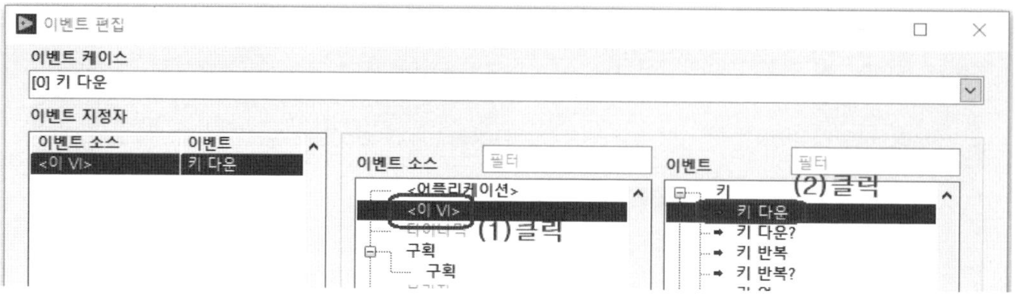

그림 16.6 이벤트 편집 창 설정

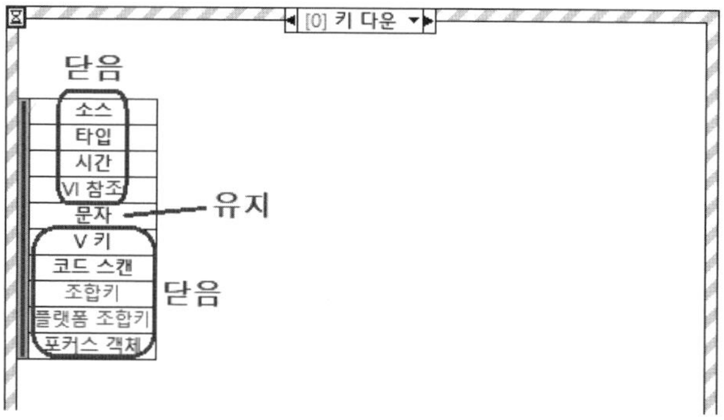

그림 16.7 이벤트 케이스 0 설정

(6) 이제 키보드 p와 q를 클릭하면 말이 움직이도록 하는 프로그램을 작성하자. 블록다이어그램의 '말 1' 아이콘 위에서 '마우스 우측버튼 클릭 〉 생성 〉 프로퍼티 노드 〉 위치 〉 왼쪽'을 실행하여 'Left' 프로퍼티 노드를 생성한다. 마찬가지 방식으로 '말 2'의 'Left' 프로퍼티 노드도 생성한다. 이들 프로퍼티 노드를 이용해서 그림 16.8과 같이 키보드 p와 q가 클릭되면 말 1과 말 2가 각각 70픽셀 오른쪽으로 이동하는 프로그램을 추가 작성한다. 그림 16.8에서 정수 112와 113은 소문자 알파벳 p와 q의 아스키 코드에 각각 해당한다. 다른 문자들에 대한 아스키 코드는 그림 16.9를 참고하라. 그림 16.8을 살펴보면, 키보드 p를 누르면 '문자' 아이템의 출력단에서 숫자 112가 출력되어서 상단 참 케이스가 실행되게 된다. 반면에 키보드 q를 누르면 '문자' 아이템의 출력단에서 숫자 113이 출력되어서 하단 참 케이스가 실행되게 된다.

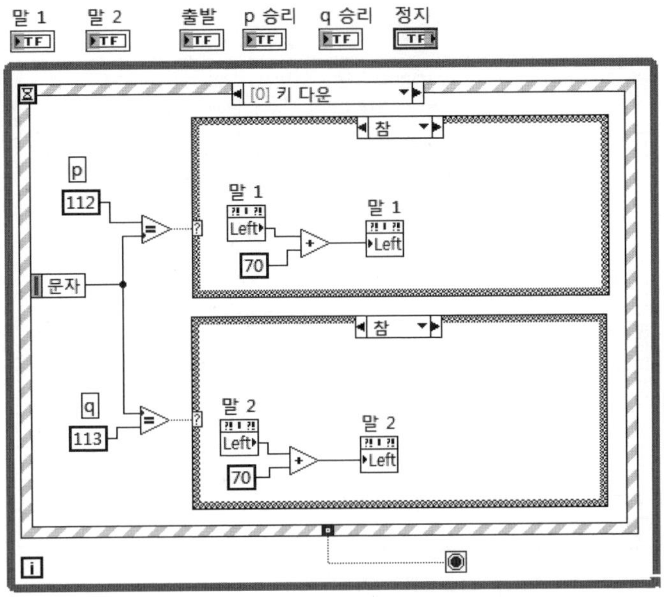

그림 16.8 p와 q 클릭 시 말 1과 말 2가 각각 오른쪽으로 70픽셀씩 이동

12	FF	44	`	76	L	108	l
13	CR	45	-	77	M	109	m
14	SO	46	.	78	N	110	n
15	SI	47	/	79	O	111	o
16	DLE	48	0	80	P	112	p
17	DC1	49	1	81	Q	113	q
18	SC2	50	2	82	R	114	r
19	SC3	51	3	83	S	115	s
20	SC4	52	4	84	T	116	t

그림 16.9 숫자 및 알파벳의 아스키 코드

(7) 그림 16.4와 같이 결승선은 'p 승리' LED 또는 'q 승리' LED의 좌측 끝으로 가정하고, '말 1' 또는 '말 2' 컨트롤의 우측 끝이 결승선을 통과하면 상기 두 LED가 켜지도록 하자. 이를 위해 그림 16.10과 같이 프로그램을 작성한다. 그림 16.10의 상단 참 케이스를 보면, 와이어 a로는 말 1의 우측 끝의 수평 좌표 값이 나오며, 와이어 b로는 결승선('p 승리' LED 좌측 끝)의 수평좌표 값이 나오므로, 말 1의 우측 끝이 결승선을 통과하는 조건인 a>b일 때 와이어 c에서 참이 나와서 'p 승리' 로컬변수와 '정지' 함수로 참이 입력되어 'p 승리' LED가 켜지게 된다. 하단의 참 케이스도 위와 같은 방법으로 동작한다.

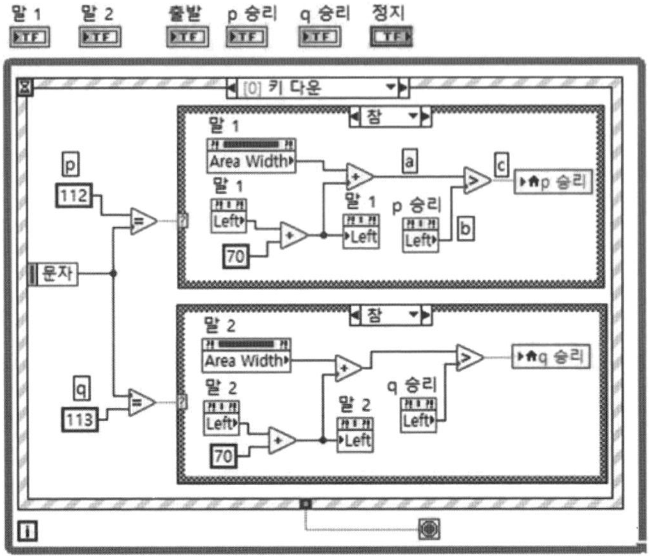

그림 16.10 말이 결승선을 통과하면 LED가 켜지는 프로그램

(8) 이제 공정한 게임을 위해 두 말이 같은 위치에서 출발하도록 두 말의 초기 수평 좌표가 같도록 지정해주자. 그림 16.11과 같이 말 1과 말 2의 좌측 끝이 '출발' LED의 우측 끝과 일치하도록 해주기 위해, '출발' 아이콘 위에서 '마우스 우측버튼 클릭 〉 생성 〉 프로퍼티 노드 〉 위치 〉 왼쪽'과 '마우스 우측버튼 클릭 〉 생성 〉 프로퍼티 노드 〉 경계 〉 영역 폭'을 실행하여 '출발' LED의 'Left' 프로퍼티 노드와 'Area Width' 프로퍼티 노드를 생성한다. 그리고 그림 16.12와 같이 프로그램을 완성한다.

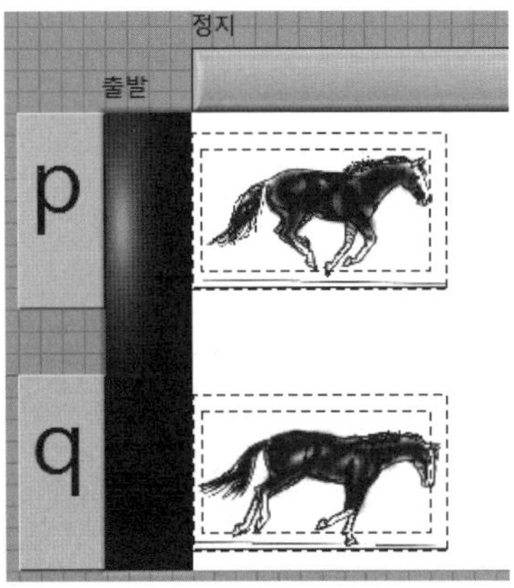

그림 16.11 출발 위치 설명

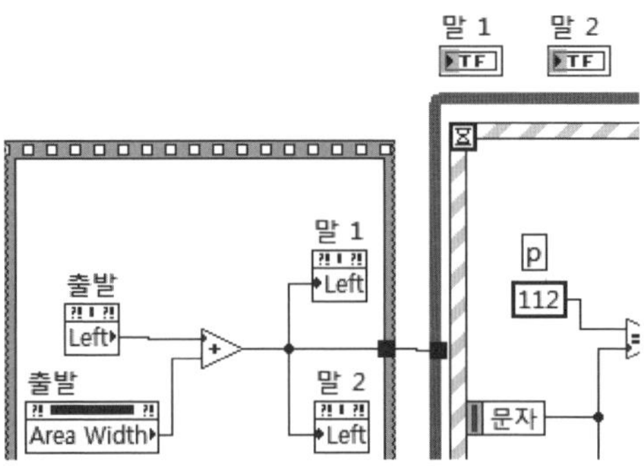

그림 16.12 출발 위치 초기화 프로그램

(9) 프로그램을 실행시켜보면, 두 말이 같은 초기 위치에서 출발 대기 상태에 있음을 확인할 수 있을 것이다. 실제로 p 버튼을 클릭해서 말 1을 결승선으로 통과시켜보면 'p승리' LED가 켜짐을 확인할 수 있다. 한편, 정지 버튼을 클릭한 후 다시 프로그램을 실행시켜 보면, 이전에 켜져 있던 'p 승리' LED가 그대로 켜진 채로 있는 것을 확인할 수 있다. 프로그램을 실행했을 때 모든 LED가 꺼진 상태가 되도록 하기 위해 그림 16.13과 같이 세 LED의 로컬변수에 거짓 상수를 입력해주는 프로그램을 추가한다.

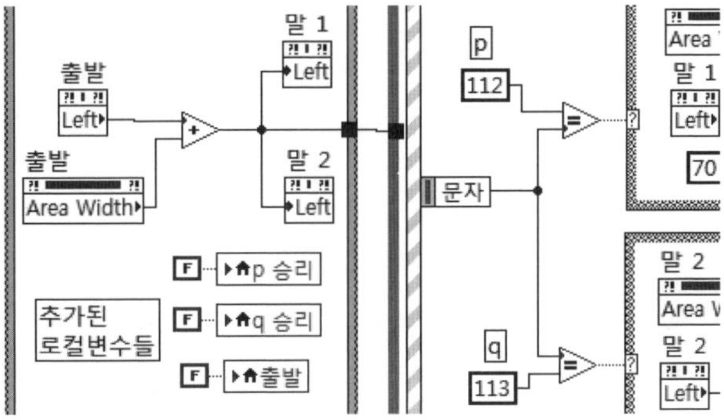

그림 16.13 모든 LED를 꺼진 상태로 초기화

(10) 파일명 '예제16.vi'로 저장한 후 실행시켜 보아라. 프로그램이 의도한 바와 같이 동작하는 지 확인하라. 반드시 프런트패널을 클릭해서 활성화한 다음에 키보드 p와 q를 눌러서 경주를 시작하라. 그리고 키보드가 알파벳 소문자 입력 상태인지도 확인하라.

연습문제 16.1

예제 16에서 프로그램을 실행하면 2초 후에 '출발' LED가 켜지는 방식에 의해 출발 신호를 주도록 하라.

(1) 파일 '예제16.vi'를 연 후 '연습16.1.vi'로 저장한다.

(2) 그림 16.14와 같이 시퀀스 구조에 프레임을 추가한 후에, 첫 번째 프레임에는 기다림(ms) 함수를 추가하고 두 번째 프레임에는 '출발' 로컬변수를 추가한다.

(3) 파일을 저장한 후 실행시켜 보아라.

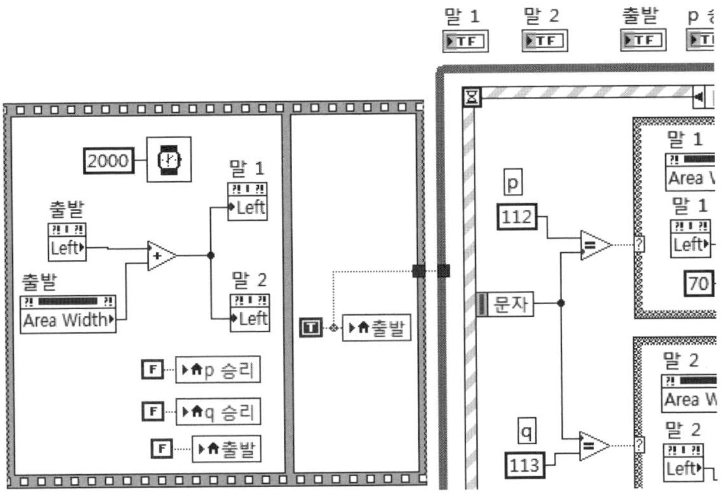

그림 16.14 변경된 블록다이어그램

연습문제 16.2

연습문제 16.1에서 '출발' LED가 켜지는 출발 신호 보다 p 버튼 또는 q 버튼을 먼저 눌렀을 시(부정 출발 시), 해당 말에 경고 표시를 해주는 기능을 추가하라.

(1) 파일 '연습16.1.vi'를 연 후 '연습16.2.vi'로 저장한다.

(2) 프런트패널에서 '컨트롤 〉 일반(1*3) 〉 문자열 & 경로(1*3) 〉 문자열 인디케이터(1*2)'를 실행하여 문자열 인디케이터를 그림 16.15와 같이 추가한 후, 라벨은 '부정'으로 수정한다.

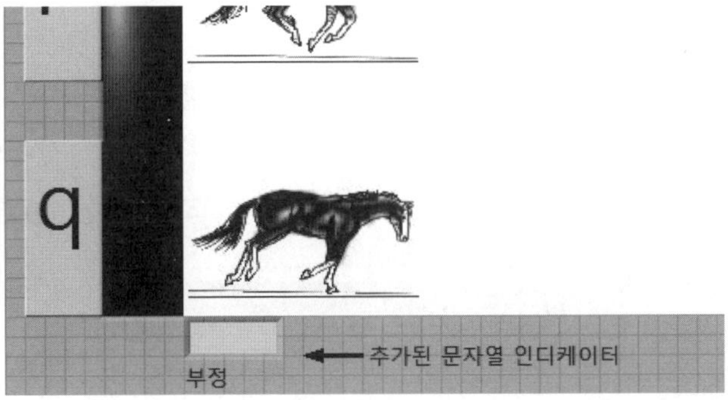

그림 16.15 '부정' 문자열 인디케이터 추가

(3) 그림 16.16과 같이 '부정' 인디케이터를 마우스로 선택한 상태에서, 그림 16.17과 같이 '15pt 어플리케이션 폰트 〉 크기 〉 36'을 실행하여 문자열의 크기를 36폰트로 지정한다. 다음으로, 그림 16.18과 같이 '부정' 문자열 인디케이터의 우측 끝을 오른쪽으로 드래그해서 인디케이터 폭을 넓게 한다.

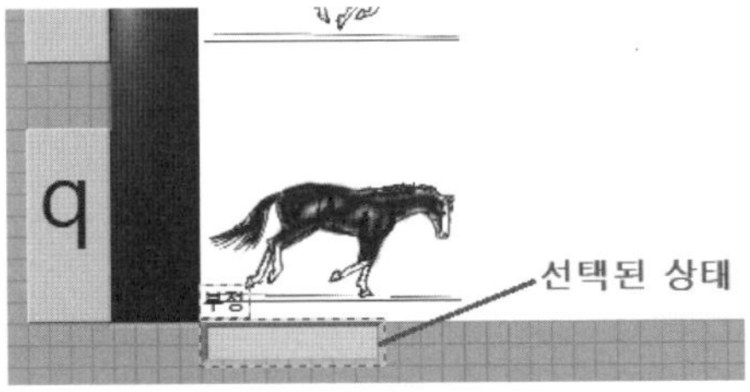

그림 16.16 '부정' 인디케이터 마우스로 선택

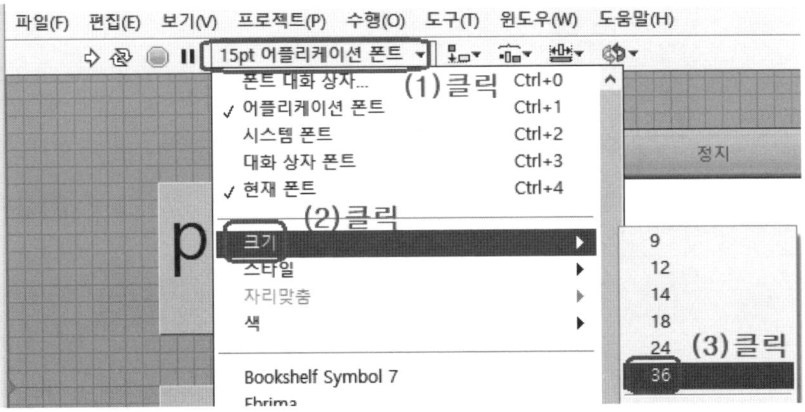

그림 16.17 문자열 인디케이터 크기를 조정하는 방법

그림 16.18 '부정' 문자열 인디케이터 확대

(4) 이제 본격적으로 프로그램을 작성하기 위해, 블록다이어그램에서 '부정' 아이콘 위에서 '마우스 우측버튼 클릭 〉 생성 〉 로컬 변수'를 실행하여 '부정' 로컬 변수(부정)를 생성한다. 그리고 이것을 사용하여 그림 16.19와 같이 프로그램을 추가한다.

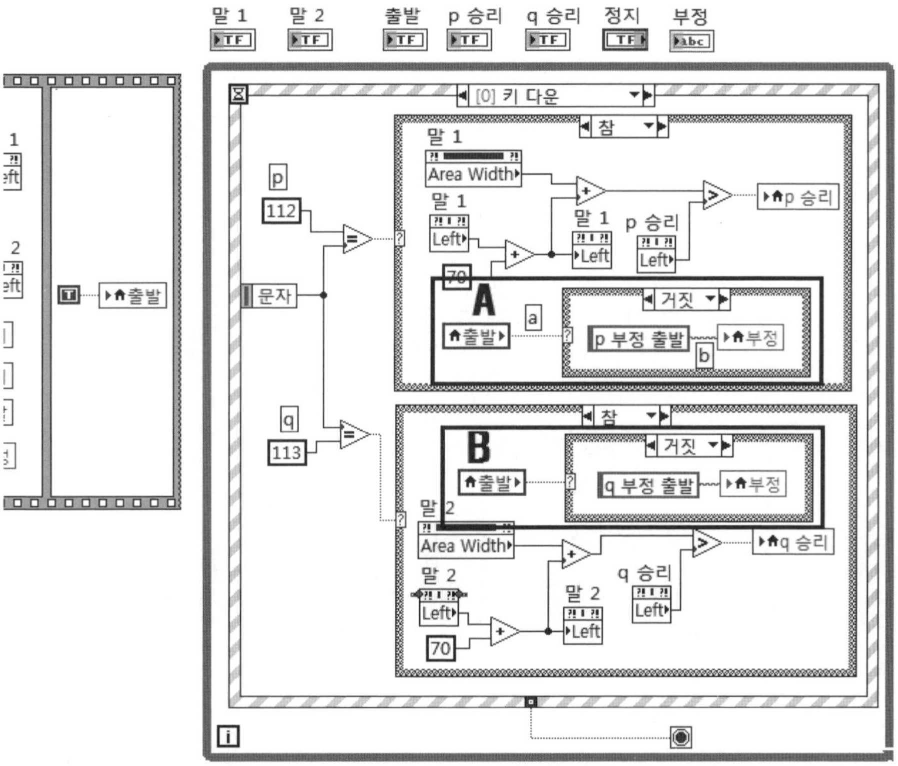

그림 16.19 부정 출발 경고 기능 추가

(5) 그림 16.19에서 좌측의 시퀀스 구조와 우측의 While 루프 사이에 와이어 연결이 되어 있지 않으므로, 프로그램이 실행되었을 때 시퀀스 구조와 While 루프는 동시에 시작하게 된다. 반면에, 예제 16과 연습 16.1에서는 시퀀스 구조가 먼저 시작되고 종료된 후, While 루프가 시작된다. 시퀀스 구조와 While 루프가 동시에 시작된 상태에서 만약 2초가 되기 전('출발' LED가 켜지기 전)에 p 버튼이 클릭되면, 그림 16.19의 A 구역의 '출발' 로컬 변수에서 진리값 거짓이 와이어 a로 나와서 거짓 케이스가 실행되게 된다.

결과적으로 거짓 케이스 내부의 와이어 b를 통해 'p 부정 출발' 문자열이 '부정' 로컬변수로 입력되게 되어 프런트패널에 있는 '부정' 인디케이터에 'p 부정 출발' 문자열이 나타나게 된다. q 부정 출발 시에도 B 구역 프로그래밍이 같은 원리로 동작해서 프런트패널에 있는 '부정' 인디케이터에 'q 부정 출발' 문자열이 나타나게 된다.

(6) 마지막으로, 프로그램 시작 시 프런트패널의 '부정' 인디케이터에는 아무 문자열도 나타나지 않게 하기 위해, 그림 16.20과 같이 '부정' 로컬변수에 빈 문자열 상수를 입력한다.

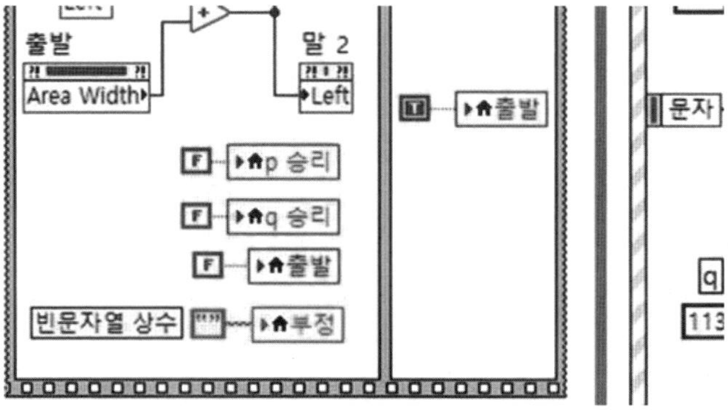

그림 16.20 '부정' 인디케이터 초기화

(7) 파일을 저장한 후 실행시켜 보아라. 의도한 바와 같이 잘 동작하는지 확인하라.

연습문제 16.3

연습문제 16.2에서 말 두 마리 중 한 마리가 결승선을 통과해서 승리 LED가 켜지면, 다른 말은 그 자리에서 멈추게 해서 승리한 말 구별을 쉽게 할 수 있도록 하라.

(1) 파일 '연습16.2.vi'를 연 후 '연습16.3.vi'로 저장한다.

(2) 그림 16.21과 같이 다각형 영역으로 표시된 부분을 추가하여 While 루프 내부의 참 케이스가 실행되어질 조건을 변경하도록 하자. 참고로, AND 함수(∧)는 '함수 〉 프로그래밍 〉 불리언(2*2) 〉 AND(1*1)'을 실행해서 추가하면 되고, 이 함수는 좌측 두 입력단으로 참이 입력된 경우에만 우측 출력단으로 참을 출력한다.

(3) 그림 16.21이 어떻게 동작하는지 설명하기 위해 한 가지 예를 들어보자. 만약 말 2가 먼저 결승선을 통과해서 q 승리 로컬 변수(q 승리)로 참이 입력되면서 'q 승리' LED가 켜졌다면, 말 1은 더 이상 움직이면 않도록 해야 한다. 이를 위해, 말 2가 결승선을 통과한 경우에 'q 승리' 로컬 변수(b)에서 출력되는 진리값 참을 NOT 함수로 거짓으로 바꾸어서 AND 함수(a)의 상단 입력단으로 입력한다. 그러면, AND 함수(a) 출력단으로는 거짓이 항상 나오게 되어 참 케이스가 실행될 수가 없게 되어 말 1은 움직일 수 없게 된다.

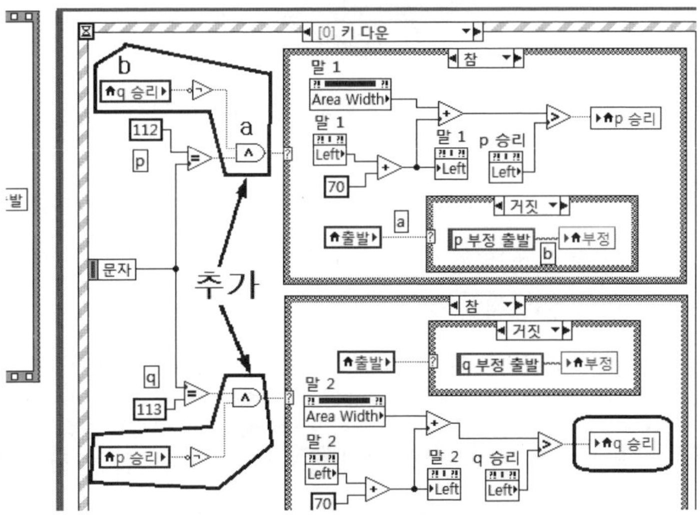

그림 16.21 참 케이스가 실행될 조건 변경

17 예제

그림 17.1과 같은 PC용 웹캠(카메라)으로 자동차 번호판을 촬영하면 번호판 번호가 자동으로 인식되는 프로그램을 작성하라. 이를 위해 머신 비전 시스템(소프트웨어와 하드웨어)도 구축하라.

학|습|내|용|

1. 머신 비전 시스템(소프트웨어, 하드웨어) 구축
2. 번호판 인식을 위한 머신 비전 함수와 랩뷰 기본 함수 활용
3. 날짜, 시간, 번호판 정보 저장하기

그림 17.1 웹캠(모델명: 마이크로소프트 HD-3000, 가격: 약25,000원)

(1) 본 예제를 위해, 현재 설치되어 있는 LabVIEW 소프트웨어 이외에 추가로 Vision과 관련된 두 개의 소프트웨어 설치가 필요하다. 첫 번째로 컴퓨터 본체의 USB 단자에 연결되는 웹캠(카메라)을 인식하기 위한 드라이버 소프트웨어를 설치하기 위해, 최신 Vision Acquisition Software를 부록 A의 과정을 따라 설치하자.

(2) 다음으로, 자동차 번호판에 있는 숫자 이미지와 문자 이미지를 인식하기 위한 함수들을 설치하기 위해, 최신 Vision Development Module을 부록 B의 과정을 따라 설치하자.

(3) 이제 그림 17.2와 같은 자동차 번호판을 자동으로 인식해서 자동차 번호를 하드디스크에 저장하는 프로그램을 작성할 것이다.

그림 17.2 자동차 번호판 샘플(폰트: 굴림, 굵은 글씨)
(교재 CD 〉 자동차번호판인식 폴더 〉 67노5328.jpg)

(4) 교재 CD의 '자동차번호판인식' 폴더에서 '번호판인식.vi' 파일을 연 후 '예제17.vi'로 저장하면 그림 17.3(17.3a와 17.3b)과 같이 된다.

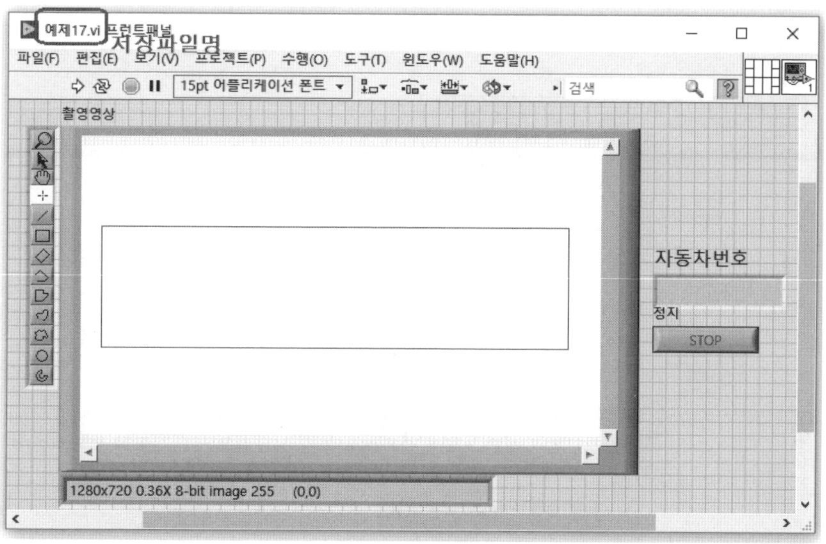

그림 17.3a 예제17.vi 파일의 프런트패널

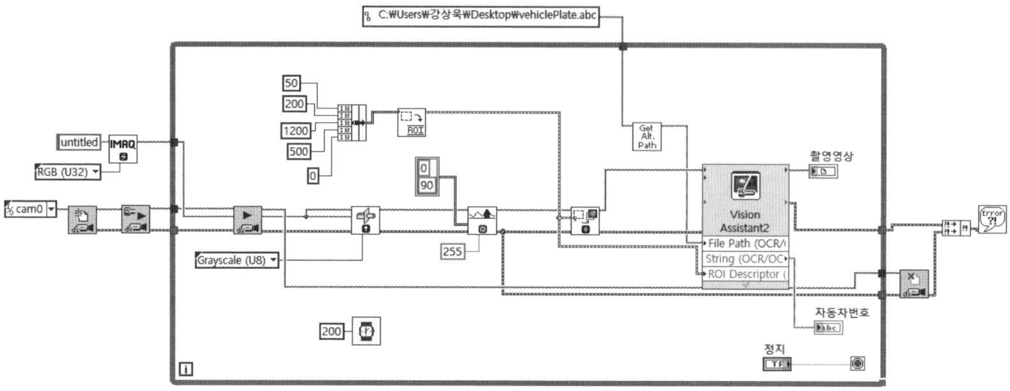

그림 17.3b 예제17.vi 파일의 블록다이어그램

(5) 먼저, 카메라로 촬영된 이미지 속에서 문자나 숫자를 읽을 수 있기 위해선 미리 학습이 필요하다. 본 교재에선 '굴림' 폰트의 굵은 글씨체에 대해 미리 학습을 수행하여, 일종의 인공지능 파일 vehiclePlate.abc를 교재 CD의 '자동차번호판인식' 폴더에 생성해두었다. 그림 17.4와 같이 경로 위에서 마우스 우측버튼을 클릭하여 인공 지능 파일을 불러온다. 참고로 교재의 경우는 vehiclePlate.abc 파일을 바탕화면에서 불러온 경우이다.

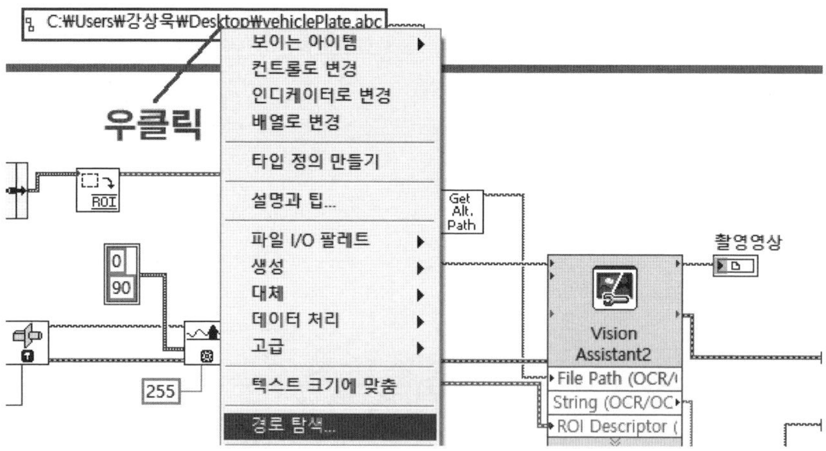

그림 17.4 인공 지능 파일 vehiclePlate.abc 불러오기

(6) 그림 17.1의 웹캠을 컴퓨터에 연결한 상태에서 그림 17.5(상)와 같이 NI MAX 소프트웨어를 연다. 참고로, 부록 A와 부록 B의 과정을 거치면 NI MAX 소프트웨어는 설치가 된다. 그림 17.5(하)의 NI MAX 창에서 '디바이스와 인터페이스' 하위에 HD-3000 웹캠이 디바이스 이름 'cam0'로 인식되었음을 확인한다. 그리고 블록다이어그램에서 그림 17.6과 같이 'cam0'으로 되어 있는지 확인하고, 다른 이름이 적혀 있다면 더블 클릭해서 'cam0'으로 수정한다.

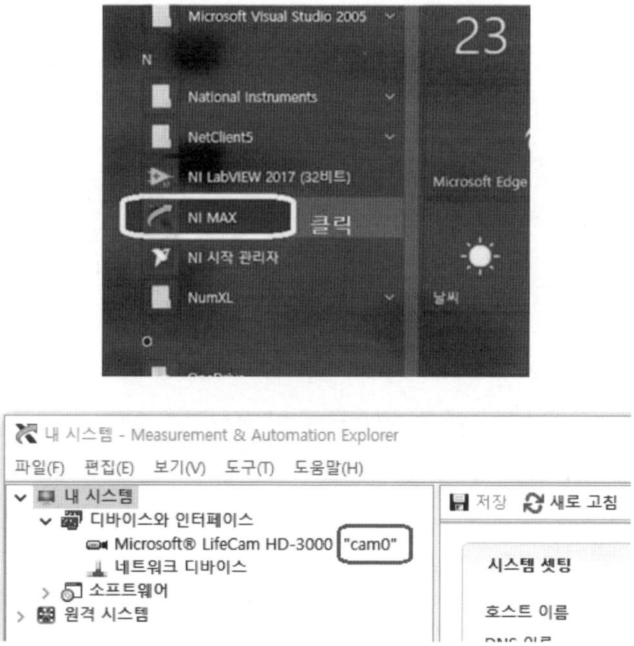

그림 17.5 NI MAX 소프트웨어 열기 및 웹캠 인식 확인

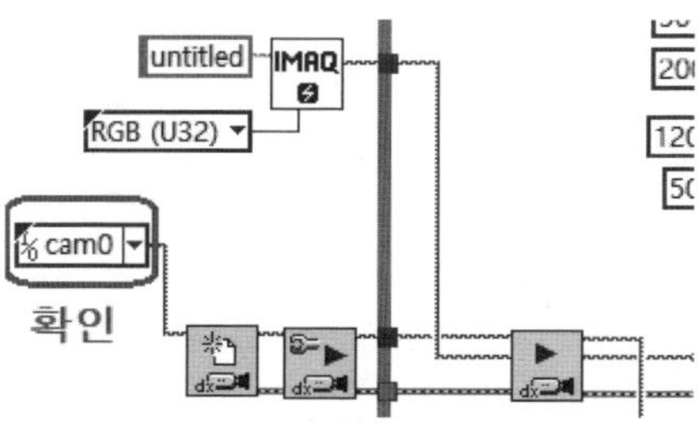

그림 17.6 연결된 카메라의 디바이스 이름 확인

(7) 이제 프로그램을 실행시킨 상태에서 웹캠으로 그림 17.2의 번호판 이미지(교재 CD 〉 자동차번호판인식 〉 67노5328.jpg)를 촬영해보자. 반드시 그림 17.7과 같이 ROI(Region Of Interest) 사각 박스 속에 자동차 번호가 정확이 들어오도록 카메라 위치를 조절하라. 그러면 프런트패널의 '자동차번호' 인디케이터에 그림 17.7과 같이 인식된 차번호가 출력될 것이다.

그림 17.7 자동차 번호판 인식 프로그램 실행 상태

(8) 그림 17.8과 같이 번호판의 일부(숫자 2)가 오염된 번호판을 촬영하면, 그림 17.9와 같이 오염된 숫자는 ?로 읽혀지게 된다.

그림 17.8 일부 오염된 자동차 번호판
(교재 CD 〉 자동차번호판인식 폴더 〉 67노5328오염.jpg)

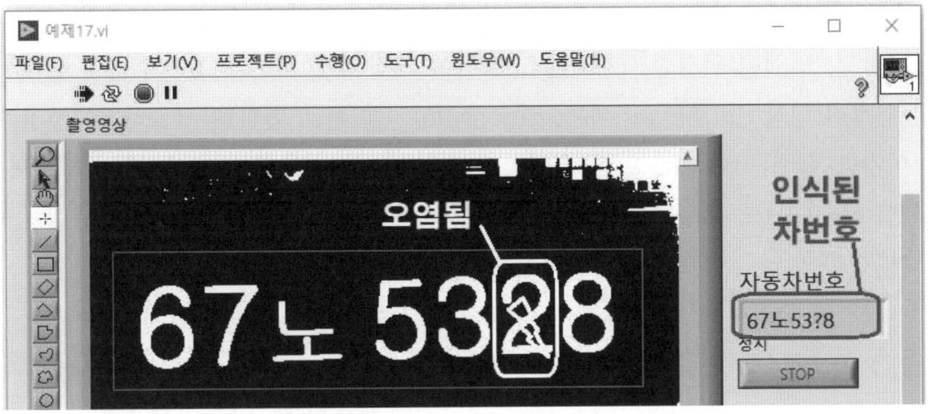

그림 17.9 오염된 자동차 번호를 인식한 경우

(9) 이제 블록다이어그램의 주요 부분에 대해 설명하고자 한다. 그림 17.9의 (a) 부분은 ROI 사각형의 좌측 상단 꼭지점의 좌표가 (50, 200)이고 우측 하단 꼭지점의 좌표가 (1200, 500)임을 의미한다. 그리고 (b) 부분은 ROI의 회전 각도가 0도임을 의미한다. 이 값들을 변경하면, 그림 17.7 또는 그림 17.9에 있는 ROI의 모양이 변경되게 된다.

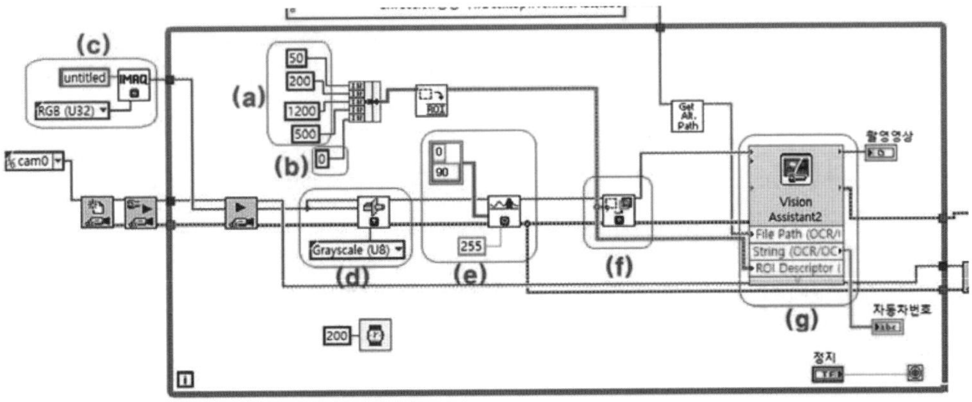

그림 17.10 블록다이어그램 설명

(10) 그림 17.10의 (c) 부분은 컴퓨터의 임시 메모리(Ram)에 이름 'untitled'의 저장 공간을 할당하고, 웹캠이 촬영한 RGB 컬러 영상이 저장되게 해준다. (d) 부분은 웹캠에서 촬영된 컬러 영상 이미지를 회색조(gray scale) 이미지로 변환해준다. (e) 부분은 회색조 이미지를 흑백 이미지로 변환해주는 역할을 하는데, 회색조 이미지(0: 검정색, 255: 흰색)에서 0~100 사이의 색상(검정색에 가까운 색상)은 모두 흰색(255)으로 변환해주는 역할을 한다.

(11) 그림 17.10의 (f) 부분은 ROI를 촬영 화면 위에 나타나게 해주는 역할을 한다. 마지막으로 (g) 부분은 인공지능 파일 vehiclePlate.abc를 이용하여 ROI 영역 속의 이미지에서 문자나 숫자를 읽어서 '자동차번호' 인디케이터로 출력해주는 역할을 한다.

연습문제 17.1

예제 17에서 자동차 번호판 인식이 성공했을 경우, '인식성공' LED가 켜지도록 하라.

(1) 먼저 예제17.vi를 연습17.1.vi로 저장한 후, 그림 17.11과 같이 '인식성공' LED를 프런트패널에 추가한다.

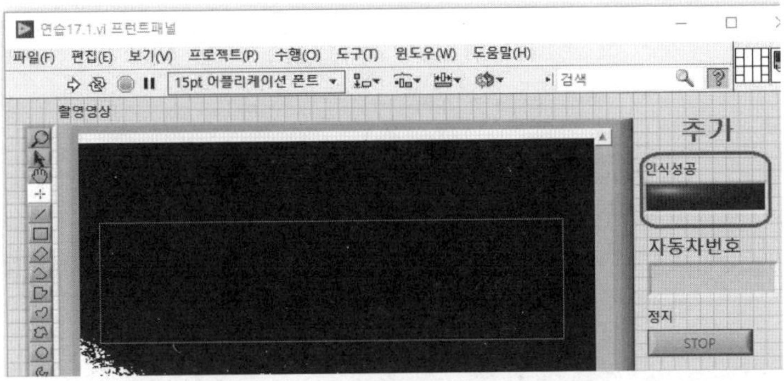

그림 17.11 인식 성공 LED 추가

(2) 앞의 그림 17.9와 같이 ?가 인식된 자동차 번호 속에 포함되어 있는지를 확인하여 인식 성공 여부를 판단하고자 한다. 그래서 그림 17.12와 같이 '함수 〉 프로그래밍 〉 문자열(2*3) 〉 문자열 검색과 대체(2*2)'를 실행하여 문자열 검색과 대체 함수를 추가한다. 그리고, 인식된 자동차 번호 속에 ?가 없으면 '인식성공' LED 가 켜지는 프로그래밍을 추가로 한다. 참고로 그림 17.12에서 인식된 자동차 번호 속에 ?가 없으면 문자열 검색과 대체 함수 우측 출력단으로 0이 출력되고, 만약 인식된 자동차 번호 속에 ?가 1개 이상 있다면, 우측 출력단으로 1이 출력된다.

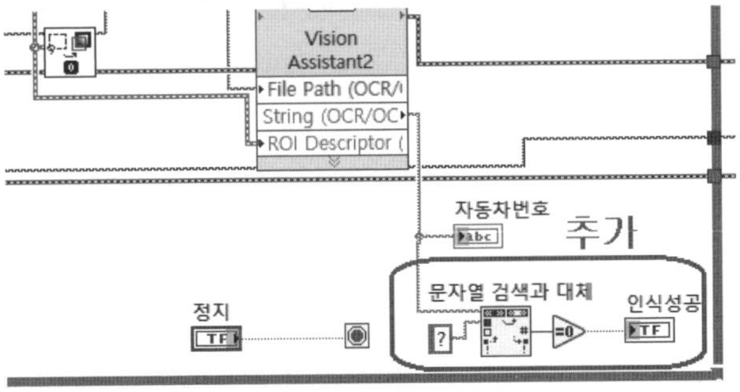

그림 17.12 인식 성공 LED 켜는 프로그래밍 추가

연습문제 17.2

연습문제 17.1에서, 인식 성공 LED가 자동차 번호판을 제대로 인식한 경우에 켜지지만, 카메라 영상 속에 아무 문자나 숫자가 없는 경우에도 켜지게 된다. 이러한 문제점을 개선하는 프로그램을 작성하라.

(1) 연습17.1.vi 파일을 연습17.2vi로 저장한 후 카메라를 흰 종이 위를 비추면, 그림 17.13과 같이 프런트패널의 '자동차번호' 인디케이터에는 빈 문자열이 나타나면서 인식성공 LED가 켜지는 오류가 발생한다.

그림 17.13 인식 성공 오류

(2) 위의 오류를 해결하기 위해, 그림 17.14와 같이 '함수 〉 프로그래밍 〉 문자열(2*3) 〉 문자열 길이(1*1)'를 실행하여 문자열 길이 함수를 추가한다. 그리고, 자동차 번호의 길이가 8byte가 되는 조건도 만족해야만 인식 성공 LED가 켜지는 프로그래밍을 한다. 참고로, 한글 한 글자의 길이는 2byte이며 숫자나 영어 한 글자의 길이는 1byte이다. 그래서 숫자 6개와 한글 1개로 구성된 자동차 번호의 길이는 8byte이다.

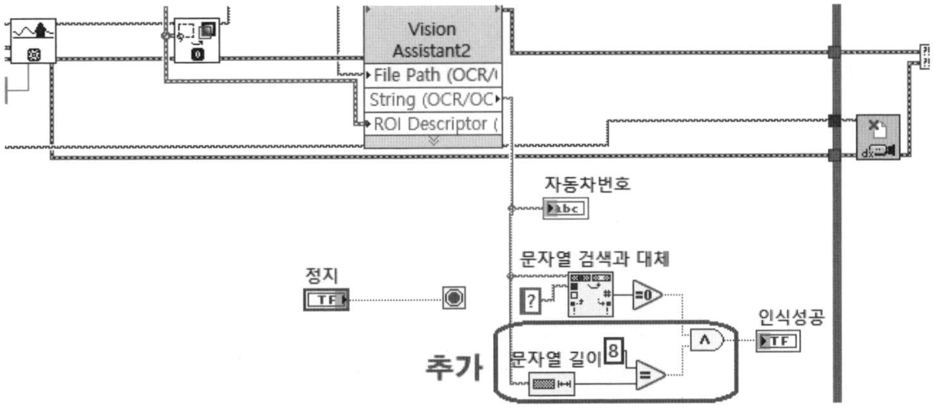

그림 17.14 번호판 인식 성공 판단 조건(문자열 길이=8인 조건) 추가

연습문제 17.3

연습문제 17.2를 수정하여, 번호판 인식이 성공하면 자동차 번호와 함께 날짜와 시간 정보가 하드디스크에 저장되게 하라. 단, 동일 차량이 계속 촬영되고 있을 때 같은 번호판 번호가 반복해서 저장되지 않고 단 한번만 저장되게 하라.

(1) 연습17.2.vi 파일을 연습17.3vi로 저장한 후, 날짜, 시간, 온도 정보를 하드디스크에 저장하는 예제인 예제 9를 참고하여 그림 17.15와 같은 블록다이어그램을 우선 작성하라.

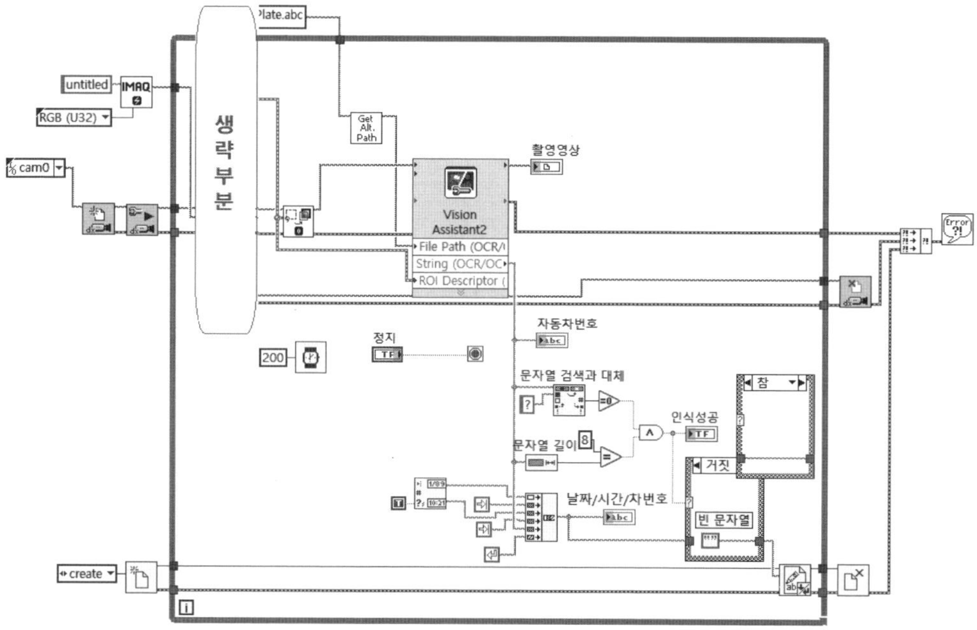

그림 17.15 1차 완성 프로그램

(2) 그림 17.15의 프로그램을 실행해보면, 그림 17.16과 같이 인식 성공 상태에서 동일한 차번호가 0.2초마다 하드디스크에 저장되는 문제점을 확인할 수 있다.

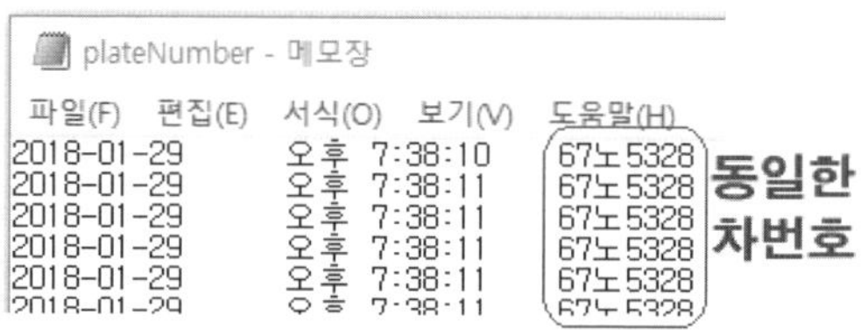

그림 17.16 동일한 차번호가 저장되는 문제점 확인

(3) 위의 문제점을 해결하기 위해 그림 17.17과 같이 시프트 레지스터를 추가하여, 연속적으로 인식되는 차번호가 다를 경우에만 하드디스크에 저장되도록 하는 프로그래밍을 하자. 참고로 그림 17.18은 그림 17.17에서 (a)와 (b) 부분을 확대한 것이다.

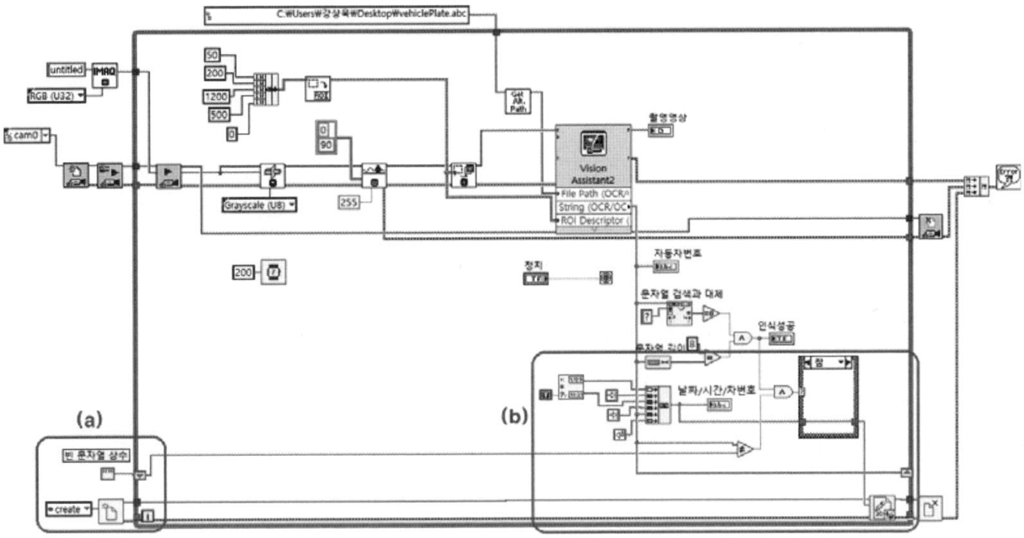

그림 17.17 최종 블록다이어그램

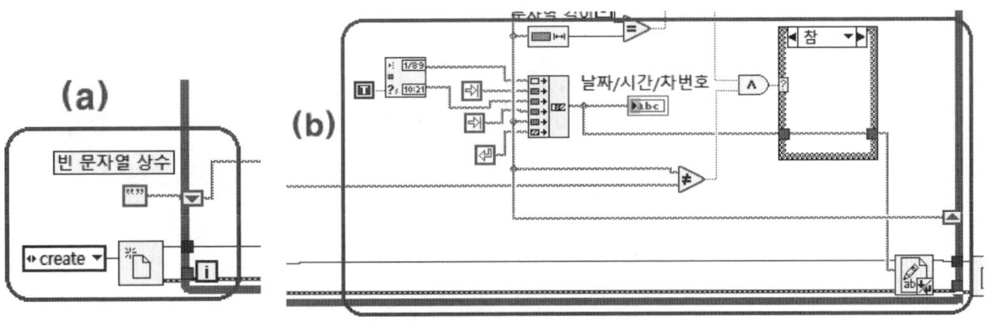

그림 17.18 부분 확대된 블록다이어그램

18

예 제

차량 자율 주행을 위해 카메라로 도로의 차선을 촬영하면 차량의 위치 정보와 방향 정보를 알려주는 자동 차선 인식 프로그램을 작성하라.

학 | 습 | 내 | 용 |

1. 자동 차선 인식을 위한 머신 비전 함수와 랩뷰 기본 함수 활용
2. 차량 위치 및 방향 정보 계산
3. 실시간 촬영 영상에서 자동 차선 인식
4. 도로 동영상 파일과 도로 이미지 파일에서 자동 차선 인식

(1) 그림 18.1은 최종 완성된 프로그램을 보여준다. 블록다이어그램이 작아서 잘 보이지 않으므로 교재 CD에 있는 '예제18.vi' 파일을 열어서 확인하라.

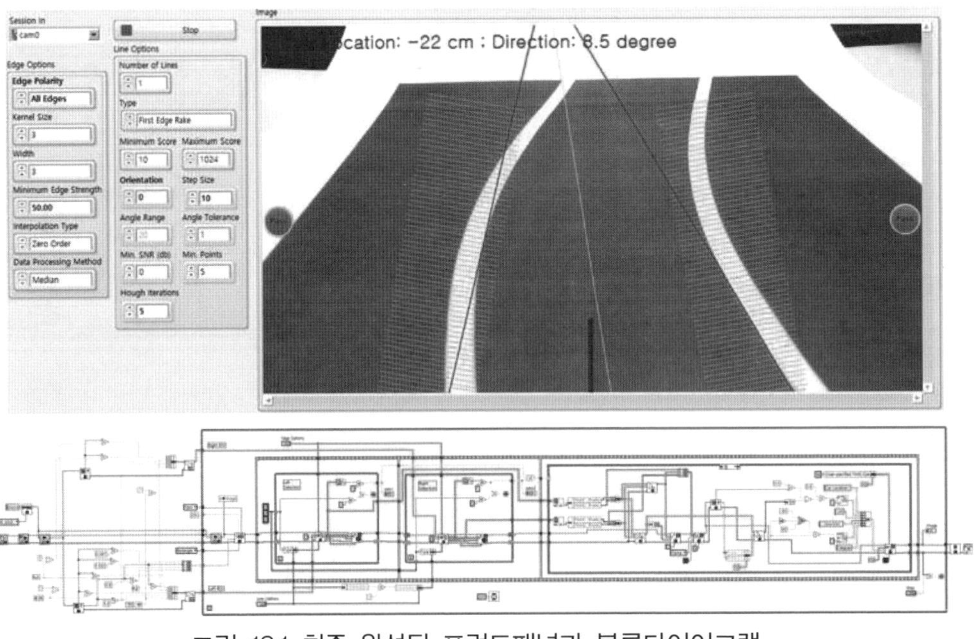

그림 18.1 최종 완성된 프런트패널과 블록다이어그램

(2) 만약 교재 CD에 있는 예제18.vi 파일을 다른 위치(예를 들어, 컴퓨터 하드 디스크)로 이동시켜서 열게 되면, 그림 18.2의 블록다이어그램 (a)와 (b) 부분에서 Overlay Straight Edges.vi 함수가 로딩이 안 되게 된다. 이 함수는 부록 A와 B의 머신 비전 소프트웨어에서 제공하지 않는 함수이기 때문에, 그림 18.2와 같이 함수 (a) 또는 (b)에서 마우스 우측 버튼을 클릭해서 교재 CD 〉 '자동차선인식' 폴더 〉 'Overlay Utilities' 폴더에서 Overlay Straight Edges.vi 함수를 로딩해야만 한다. 참고로, 'Overlay Utilities' 폴더를 하드 디스크에 복사한 후에 같은 방법으로 Overlay Straight Edges.vi 함수를 로딩해도 무방하다.

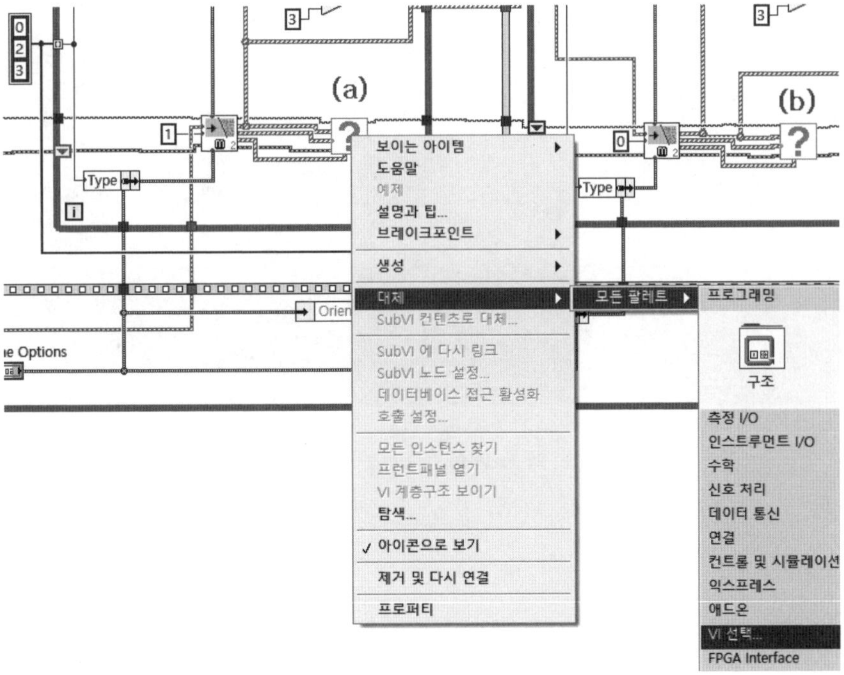

그림 18.2 Overlay Straight Edges.vi 함수 로딩하기

(3) 웹캠(카메라)으로 부록 D에서 제공되는 도로를 촬영하면, 그림 18.3과 같은 촬영 영상을 프런트패널에서 확인할 수 있다. 이 촬영 화면의 상단을 보면 Car Location이 -31 cm 이고 Direction이 7.7 degree인 정보가 나타나 있는데, 이 값들은 현재 차량이 양쪽 차선 중심으로부터 31cm 좌측 방향으로 벗어나 있고, 차량의 방향은 도로 방향에 대해 7.7도 기울어져 있음을 의미한다.

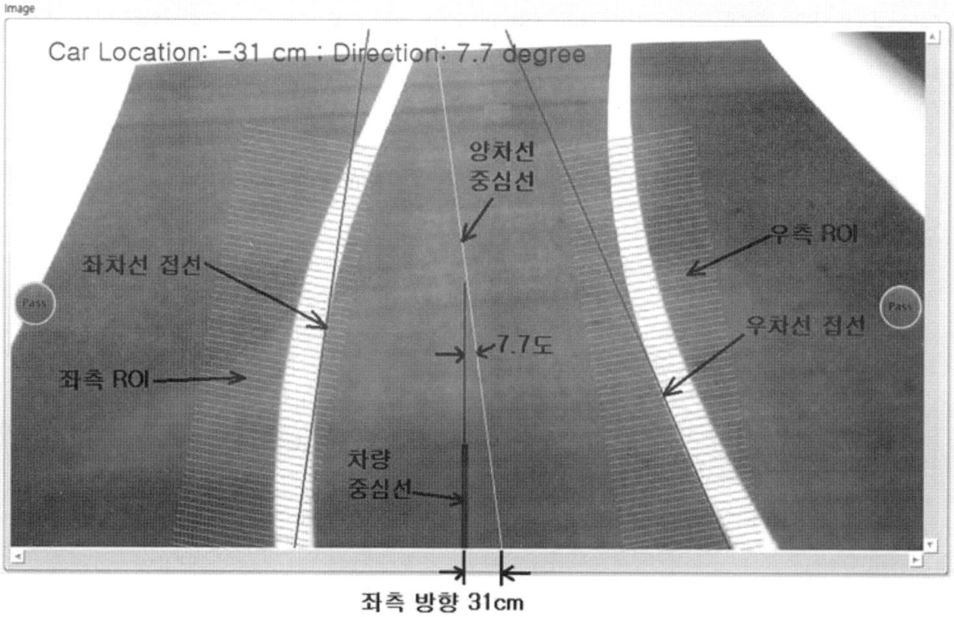

그림 18.3 자동 차선 인식 프로그램 실행 화면(프런트패널)

(4) 부록 D의 도로 이미지 위에 카메라를 비추어 촬영을 할 때, 그림 18.3처럼 좌측 차선은 좌측 ROI 속에, 우측 차선은 우측 ROI 속에 들어가게 한다. 그러면, 자동으로 좌차선 접선과 우차선 접선이 생성되면서 두 접선으로부터 양차선 중심선이 생성된다. 이 양차선 중심선과 차량 중심선으로부터 차량의 위치(Location)와 방향(Direction)이 계산되어 화면 상단에 나타난다.

(5) 그림 18.1의 블록다이어그램을 부분적으로 확대하여 설명을 하고자 한다. 그림 18.4에서 (a)부분은 웹캠으로 컬러 영상을 촬영하기 위한 기본 설정을 한다. (b)부분과 (c)부분은 그림 18.3의 좌측 ROI와 우측 ROI의 모양과 기운 각도를 각각 결정한다. 함수 (d)는 촬영된 영상을 프런트패널의 화면(Image)에 보여주는 역할을 하며, 함수 (e)는 (b)와(c)에서 생성된 좌우 ROI를 그림 18.3과 같이 화면(Image)에 나타나게 해준다.

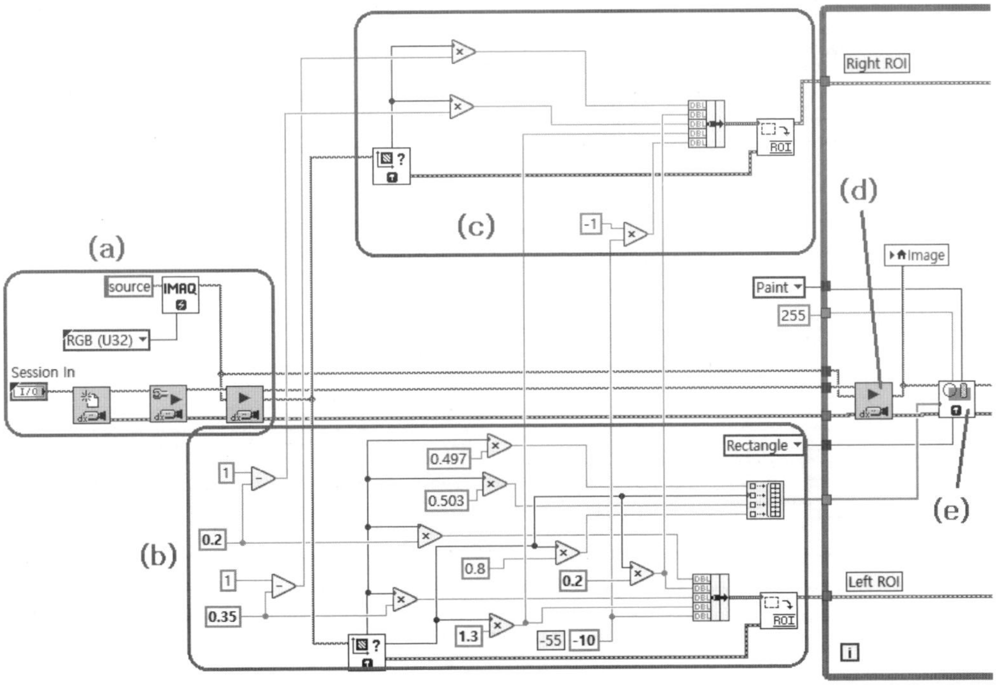

그림 18.4 블록다이어그램 초반부

(6) 그림 18.5에서 (f)부분은 그림 18.3에서 좌측 ROI 속에 있는 좌측 차선의 접선(좌차선 접선)에 대한 다양한 좌표 정보를 구해주는 역할을 한다. 마찬가지로 (g) 부분은 우측 ROI 속에 있는 우측 차선의 접선(우차선 접선)에 대한 다양한 좌표 정보를 구해주는 역할을 한다. (h)부분은 좌측 ROI와 우측 ROI가 서로 대칭이 되게 우측 ROI의 좌표계 방향을 변경해준다.

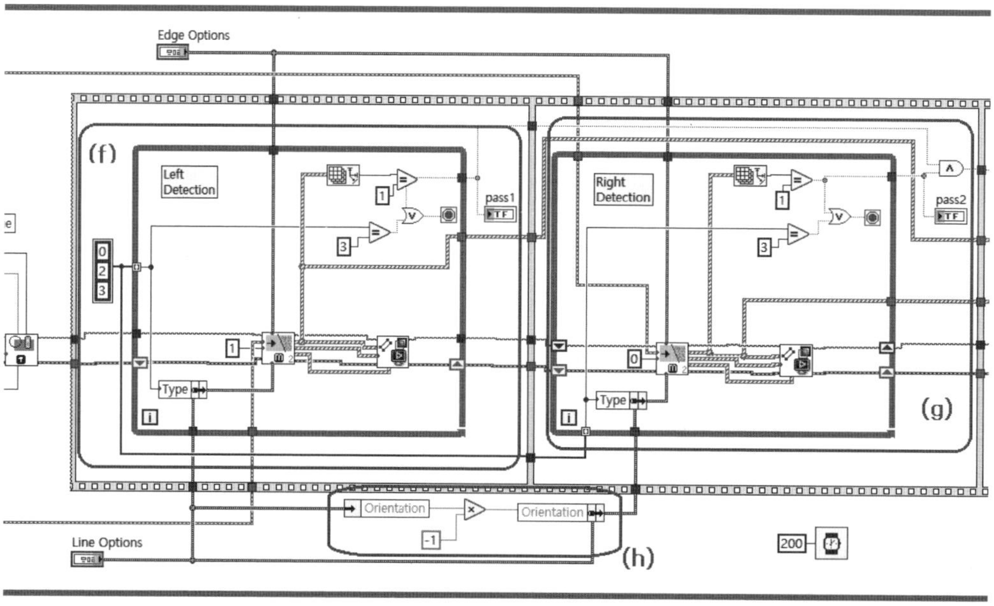

그림 18.5 블록다이어그램 중반부

(7) 그림 18.6에서 (i)부분은 좌차선 접선의 양끝 좌표와 우차선 접선의 양끝 좌표를 추출하는 역할을 한다. (j)부분은 두 접선의 좌표 정보를 이용해서 그림 18.3의 양차선 중심선의 좌표 정보를 구해주는 역할을 하며, (k)부분은 두 접선의 교점 좌표를 구해주는 역할을 한다. (l)부분은 (j)와 (k)에서 얻은 정보를 이용하여 양차선 중심선을 화면에 나타나게 해주며, (m)부분은 (i)와 (k)에서 얻은 정보를 이용하여 좌차선 접선과 우차선 접선이 화면에 나타나게 해준다. (o)부분은 프런트패널에 있는 화면(Image)의 폭과 높이를 픽셀 단위로 구해주는 역할을 한다.

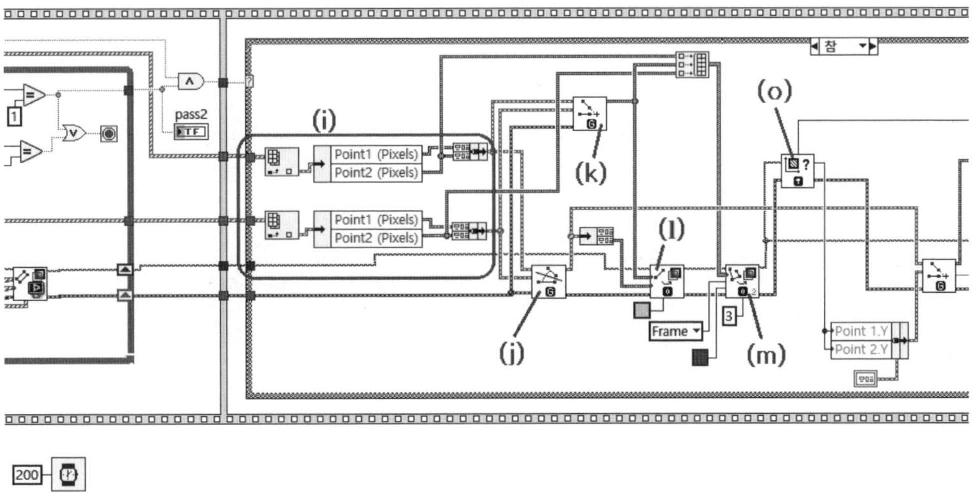

그림 18.6 블록다이어그램 중후반부

(8) 그림 18.7에서 함수(p)는 그림 18.3의 차량 중심선과 양차선 중심선 사이의 거리(픽셀 단위)와 각도를 계산하는 역할을 하며, (q)부분은 픽셀 단위로 구해진 거리를 cm 단위로 환산해주는 역할을 하며, 함수(r)은 그림 18.3과 같이 화면(Image) 상단에 'Car Location: −31 cm ; Direction: 7.7 degree'와 같은 형식으로 거리와 방향 정보가 나타나게 해준다.

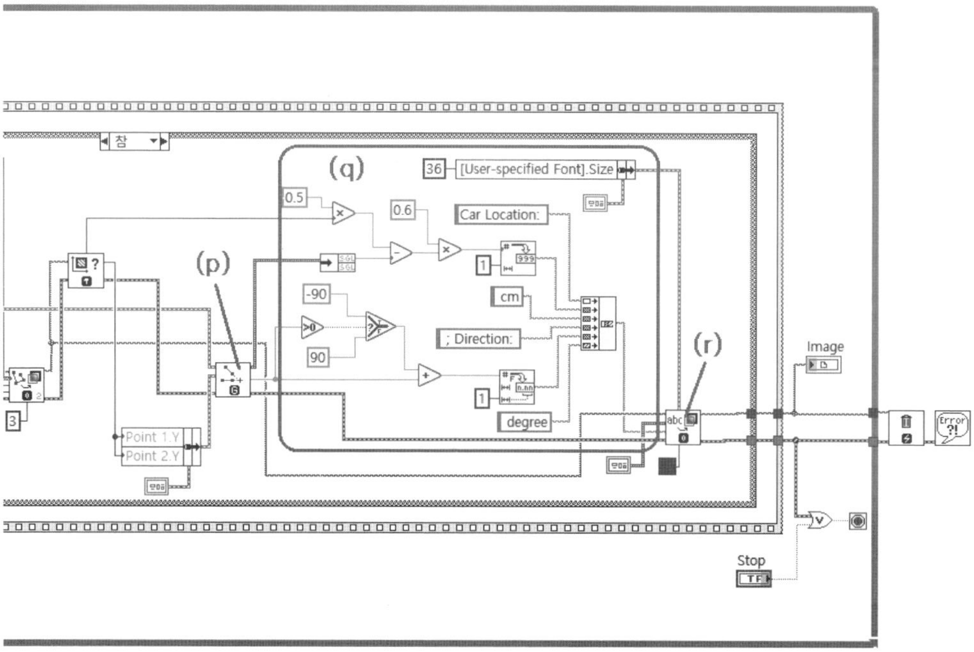

그림 18.7 블록다이어그램 후반부

연습문제 18.1

하드디스크에 저장되어 있는 실제 도로 이미지 파일(그림 18.8)을 읽어서 차선을 자동 인식하여 차량의 위치와 방향 정보를 계산해주는 프로그램(그림 18.9)을 예제 18을 수정하여 완성하라.

그림 18.8 실제 도로 이미지 (교재 CD 〉 '자동차선인식' 폴더 〉 실제도로.jpg)

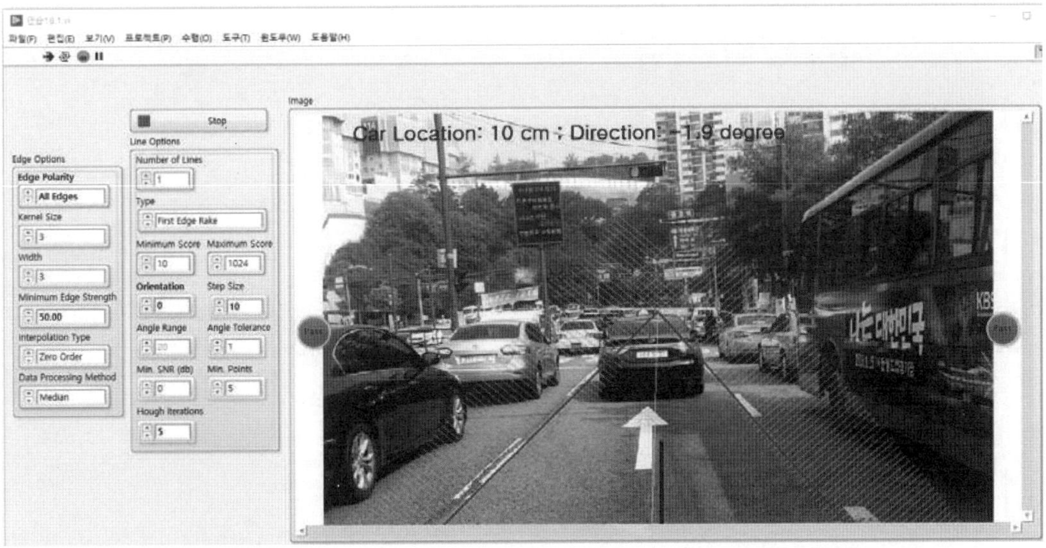

그림 18.9 실제 도로 이미지로부터 자동 차선 인식 실제 화면

(1) 본 연습문제의 해답 프로그램에 해당하는 교재 CD의 연습18.1.vi을 연다. 그림 18.10과 같은 방법으로 교재 CD의 '자동차선인식' 폴더 속에 있는 '실제도로.jpg' 파일을 경로 설정한 다음에 프로그램을 실행하면 그림 18.9와 같은 자동 차선 인식 화면을 확인 할 수 있다.

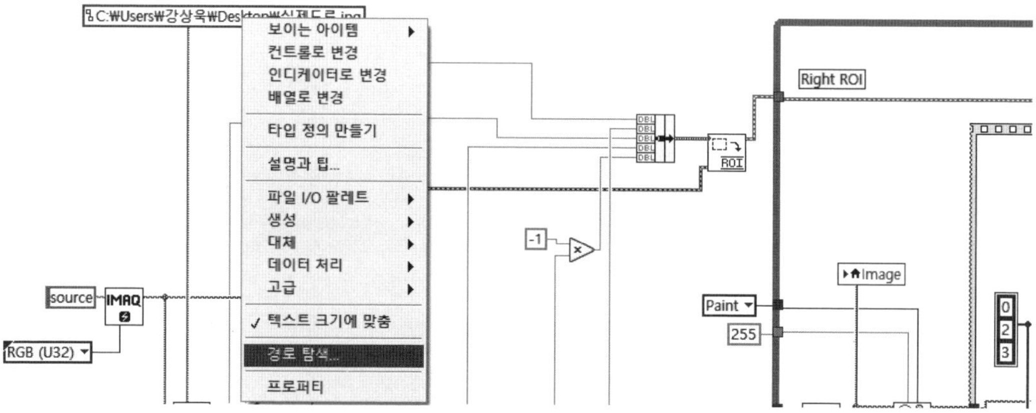

그림 18.10 실제 도로 이미지 경로 설정하기

(2) 예제 18.vi와 비교해서 연습18.1.vi에서 변경된 부분을 설명하면 다음과 같다. 그림 18.11의 함수 (a)는 하드디스크에 저장되어 있는 도로 이미지 파일을 불러오는 역할을 한다. 도로 이미지 파일을 불러 오기 위해선 경로(b) 위에서 '마우스 우측버튼 클릭 〉 경로 탐색'을 실행하면 된다. 함수(c)는 함수(a)에서 불러온 도로 이미지 파일의 복사본을 만들어 준다. 이 복사본을 이용해서 다양한 이미지 프로세싱이 이루어진다. (d)의 -40은 그림 18.9에서 좌측 ROI와 우측 ROI가 기울어진 각도를 의미하며, 차량에 장착된 카메라 각도에 따라 값이 다르게 설정된다. 참고로 예제 18에선 이 값이 -10으로 입력되었기 때문에 그림 18.1에서 ROI가 덜 기울어진 것을 확인할 수 있다.

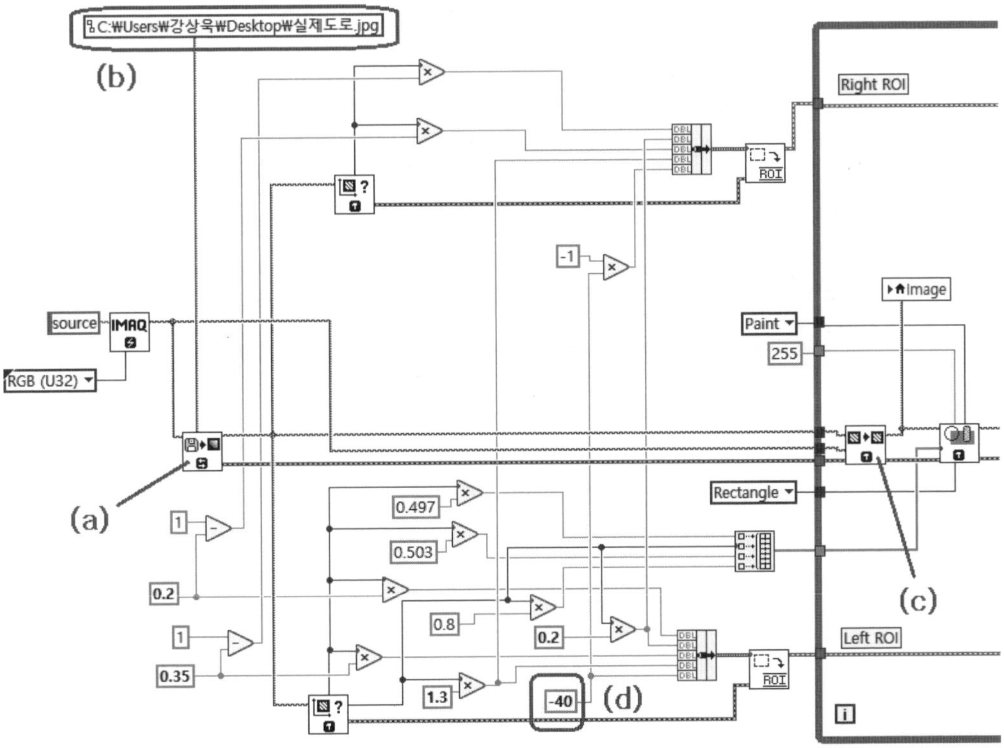

그림 18.11 블록다이어그램 초반부에서 수정된 부분

(3) 그림 18.12의 블록다이어그램 후반부에서 (e)부분은 화면(Image) 상단에 나타나는 'Car Location: −31 cm ; Direction: 7.7 degree'의 폰트 크기가 도로 이미지 폭에 비례해서 설정되게 해준다. 이를 위해 도로 이미지의 폭은 함수(f)에서 입력받으며, 현재의 경우 폰트 크기는 도로 이미지 폭을 20으로 나눈 값이다.

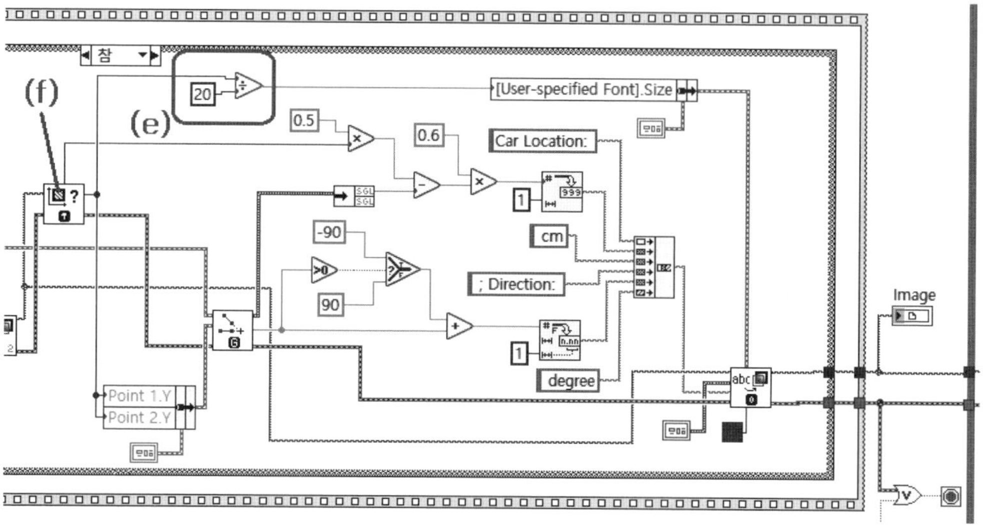

그림 18.12 블록다이어그램 후반부에서 수정된 부분

연습문제 18.2

하드디스크에 저장되어 있는 실제 도로 영상(avi 파일)을 읽어서 차선을 자동 인식하여 차량의 위치와 방향 정보를 계산해주는 프로그램(그림 18.13)을 연습문제 18.1을 수정하여 완성하라.

(1) 그림 18.13은 교재 CD에 있는 최종 완성된 프로그램 파일인 '연습18.2.vi'를 실행한 상태이다.

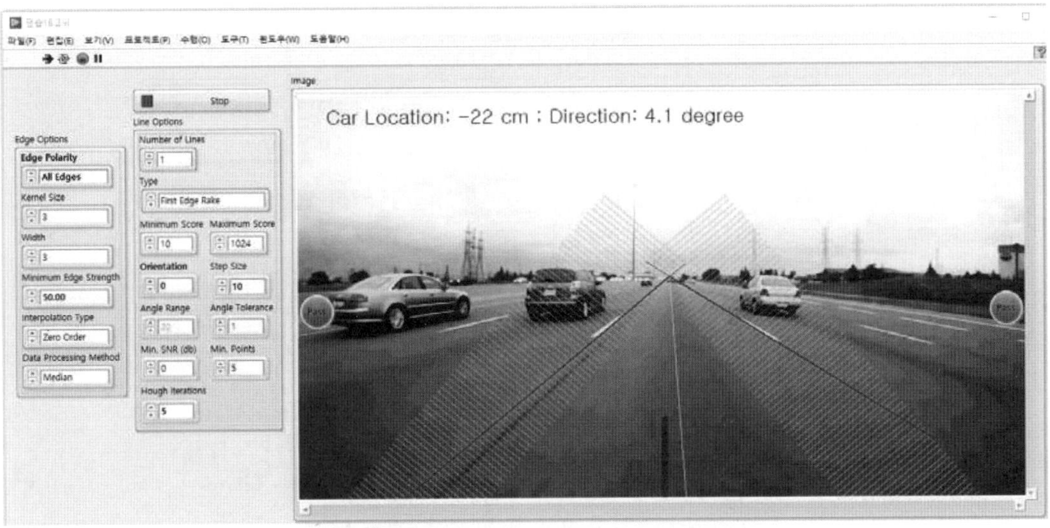

그림 18.13 최종 완성된 프로그램 실행 상태

(2) 연습문제 18.1에 비해 수정된 부분을 설명하면 다음과 같다. 그림 18.14에서 (a)부분은 (b)에서 경로 설정된 도로 영상 파일을 불러오는 역할을 한다. (c)부분은 (a)에서 불러온 영상 파일에서 프레임(한 개의 이미지)을 순차적으로 하나씩 추출하는 역할을 한다. 이렇게 추출된 이미지는 연습문제 18.1과 같은 방법으로 분석되어진다. (d)의 -55는 ROI가 기운 각도를 의미한다.

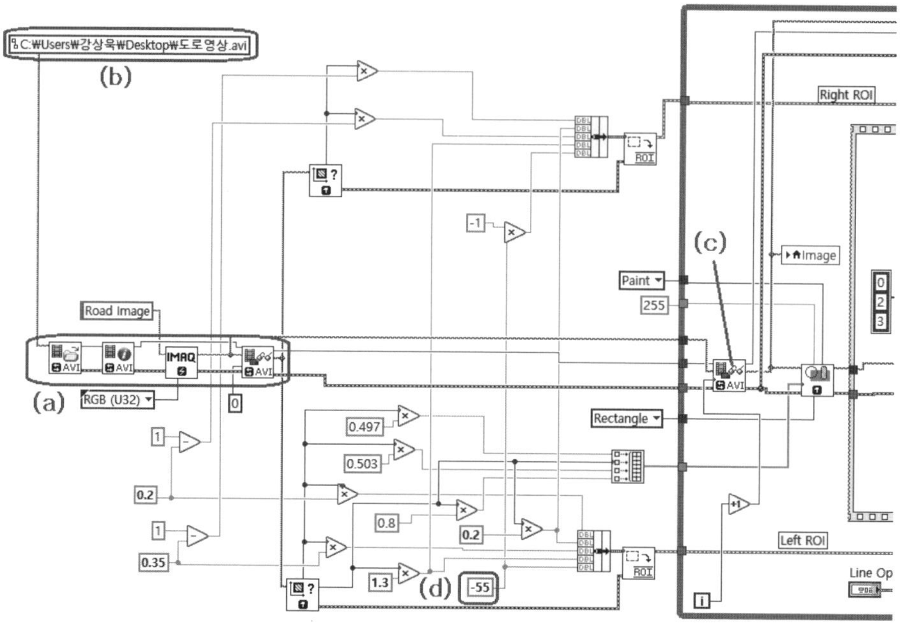

그림 18.14 블록다이어그램 초반부 수정된 부분

(3) 그림 18.15에서 함수(e)는 도로 영상을 읽어 오는 것을 종료해주는 함수이다.

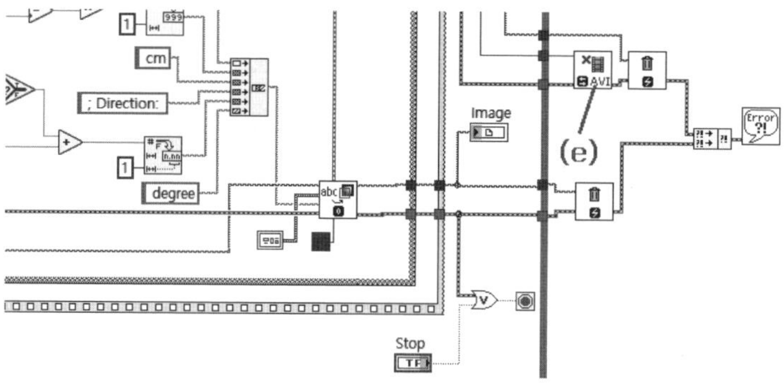

그림 18.15 블록다이어그램 후반부 수정된 부분

(4) 마지막으로, 본 연습문제에 앞차와의 거리를 측정하는 기능까지 추가한 프로그램을 실행한 경우는 다음의 유튜브 주소에서 확인할 수 있다.

※ https://www.youtube.com/watch?v=jspy3hWrhI0

※ https://www.youtube.com/watch?v=dzm9VyM7W6A

부록A NI Vision Acquisition Software 설치 방법

웹캠 카메라 인식을 위한 드라이버 소프트웨어 설치를 위해 다음의 과정을 따라하라.

(1) NI사 홈페이지 www.ni.com에 접속하여 그림 A.1과 같이 검색 키워드 'vision acquisition software' 입력 후 검색한다.

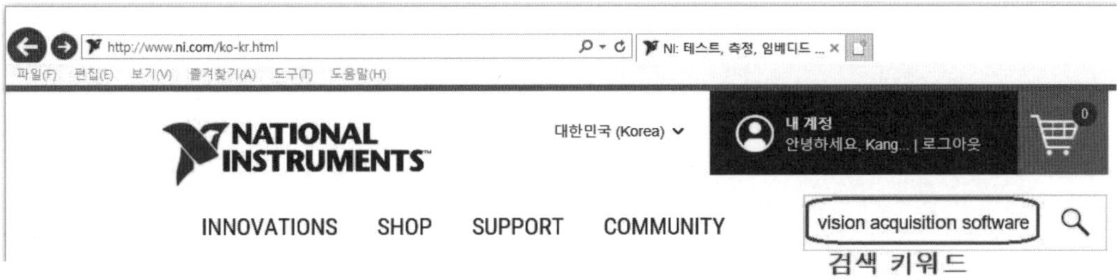

그림 A.1 NI사 홈페이지에서 검색 키워드 입력

(2) 변경된 창에서 그림 A.2와 같이 '다운로드'를 클릭한다.

그림 A.2 '다운로드' 클릭

(3) 변경된 창에서 그림 A.3과 같이 가장 최신이 'NI Vision Acquisition Software'를 클릭한다.

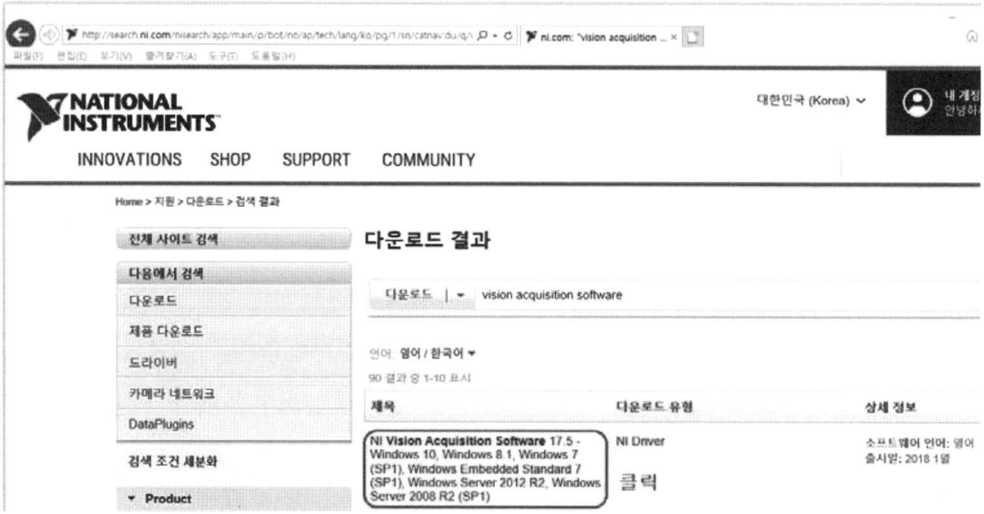

그림 A.3 최신 'NI Vision Acquisition Software' 클릭

(4) 변경된 창에서 그림 A.4와 같이 최신 'VAS1750.zip'을 클릭해서 바탕화면에 다운로드 한다. 참고로 NI사가 새로운 파일을 업로드 했었을 경우 다운로드할 파일명이 다를 수도 있다.

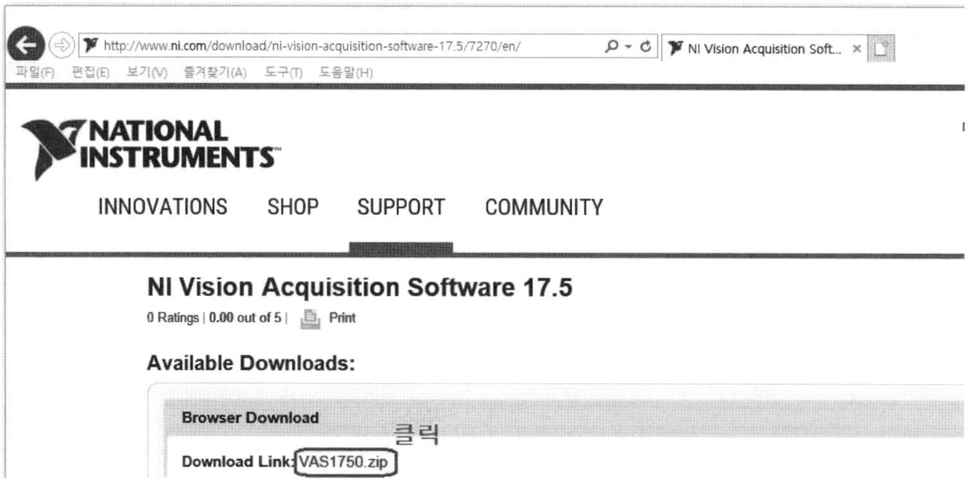

그림 A.4 VAS1750.zip 다운로드(다운로드 시점에 따라 파일명이 다를 수 있음)

(5) 바탕 화면에서 그림 A.5와 같이 VAS1750.zip의 압축을 푼다.

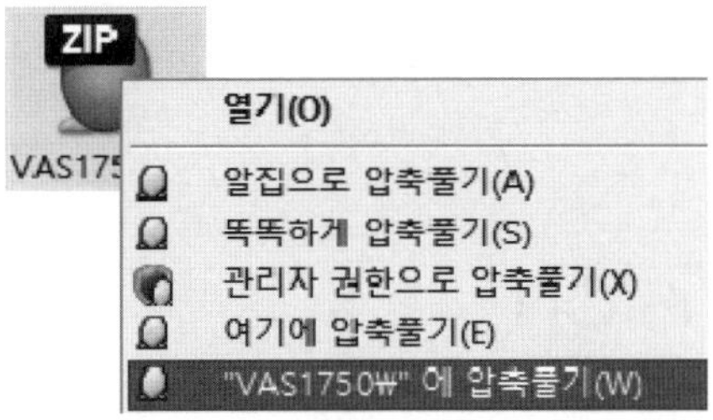

그림 A.5 VAS1750.zip 압축풀기

(6) VAS1750.zip을 압축 풀면 생성되는 VAS1750 폴더에서 그림 A.6과 같이 'setup' 또는 'setup.exe'를 마우스 우측버튼으로 클릭하여 소프트웨어 설치를 시작한다.

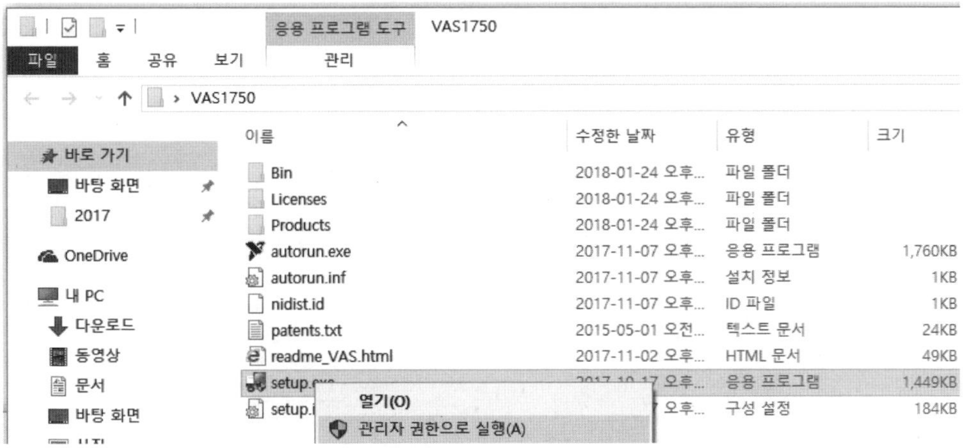

그림 A.6 'setup.exe'를 마우스 우측버튼 클릭해서 '관리자 권한으로 실행' 클릭

(7) 그림 A.7에서 'Next'를 클릭한다.

그림 A.7 'Next' 클릭

(8) 그림 A.8과 같이 설정 변경 없이 'Next'를 클릭하여 네 개의 소프트웨어를 모두 설치한다.

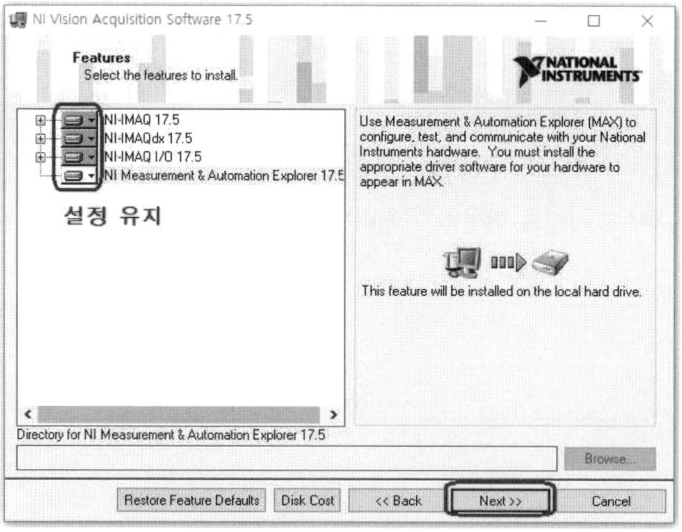

그림 A.8 설정 변경 없이 'Next' 클릭

(9) 그림 A.9와 같이 체크 박스의 체크를 해제하고 'Next'를 클릭한다.

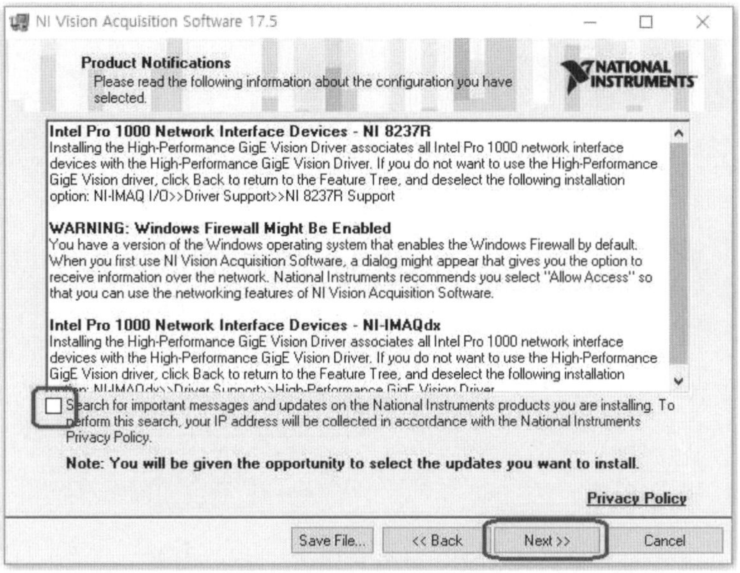

그림 A.9 체크 해제 후 'Next' 클릭

(10) 그림 A.10과 같이 설정 후 'Next'를 클릭한다.

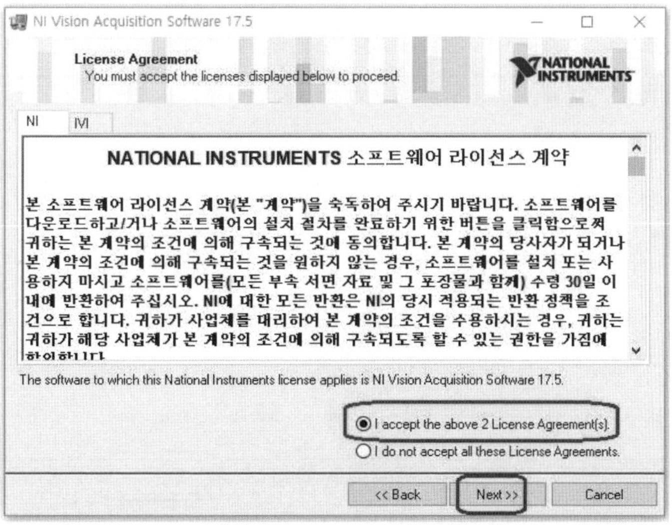

그림 A.10 라이선스 동의 후 'Next' 클릭

(11) 그림 A.11과 같이 설정 후 'Next'를 클릭한다.

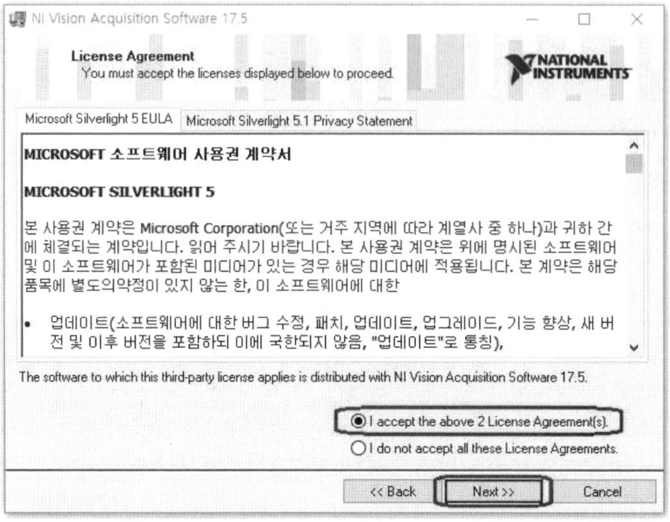

그림 A.11 라이선스 동의 후 'Next' 클릭

(12) 그림 A.12와 같이 'Next'를 클릭한다.

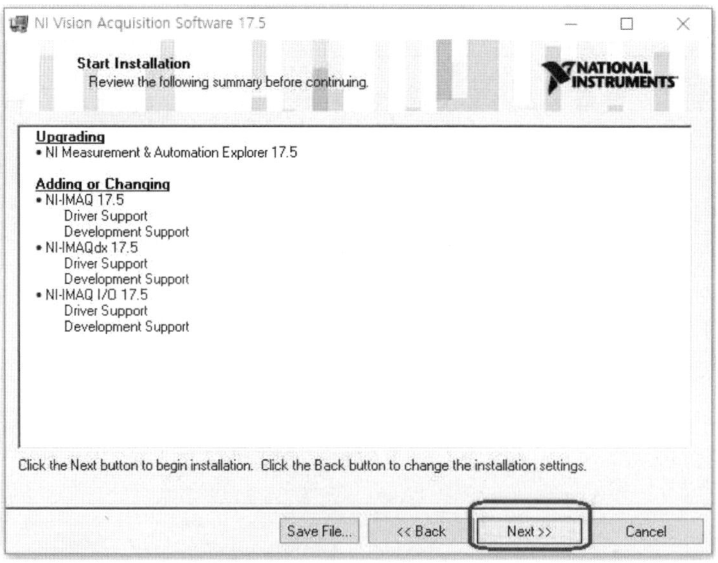

그림 A.12 'Next' 클릭

(13) 그림 A.13과 같이 소프트웨어 설치가 진행된다.

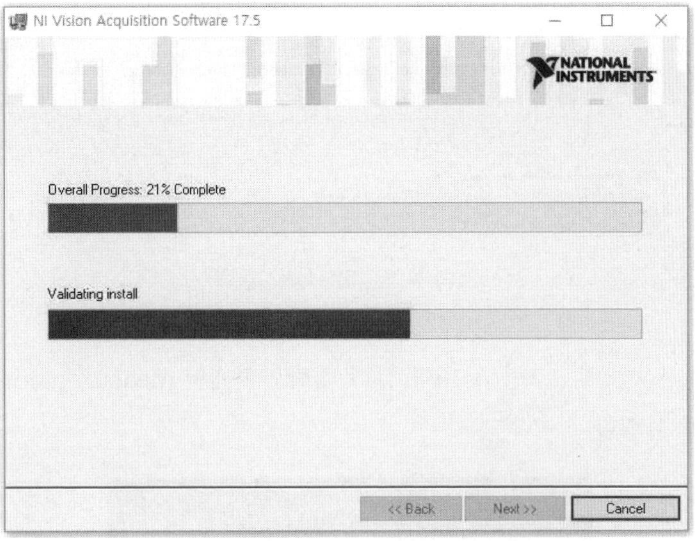

그림 A.13 소프트웨어 설치 중 화면

(14) 그림 A.14와 같이 체크를 해제하고 'Next'를 클릭한다. 만약 평가판이 아니고 정식으로 구매한 소프트웨어라면 체크를 해준다.

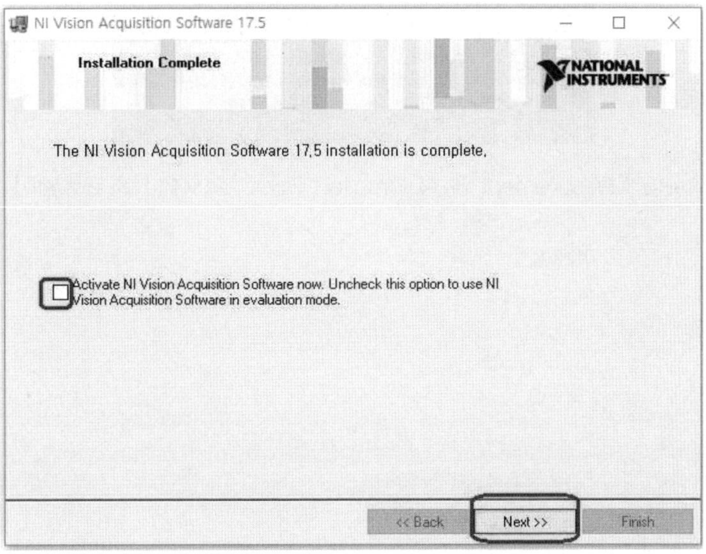

그림 A.14 체크 해제 후 'Next' 클릭

(15) 마지막으로, 그림 A.15와 같이 'Restart'를 클릭해서 컴퓨터를 다시 시작한다.

그림 A.15 'Restart' 클릭

(16) 컴퓨터를 재시작한 후, 그림 A.16과 같이 바탕화면에서 Measurement & Automation Explorer를 실행한다.

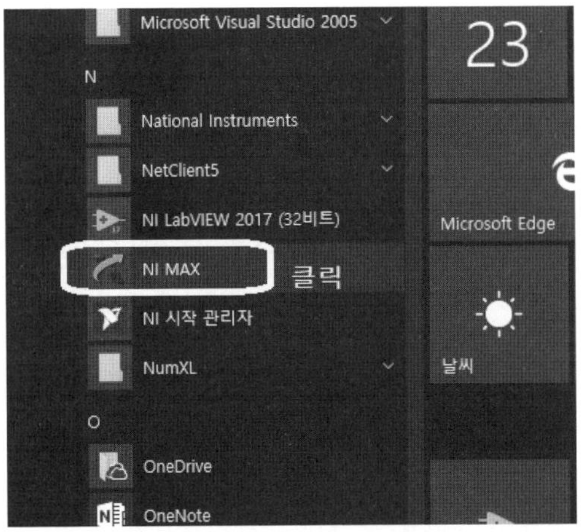

그림 A.16 Measurement & Automation Explorer(MAX) 소프트웨어 실행

(17) 그림 A.17의 Measurement & Automation Explorer(MAX) 창에서 방금 설치된 소프트웨어 목록을 확인한다.

그림 A.17 MAX 창에서 보여지는 추가된 소프트웨어 목록

부록 B NI Vision Development Module 설치 방법

자동차 번호판에 있는 숫자와 문자를 인식하기 위한 Vision 함수들을 설치하기 위해 다음의 과정을 따라하라.

(1) NI사 홈페이지 www.ni.com에 접속하여 그림 B.1과 같이 검색 키워드 'vision development module'을 입력 후 검색한다.

그림 B.1 NI사 홈페이지 접속해서 검색키워드 입력

(2) 변경된 창에서 그림 B.2와 같이 '다운로드'를 클릭한다.

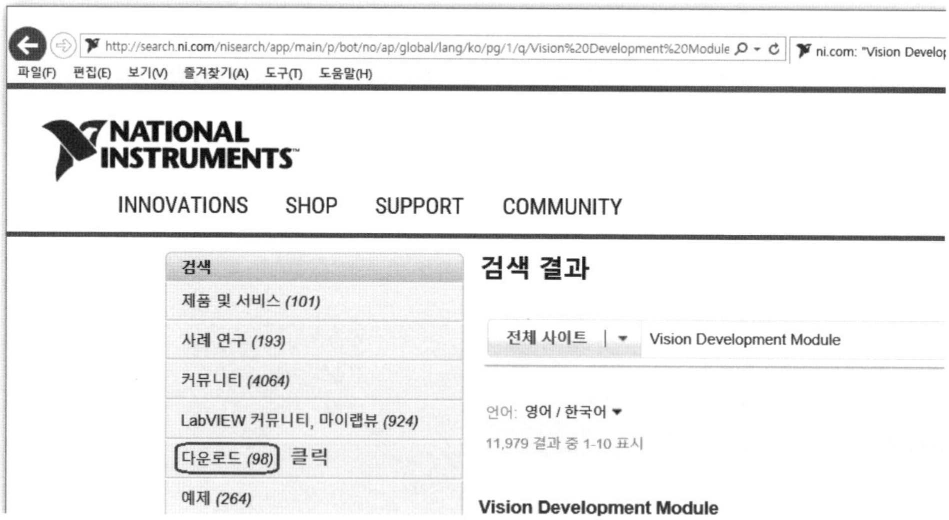

그림 B.2 '다운로드' 클릭

(3) 변경된 창에서 그림 B.3과 같이 가장 최신 'Vision Development Module'을 클릭한다.

그림 B.3 최신 'Vision Development Module' 클릭

(4) 변경된 창에서 그림 B.4와 같이 'I am a current user of Vision Development Module'을 클릭해서 VISION_2017.zip을 바탕화면에 다운로드 한다. 참고로 NI사가 새로운 파일을 업로드 했었을 경우 다운로드할 파일명이 다를 수도 있다.

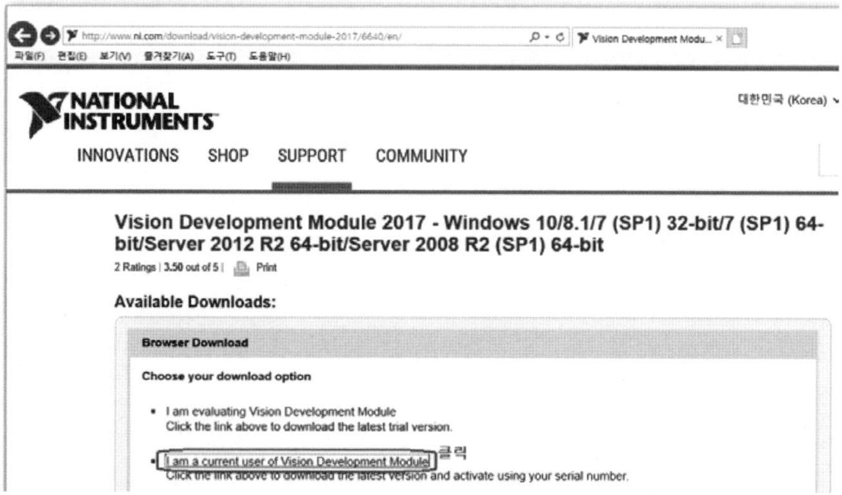

그림 B.4 VISION_2017.zip 다운로드(다운로드 시점에 따라 파일명이 다를 수 있음)

(5) 바탕 화면에서 그림 B.5와 같이 VISION_2017.zip의 압축을 푼다.

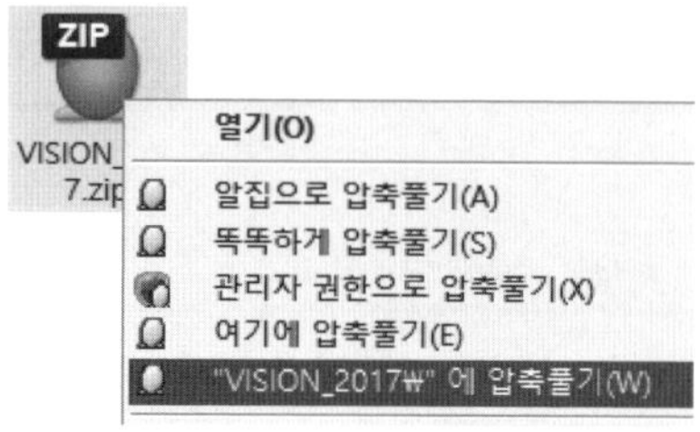

그림 B.5 VISION_2017.zip 압축풀기

(6) VISION_2017.zip을 압축 풀면 생성되는 VISION_2017 폴더에서 그림 B.6과 같이 'setup' 또는 'setup.exe'를 마우스 우측버튼으로 클릭하여 소프트웨어 설치를 시작한다.

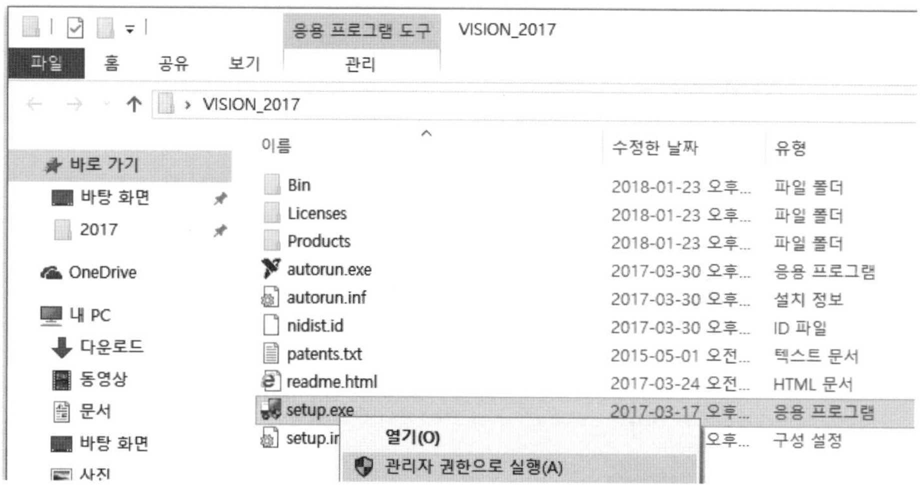

그림 B.6 'setup.exe'를 마우스 우측버튼 클릭해서 '관리자 권한으로 실행' 클릭

(7) 그림 B.7에서 'Next'를 클릭한다.

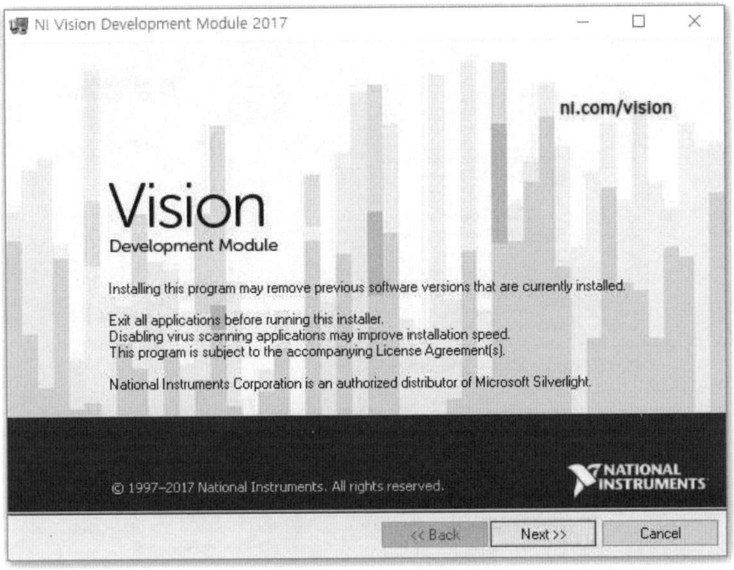

그림 B.7 'Next' 클릭

(8) 그림 B.8과 같이 설정한 후 'Next'를 클릭한다.

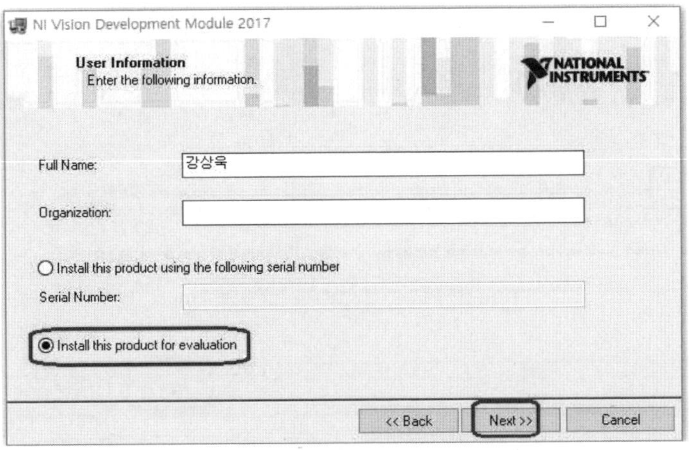

그림 B.8 'Next' 클릭

(9) 그림 B.9와 같은 창이 나타나면, 설정을 변경하지 말고 'Next'를 클릭한다.

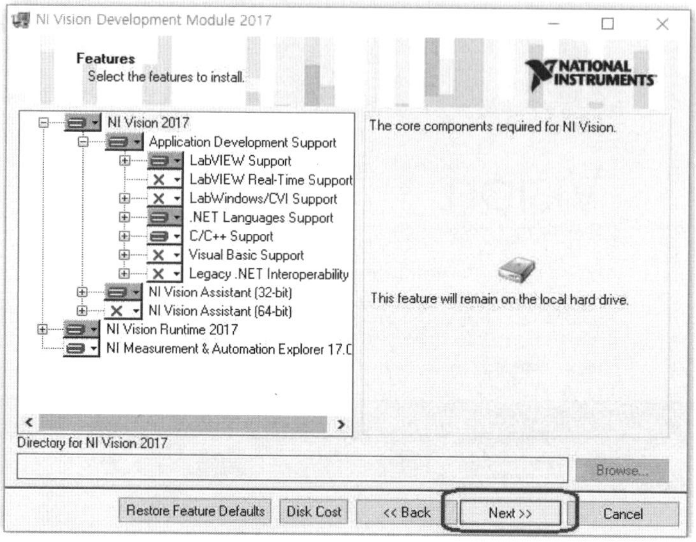

그림 B.9 설정 변경 없이 'Next' 클릭

(10) 그림 B.10과 같이 체크 박스의 체크를 해제하고 'Next'를 클릭한다.

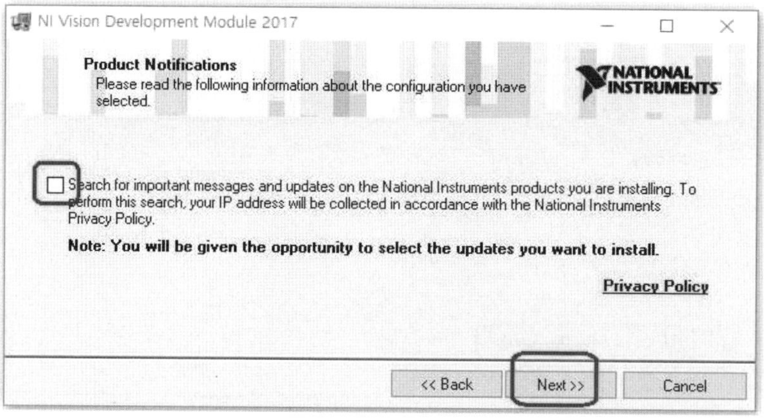

그림 B.10 체크 해제 후 'Next' 클릭

(11) 그림 B.11과 같이 설정 후 'Next'를 클릭한다.

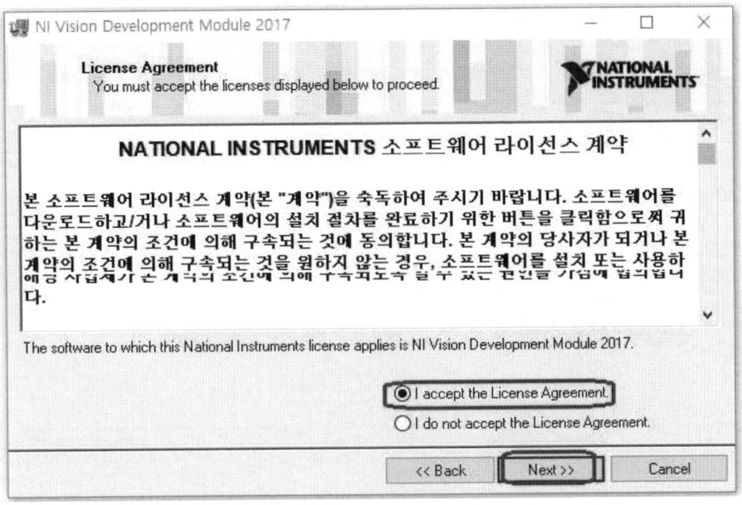

그림 B.11 라이선스 동의 후 'Next' 클릭

(12) 그림 B.12와 같이 'Next'를 클릭한다.

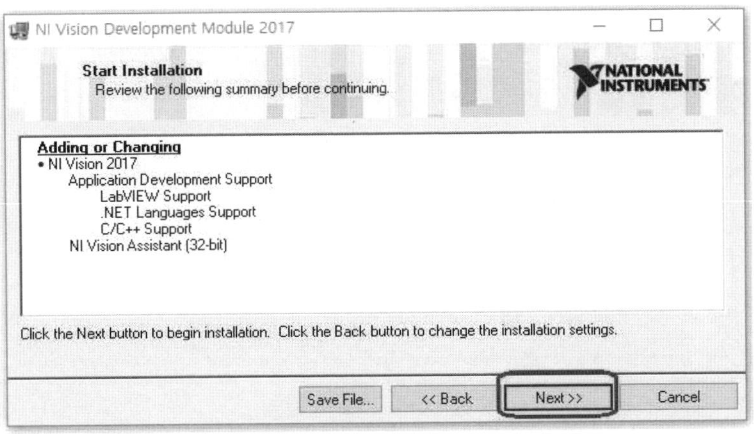

그림 B.12 'Next' 클릭

(13) 그림 B.13과 같이 소프트웨어 설치가 진행된다.

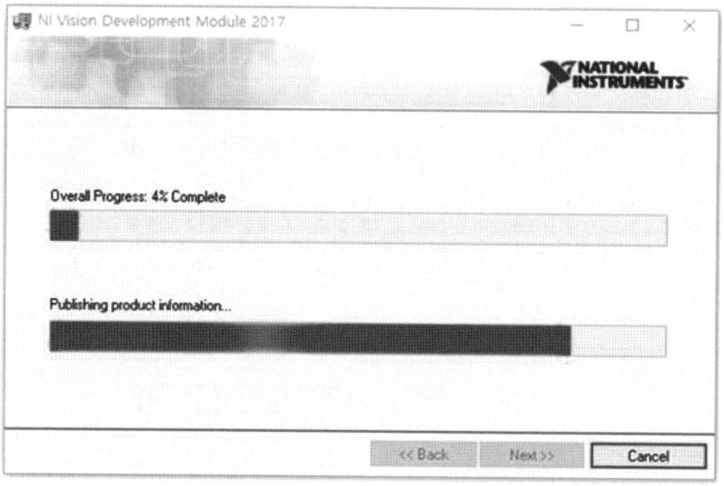

그림 B.13 소프트웨어 설치 중 화면

(14) 그림 B.14와 같이 설치가 완료되면 'Next'를 클릭한다.

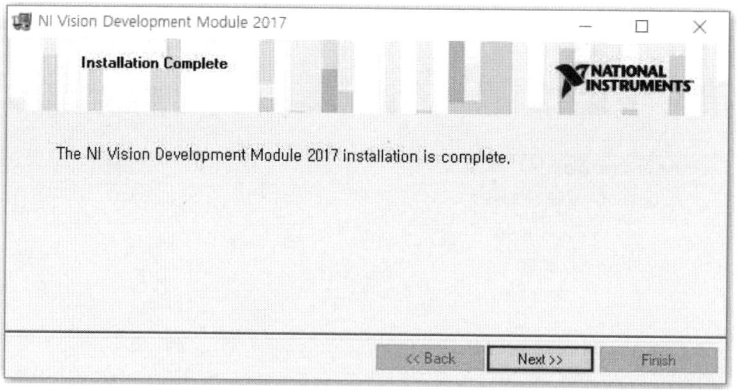

그림 B.14 'Next' 클릭

(15) 마지막으로, 그림 B.15와 같이 'Restart'를 클릭해서 컴퓨터를 다시 시작한다.

그림 B.15 'Restart' 클릭

(16) 컴퓨터를 재시작한 후, 그림 B.16과 같이 바탕화면에서 Measurement & Automation Explorer를 실행한다.

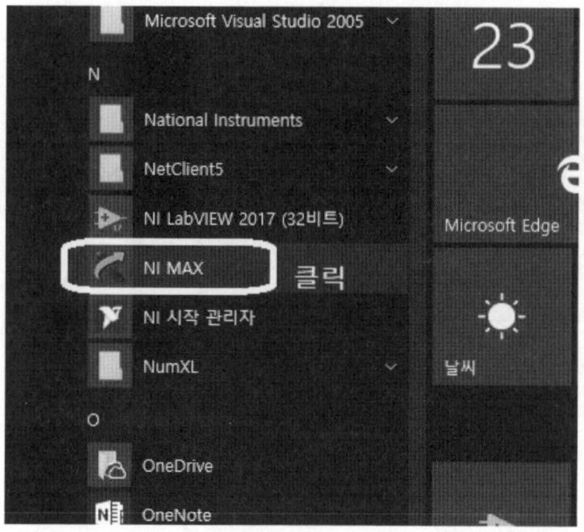

그림 B.16 Measurement & Automation Explorer(MAX) 소프트웨어 실행

(17) 그림 B.17의 Measurement & Automation Explorer(MAX) 창에서 방금 설치된 소프트웨어 목록을 확인한다.

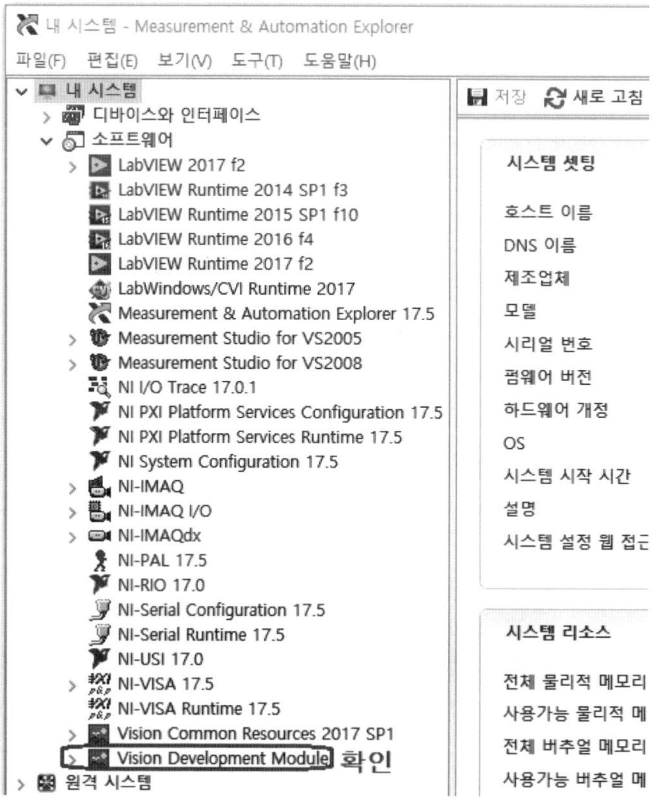

그림 B.17 MAX 창에서 보여지는 추가된 소프트웨어 목록

부록 C 자동차 번호판 샘플 이미지 (교재 CD > 자동차번호판인식 폴더 > 번호판이미지.jpg)

45더 1198

90구 9740

12호 6763

32강 8075

부록 D

단순 도로 이미지 (교재 CD > 자동차선인식 폴더 > 단순도로이미지.jpg)

저자소개

강 상 욱

현) 한성대학교 기계시스템공학과 교수
서울대학교 기계설계학과 학사
서울대학교 대학원 기계설계학과 석사
서울대학교 대학원 기계설계학과 박사
삼성전자 생활가전사업부 선행개발팀 책임연구원
중소기업연수원 LabVIEW 기반 계측제어 과정 출강
현대오트론 LabVIEW 기반 계측제어 과정 출강
현대자동차 진동 소음 제어 과정 출강
현대모비스 진동 소음 제어 과정 출강

| 저 서 |
학부생을 위한 기계 진동학 입문(2018)
LabVIEW 기초부터 머신 비전(Machine Vision)까지(2018)
학부 기계진동학(2015)
진동학(2014)
예제로 배우는 LabVIEW 기반 계측 제어(2013)
예제로 LabVIEW 완전정복(2011)
예제로 LabVIEW 마스터하기(2009)
예제로 쉽게 배우는 LabVIEW(2006)

LabVIEW 기초와 응용 및 게임 제작 프로그래밍부터
Machine Vision 시스템 구축을 통한
자동차 번호판 자동 인식 및 자율 주행 차선 인식 프로그래밍까지

LabVIEW 기초부터 머신 비전(Machine Vision)까지

초판 1쇄 발행 2018년 2월 22일
초판 2쇄 발행 2019년 9월 16일
초판 3쇄 발행 2024년 9월 5일

저 자 강 상 욱
발 행 인 이 창 원
발행한곳 한성대학교 출판부

우편주소 서울특별시 성북구 삼선교로16길 116
대표전화 (02) 760 / 5527
팩시밀리 (02) 760 / 4275

편집제작 대자커뮤니케이션 | 대표 (02) 2269-6724

ISBN 978-89-6820-033-5 13000 정 가 13,000원

본 총서는 한성대학교 교내학술연구비 지원에 의해 발행되었음.